# 广告与营销风控

## 方法与实践

ADVERTISING
AND
MARKETING
RISK CONTROL

王东旭 著

## 图书在版编目（CIP）数据

广告与营销风控：方法与实践 / 王东旭著.
北京：机械工业出版社，2024.11. -- ISBN 978-7-111-76402-1

Ⅰ．F713.86

中国国家版本馆 CIP 数据核字第 2024WJ4093 号

机械工业出版社（北京市百万庄大街 22 号　邮政编码 100037）
策划编辑：杨福川　　　　　　责任编辑：杨福川　王华庆
责任校对：韩佳欣　张昕妍　　责任印制：任维东
北京瑞禾彩色印刷有限公司印刷
2024 年 11 月第 1 版第 1 次印刷
186mm×240mm・18.25 印张・321 千字
标准书号：ISBN 978-7-111-76402-1
定价：99.00 元

电话服务　　　　　　　　　网络服务
客服电话：010-88361066　　机　工　官　网：www.cmpbook.com
　　　　　010-88379833　　机　工　官　博：weibo.com/cmp1952
　　　　　010-68326294　　金　书　网：www.golden-book.com
**封底无防伪标均为盗版**　机工教育服务网：www.cmpedu.com

# 前言

## 为何写作本书

十年前的一个上午,我参加了一场面试,面试官是国内安全组织"幻影旅团"和"80sec"的核心成员 luoluo。那天,我第一次知道了黑客杂志 *Phrack*,通过 luoluo 接触到道哥和他的《白帽子讲 Web 安全》,获赠签名"建设更安全的互联网",这些深深地影响了年少的我。后来,我逐渐参与到 Wooyun 社区中,通过挖掘 Web 漏洞并被多家厂商采纳而成为白帽子(白客)。

我再次回到安全这个领域的时候,聚焦于互联网广告与营销风控行业,阅读了很多相关的书籍,发现市面上相关图书大多以平台视角来介绍风控思路,而鲜有对广告、营销、流量业务,以及流量背后的参与角色攻防动机的剖析。这些知识零散分布在互联网的各个角落里,想深入研究的读者往往只能碎片化地获取,这间接地使行业的学习曲线异常陡峭。

此外,广告与营销行业的迅速发展,诸如短视频和直播带货、"社交+电商"模式崛起、全域流量推广、AIGC(生成式人工智能)技术爆发等,也让过去传统单一的搜索广告、推荐广告不足以满足商家和广告主日益增长的营销推广诉求,而变化的背后暗藏着作弊和对抗。为了应对行业的新业务风险、新技术挑战,我们有必要打开思路,探索更适合特定领域的风控解决方案。

因此,我撰写了本书。本书是一本从广告与营销业务实践视角出发介绍风控技术的书籍,希望能通过业务和技术的结合,更加结构化地剖析领域问题和应对的技术思路,帮助对广告与营销风控感兴趣的读者建立更加完善、更加体系化的业务认识,并使其掌握更多风控问题的解决思路。同时，希望本书能够像十年前道哥的赠言一样，帮助更多有志于"建设更安全的互联网"的读者快速成长，成为行业的中坚力量。

请读者注意，方法只是工具，不能形而上学，对风险的业务认识、特征抽象才是本质。由于行业风控特征的敏感性，本书并未深入剖析，请读者在学习方法的同时将其和自身的具体业务场景相结合，灵活应用。

## 本书读者对象

本书面向的主要受众是互联网广告与营销风控行业的从业者、上下游合作方，以及对互联网攻防感兴趣的群体。根据工作性质，读者群体划分如下：

- 互联网广告与营销风控行业或相关行业的从业者，包括技术、产品、运营人员等。
- 互联网广告与营销行业的上下游合作方，如广告需求方、流量供给方、数据平台等。
- 对互联网攻防，尤其是广告与营销领域攻防感兴趣，并致力于通过技术建设更安全的互联网环境的爱好者。
- 开设相关课程的学校的师生。

## 本书主要内容

本书共 10 章。

第 1 章和第 2 章从互联网广告与营销业务出发，介绍了营销、广告、流量相关的基础知识，从流量背后的利益动机引申出无效流量，以及营销漏斗中各个环节的常见作弊手段和黑灰产业链，目的是帮助没有任何基础的读者快速入门。

第 3 章和第 4 章从相对宏观的视角概述了行业风控的范畴、立体的风控思路，并由浅入深地阐述了异常检测面临的难点和挑战，以及常见的异常检测方法。

第 5~9 章通过理论和实践相结合的方式，在前 4 章的基础上，更加结构化地介绍了基于概率统计的异常检测方法、基于近邻的异常检测方法、基于图和时序的异常检测方法、内容风控技术等。

第 10 章是我对行业未来发展的一些思考，包括业务、数据、算法、系统和 AIGC 等行业的动向，帮助有需要的读者提前做好规划。

本书各章内容相对独立，读者可以根据自己的实际情况选取相应的章节阅读。

## 本书内容特色

本书采取业务和技术相结合的方式进行内容编排。

- 业务层面。本书聚焦于广告与营销领域，从主流业务机制出发，剖析了行业发展背后的利益动机，以及人、货、场三个视角的作弊产业链和风控面临的挑战。
- 技术层面。从流量（行为）反作弊和内容风控两个视角，结合领域业务风险问题，由浅入深地介绍了传统规则风控方法、基于概率统计的异常检测方法、基于近邻的异常检测方法、基于图和时序的异常检测方法，以及内容风控技术。

## 勘误

本书涉及的研究工作和公司无关，文中观点为个人观点，不代表公司观点。

由于我的写作水平有限，书中难免会出现一些错误或者表述不准确的地方，尤其是在互联网广告与营销业务迅速发展的背景下。在写作过程中，我更觉得个人的所见所知仅仅是行业的冰山一角，很多作弊手法、利益博弈以及背后的产业链都还没来得及去深入实践，书中表述难免片面，恳请读者朋友批评指正。联系邮箱：wdxbupt2009@gmail.com。

## 致谢

写这本书不是一蹴而就的，用了近两年的时间。书中的很多想法从不成熟，到拨云见雾，又到自我质疑，写的内容越多，越觉得自己认识的东西越少，对行业也更加敬畏。

感谢 luoluo 带我进入安全这个领域，感谢大师带我回到安全这个领域。除了专业技术以外,他们带给我更多的是对安全的热爱和执着。写作过程中还有很多同事、朋友对内容进行了指导,在此一并致谢。

感谢家人的支持,工作之余,我额外挤出近两年时间写作,占用了很多本该陪伴他们的时间。尤其是我的妻子——,在写作过程中,她除了陪伴和支持,还从法律和经济学的专业视角,让我更加笃定在宏观周期和微观个体的关系中应该坚持自己热爱的事情,就像我们孩子的平衡车课的标语:"唯有热爱,方能始终。"

# Contents 目 录

前 言

## 第1章 互联网广告与营销 ………… 1
### 1.1 营销、广告与流量 ………… 1
- 1.1.1 营销、广告、流量的定义 ………… 2
- 1.1.2 流量的价值 ………… 3
- 1.1.3 流量商业化变现模式 ……… 3
- 1.1.4 自然流量和广告流量 …… 6
- 1.1.5 流量质量和无效流量 …… 7

### 1.2 互联网广告营销基础知识 …… 9
- 1.2.1 互联网广告发展史 ……… 10
- 1.2.2 主流广告形式 …………… 11
- 1.2.3 广告营销参与方 ………… 14
- 1.2.4 归因分析模型 …………… 17
- 1.2.5 计费方式和作弊风险 …… 20

### 1.3 互联网广告营销形势 ………… 23
- 1.3.1 营收发展形势 …………… 24
- 1.3.2 新媒体创新形势 ………… 25
- 1.3.3 监管合规形势 …………… 26

### 1.4 本章小结 ……………………… 27

## 第2章 广告与营销黑灰产业链 … 28
### 2.1 营销的人、货、场 …………… 28
- 2.1.1 人：用户需求 …………… 29
- 2.1.2 货：精准获客 …………… 30
- 2.1.3 场：流量为王 …………… 30

### 2.2 广告与营销的利益链 ………… 31
- 2.2.1 商家视角的利益和风险 … 32
- 2.2.2 渠道视角的利益和风险 … 43
- 2.2.3 用户视角的利益和风险 … 48
- 2.2.4 平台视角的利益和风险 … 51

### 2.3 黑灰产作弊上下游链路 ……… 55
- 2.3.1 黑灰产上游 ……………… 55
- 2.3.2 黑灰产中游 ……………… 63
- 2.3.3 黑灰产下游 ……………… 65

### 2.4 本章小结 …………………… 66

## 第3章 广告与营销领域的立体风控思路 …………… 67
### 3.1 广告与营销风控范畴 ………… 67
- 3.1.1 流量反作弊 ……………… 67
- 3.1.2 内容风控 ………………… 68

### 3.2 风控业务生命周期 …………… 70
- 3.2.1 事前阶段 ………………… 71
- 3.2.2 事中阶段 ………………… 73
- 3.2.3 事后阶段 ………………… 75

3.3 风控立体防御体系 ·········· 77
　　3.3.1 在线风控 ············· 78
　　3.3.2 近线风控 ············· 81
　　3.3.3 离线风控 ············· 83
3.4 风控 MLOps ················ 84
　　3.4.1 什么是风控 MLOps ···· 85
　　3.4.2 风控 MLOps 流水线 ··· 85
3.5 本章小结 ···················· 88

## 第4章 异常检测技术概述 ······ 90
4.1 什么是异常检测 ············ 90
　　4.1.1 有监督异常检测 ······ 91
　　4.1.2 半监督异常检测 ······ 91
　　4.1.3 无监督异常检测 ······ 92
4.2 异常检测面临的问题和挑战 ·· 92
　　4.2.1 异常的稀疏性 ········ 92
　　4.2.2 异常的多样性 ········ 93
　　4.2.3 异常的对抗性 ········ 95
　　4.2.4 异常检测的鲁棒性 ···· 96
　　4.2.5 异常检测的可解释性 ·· 97
　　4.2.6 异常检测的可控制性 ·· 99
4.3 基于规则的异常检测 ········ 99
　　4.3.1 基于名单的规则 ······ 99
　　4.3.2 基于窗口聚合的规则 ·· 100
4.4 基于模型的异常检测 ········ 101
4.5 本章小结 ···················· 102

## 第5章 基于概率统计的异常
　　　　检测 ····················· 103
5.1 异常检测中的概率知识 ······ 103
　　5.1.1 抛硬币问题 ·········· 103
　　5.1.2 独立同分布 ·········· 104
　　5.1.3 离散概率分布 ········ 104
　　5.1.4 连续概率分布 ········ 109
5.2 拟合优度 ···················· 114
　　5.2.1 卡方检验 ············· 114
　　5.2.2 G 检验 ················ 116
　　5.2.3 K-S 检验 ·············· 118
5.3 极值分析和尾概率约束 ······ 119
　　5.3.1 马尔可夫不等式 ······ 119
　　5.3.2 切比雪夫不等式 ······ 121
　　5.3.3 切尔诺夫界 ·········· 123
　　5.3.4 中心极限定理 ········ 124
5.4 多维随机变量异常检测 ······ 125
　　5.4.1 COPOD ··············· 126
　　5.4.2 ECOD ················ 134
5.5 集成决策方法 ················ 135
　　5.5.1 Bagging ·············· 135
　　5.5.2 Boosting ············· 136
　　5.5.3 Stacking ············· 137
5.6 本章小结 ···················· 138

## 第6章 基于近邻的异常检测 ···· 139
6.1 LOF ·························· 139
　　6.1.1 算法原理 ············· 139
　　6.1.2 刷单骗补应用案例 ···· 142
6.2 KNN ························· 144
　　6.2.1 K 近邻分类 ··········· 144
　　6.2.2 K 近邻距离度量 ······ 145
6.3 ANN ························· 151
　　6.3.1 风险向量表示方法 ···· 153
　　6.3.2 风险向量检索算法 ···· 163
　　6.3.3 相似风险检索业务应用 ··· 168

6.4 近邻聚类 ················ 169
    6.4.1 K-Means ············ 169
    6.4.2 DBSCAN ············ 172
6.5 本章小结 ················ 174

## 第7章 基于图的异常检测 ······ 175

7.1 什么是图 ················ 175
    7.1.1 图的基本概念 ········ 176
    7.1.2 图的分类 ············ 177
    7.1.3 作弊图的构建分析 ···· 178
7.2 作弊社区发现 ············ 181
    7.2.1 标签传播 ············ 181
    7.2.2 连通分量 ············ 182
    7.2.3 Louvain ············· 187
    7.2.4 Fraudar ············· 190
7.3 图嵌入 ·················· 193
    7.3.1 为什么需要图嵌入 ···· 193
    7.3.2 图嵌入方法 ·········· 194
    7.3.3 风控应用场景 ········ 202
7.4 本章小结 ················ 207

## 第8章 基于时序的异常检测 ···· 208

8.1 风控中的时序特征 ········ 208
    8.1.1 什么是时序特征 ······ 208
    8.1.2 时序特征工程 ········ 210
8.2 基于时序的异常检测算法 ··· 214
    8.2.1 统计类算法 ·········· 215
    8.2.2 深度学习类算法 ······ 222
8.3 CEP技术 ················ 226
8.4 本章小结 ················ 228

## 第9章 内容风控技术 ············ 229

9.1 文本风控 ················ 230
    9.1.1 关键词过滤 ·········· 230
    9.1.2 文本分类 ············ 237
    9.1.3 相似文本检索 ········ 242
9.2 图像风控 ················ 246
    9.2.1 图像分类 ············ 247
    9.2.2 图像检测 ············ 251
    9.2.3 图像检索 ············ 253
    9.2.4 OCR技术 ············ 253
9.3 短视频和直播风控 ········ 257
    9.3.1 视频抽帧 ············ 257
    9.3.2 关键帧提取 ·········· 260
    9.3.3 视频相似检索 ········ 263
    9.3.4 直播间风控 ·········· 264
9.4 本章小结 ················ 268

## 第10章 广告与营销风控未来思考 ··· 269

10.1 业务：理解业务，服务于业务 ·················· 269
10.2 数据：合规埋点和科学归因 ·················· 271
10.3 算法：经验驱动和数据驱动相结合 ················ 274
10.4 系统：在线、近线、离线互补，可持续的架构 ········ 277
10.5 AIGC：带来的新挑战 ···· 279
10.6 本章小结 ··············· 281

# 第 1 章

# 互联网广告与营销

远古时期没有货币的概念。人们通过以物换物的方式满足生活需求，同时也相互提供日常帮助。随着社会的进步，货币作为一种等价交换的工具进一步加强了商品的生产者和消费者之间的联系。由于生成工具的发展带来了生产力的巨大提升，人们能够产出的商品越来越丰富。为了让商品带来更多收益，人们开始了营销活动。据《诗经》记载，早在西周时期就有小贩通过吹奏乐器的方式做营销。

如今的万物互联时代，人们的日常生活场景充斥着各种互联网应用程序上的广告和营销推广活动，如购物、出行、外卖、旅行、教育、娱乐等。这些活动在为互联网用户带来便利的同时，也为互联网服务提供方带来了收益。然而，这也引来了大量的黑灰产业的觊觎，试图通过非正常手段获取利益。

为了让读者对互联网广告与营销的风险对抗背景有更深入的了解，本章将对基本概念和发展趋势进行介绍。从营销活动中流量的价值出发，对自然流量和广告流量的关系展开分析，进而深入无效流量、各种主流广告形式和作弊风险，最后从互联网广告营销发展形势视角让读者对行业发展中的风险挑战有更加直观的理解。

## 1.1 营销、广告与流量

在深入分析互联网广告与营销的风险和防控手段之前，首先需要从营销和广告的基本概念、商业化变现模式等方面入手,建立起对营销活动中"流量"这个核心要素的价值认知。通过对这些内容的理解,我们才能站在黑灰产的角度,深入剖析其作弊行为的利益驱使和风险动机。这样的分析过程有助于我们更全面地认识互联网广告与营销的风险,并为后续的防控工作打下坚实的基础。

### 1.1.1 营销、广告、流量的定义

**1. 营销**

营销,又称市场营销,指的是商家通过一系列的策略和手段,促进产品或服务的销售,满足消费者需求,并实现企业营收目标的过程。

早在 1960 年,美国市场营销协会(American Marketing Association,AMA)就对营销进行了定义:"营销是引导货物和劳务从生产者流向消费者或用户所进行的一切企业活动。"这一定义强调了营销的核心目标:引导交易流通。这一定义涉及两个关键参与角色:生产者和消费者。

随后在 1985 年,AMA 更新了对于营销的定义:"营销是计划执行关于产品、服务和创意的观念、定价、促销和分销的过程,目的是完成交换并实现个人和组织的目标。"这一更新扩展了营销的范围,不仅包括交易流通,还包括计划、定价、促销和分销等环节,同时强调个人和组织目标的实现。

2004 年,AMA 再次对营销的定义做了新的诠释:"营销是创造、沟通与传递价值给顾客,以及经营企业与顾客之间关系以便让组织与其利益相关人(Stakeholder)受益的一种组织功能与程序。"这一次修改强调了价值的创造、沟通与传递,以及企业与顾客之间关系的重要性。企业不仅要关注销售产品,还要建立长期可信赖的关系,从而实现持续受益。

**2. 广告**

很多人容易将广告与营销混为一谈,认为两者是等价的,实际上广告只是营销过程中的一环。营销的目的是创造、沟通、传递价值给顾客,以及经营和维护与顾客之间长期的信任关系,进而收获稳定的商品交易产生的价值回报。作为其中的重要组成部分,广告使得商品向消费者的传递过程变得更加高效。

广告,即广而告之,其本质是信息传播。商家通过付费投放广告的方式,让自己的商品能够在短时间内被更多目标用户看到,引发用户兴趣后促进商品成交。美国广

告协会（American Association of Advertising Agencies，4A）对广告的定义是："广告是付费的大众传播，其最终目的是传递情报，改变人们对广告商品的态度，诱发其行动，从而使广告主得到利益。"

#### 3. 流量

流量，这个词汇非常生动形象。通俗意义上来讲，流量就是某个站点或者应用的用户量。然而，这仅是表象的定义。本质上，流量是一种通过用户流转产生的价值。用户在上网时浏览媒体渠道的站点或移动应用，获取其想要的内容或服务，然后以媒体渠道为营销推广的传播介质，进一步被引导流动到商家店铺，产生后续的商业转化价值。

可以说，流量是营销的根本，也是商家不断打广告的收益目标。为了获得更多的流量，商家需要不断优化自己的产品和服务，提高用户体验，增加用户黏性，进而提升流量的商业价值。

### 1.1.2 流量的价值

在营销过程中，卖家以广告为传递商业信息的工具，快速、精准触达潜在买家，买家即用户。在互联网行业，有如图 1-1 所示的公式：用户＝流量＝金钱。可以说，流量就是一切互联网生意的本质。

互联网发展的几十年间，从传统 PC（个人计算机）门户站点、搜索引擎，到现在如雨后春笋般崛起的各类移动端 App（应用程序），科技创新从未止步，大大方便了现代人的生活，也促进了整个社会的

图 1-1　流量的价值

飞速进步。而无论是在 PC 时代还是移动 App 时代，互联网科技创新企业都是围绕着"流量"这一主题在转，任何一个商业化产品的最终目标都是要实现盈利，获取利润。而用户即流量，也是利润的来源。只有有了用户并且能够长期保持用户黏性，创新产品才能在互联网高速发展的浪潮中站稳脚跟。

### 1.1.3 流量商业化变现模式

在业内，将流量转化为商业化价值的过程被称为"流量变现"。流量变现的方式各

有千秋，总体上分为广告变现、服务变现和电商购物变现三大类。

1. 广告变现

互联网媒体在经过初创阶段的用户积累后，已经拥有了一定规模的用户群。它们通过在应用内售卖广告位的方式实现变现，从最初的固定位置横幅广告，逐渐发展到用户主动搜索触发的搜索广告，再到具备精准人群定向能力的推荐展示广告等。大型互联网公司通常自建广告投放链路，而中小型媒体则借助广告联盟等第三方平台接入广告，吸引广告主进行投放，从而实现盈利。

在广告变现的模式中，最关键的是要平衡广告收益和用户体验之间的矛盾。如果广告过于突兀或者与媒体产品的相关性不高，会损害用户体验。然而，如果没有广告提供的收入支持，企业的中长期发展也会受到限制。最近，我们在社交媒体和视频平台上越来越频繁地看到推荐广告，也是因为这种平衡问题。因此，从可持续发展的角度来看，未来广告变现的重点方向之一将是广告内容的原生化，即广告与应用内容的统一。

2. 服务变现

服务变现主要可分为内容付费和服务付费两类。

内容付费通常涉及某些垂直细分领域的专业知识内容社区，通过提供高质量的图文、音频、视频、直播等形式的知识传播，吸引有付费意愿的目标人群。一些常见的例子包括知乎盐选、微信公众号打赏、喜马拉雅听书、网易公开课等。从另一个角度来看，正是由于互联网上免费内容的杂乱和缺乏体系化，才促使用户愿意支付费用获取专业优质的内容。

服务付费通常是面向企业用户的 ToB 服务形式，通过提供极具市场竞争力的产品或平台服务来实现。这些服务可能采用软件授权或按照 SaaS（软件即服务）模式通过服务调用次数收费。例如，各大头部互联网企业提供的云计算、云存储等付费应用就属于这一类别。

此外，O2O（Online to Offline，线上到线下）行业的流量变现模式也可部分归入服务付费范畴。这些应用通常通过广告推广或按单抽成的方式实现流量变现，通过建立平台连接需求方和供给方，促进订单（例如外卖、打车等）成交，并向用户收取平台信息服务费用。

3. 电商购物变现

电商购物或者说商品买卖是互联网流量变现的另一种常见方式，变现模式可分为平台电商、自营电商和"社交+内容"电商三种常见模式。

1）**平台电商模式**。平台电商本身不售卖商品，而是通过提供撮合卖家和买家交易的平台和工具，促进交易。卖家通过在平台上展示商品，提高商品曝光率，从而增加销售机会。同时，卖家为了增加商品展示机会，会投放广告争取靠前排名，从而为平台带来广告收益。此外，平台还通过店铺押金、交易佣金等方式获得营收。

2）**自营电商模式**。自营电商本身是商品的卖家，适用于大型企业或垂直领域的头部企业。它们能够搭建完整的电商购物系统，并具备自营商品的供应链、采购、销售、物流等完整流程支持。通过提供高品质商品和服务，自营电商能够提升用户的信任感和复购率。随着互联网流量红利的逐渐消失，越来越多的企业开始加大对自营电商模式的投入，例如网易严选、小米有品、京东京造、阿里猫享自营等。不少自营电商在线下也拥有实体店，这种模式促进了实体经济的发展。

3）**"社交+内容"电商模式**。通过社交媒体带动商品营销，一方面，自身构建高质量的图文、短视频和直播内容，基于优质内容引流至社交媒体内部；另一方面，以社交私域中人与人之间的信任关系为基础，尤其是社交私域中的关键意见领袖（Key Opinion Leader，KOL）和关键意见消费者（Key Opinion Consumer，KOC）对商品的推广和评价。借助社交属性实现商品营销价值转化，促进内容种草并成交后获得佣金（通常以按照成交量计费结算）。抖音直播带货、小红书种草、微商朋友圈推广返佣都属于这种流量变现模式。近年来，基于社交的拼团砍价和社区团购也是社交电商的典范。

除了帮助传统电商引流，"社交+内容"电商也在不断尝试吸引商家在自家平台开店，从而实现流量到成交的内部闭环。这无疑会给传统平台和自营电商模式带来更大的冲击和挑战。随着传统互联网电商线上公域流量获客成本越来越高以及私域社交电商的快速发展，"社交+内容"的电商商业化模式将会在互联网营销生态中扮演越来越重要的角色。

从国内电商发展来看，平台电商、自营电商和"社交+内容"电商这几种模式并非相互对立、非此即彼的关系。电商变现也往往依赖于广告的营销推广，而广告的营销推广又进一步促进增值付费、内容付费和商品成交。因此，各大电商巨头和创业者都在尝试并行发展、相辅相成的商业化变现模式，以实现宝贵流量的最大价值转化。

### 1.1.4 自然流量和广告流量

在互联网营销活动中,流量主要分为两大类:自然流量和广告(付费)流量。图 1-2 展示了广告与营销业务领域中经典的自然流量和广告流量混排机制。自然流量负责满足用户体验诉求,增加用户黏性;广告流量则在满足用户需求的基础上负责商业化变现。

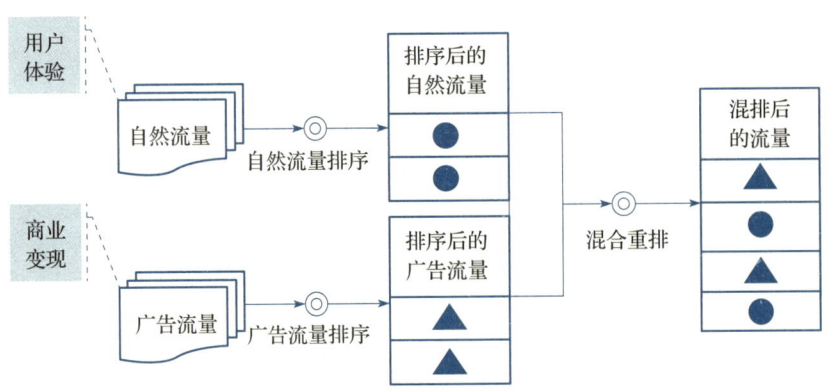

图 1-2 自然流量和广告流量混排机制

#### 1. 自然流量

自然流量是指在没有使用付费广告的情况下自然获得的流量。常见的提升营销自然流量的方法包括搜索引擎优化(Search Engine Optimization,SEO),通过优化站点内容和关键词提高站点知名度,获取其他站点的反向链接引用,以及在论坛和博客发帖等来提升自身站点在搜索引擎的排名。

然而,需要注意的是,自然流量的营销模式存在一定的局限性。除了上述策略外,卖家仍然面临着缺乏持续有效的获客方式的挑战。尽管如此,买卖双方的供给需求关系是长期存在且日益增长的,因此电商广告营销模式应运而生,以促进买卖双方的连接。

#### 2. 广告流量

广告流量或付费流量是指在营销活动中通过付费投放广告的方式获取的流量。利用广告流量,营销活动的卖家能够更快速、精准地定位和触达目标客户群。其通常涵盖两大类别:效果广告和品牌广告。效果广告着重于通过广告活动直接带来的点击、转化等量化成果，实现投资回报率（Return On Investment，ROI）的最大化。相对而言，品牌广告则侧重于通过广告的广泛传播，来塑造并巩固品牌形象，进而提升品牌的认知度和信任度。

在实践中，广告流量和自然流量之间存在着相互撬动的关系。广告流量的大量曝光和投入可以增加用户对品牌的认知和好感，从而提升自然流量的增长。反过来，优化自然流量的排名和质量也能够提高广告流量的效果和转化率。这种相互作用形成了广告流量和自然流量之间的良性循环，进一步推动品牌的营销效果和业绩提升。

这也解释了为什么"社交+内容"电商兴起后，仍然有很多广告主愿意在平台电商持续进行付费投入。事实上，其中一个重要原因是广告流量和自然流量之间的相互转换和带动效应，如图1-3所示。

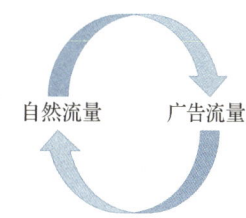

图1-3 广告流量和自然流量

### 1.1.5 流量质量和无效流量

获取高质量的流量是互联网广告营销行业所面临的一大挑战。高质量流量能够为广告主带来更高比例的后链路成交转化率，而真实的用户和信息也是互联网营销行业持续向前稳步发展的基础。如果营销生态中的流量质量无法保障，那么一方面广告主的利益会受损，花重金投出去的广告带不回任何预期内的成交转化；另一方面对营销行业也是一种慢性损害，虚假和恶意流量一旦泛滥成灾，便会对正常流量造成包围和侵蚀，不仅严重影响平台形象，还会失去用户信任，进而引发劣币驱逐良币的危机。

如图1-4所示，19世纪，百货之父约翰·沃纳梅克（John Wanamaker）曾提出过广告营销界的"哥德巴赫猜想"："我知道我的广告费有一半是浪费的，但我不知道浪费的是哪一半。"这其实就是广告流量质量参差不齐导致广告主营销预算浪费的一个缩影。就当年而言，因为技术发展的限制，营销平台缺乏人群定向等精准营销能力导致广告"海投"浪费，而时至今日人们依

图1-4 广告营销界的"哥德巴赫猜想"

然被这个营销难题困扰,究其原因,很大一部分就是无效流量导致的。

无效流量在广告行业有多个协会和组织定义认定标准,典型的如可信责任组织(Trustworthy Accountability Group,TAG)、互动广告局(Interactive Advertising Bureau,IAB)和中国广告协会(China Advertising Association,CAA)等。

根据中国广告协会认定标准,无效流量(Invalid Traffic,IVT)划分为两种,一种是相对容易识别的"一般无效流量"(General Invalid Traffic,GIVT),另一种是需要借助复杂分析甚至人工介入的"复杂无效流量"(Sophisticated Invalid Traffic,SIVT),如图1-5所示。

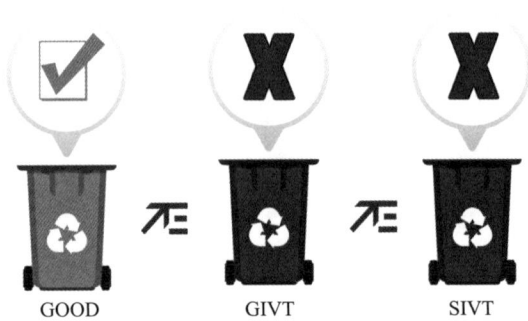

图1-5 GIVT 和 SIVT

GIVT 和 SIVT 的详细特点如下。

### 1. 一般无效流量(GIVT）

相对容易识别,通过使用名单或者其他标准化参数、定义及预先设定的规则便能够检测出来的无效流量。GIVT 的特点如下。

- 来自数据中心的且不具备明确真实用户特征的流量(即来自服务器的流量而非真实用户的电脑、手机等设备的流量)。
- 来自高危设备或者作弊来源 IP 的流量,如市场上已经几乎不用的机型大量聚集或者在管控黑名单的 IP B 段、C 段等。
- 来自声明的机器人或爬虫的流量。
- 用户代理信息为空或非浏览器用户代理头及其他形式的未知浏览器带来的流量,一般是程序生成的非正常 UA(用户代理)。
- 基于广告活动用户行为出现的明显异常的高速、连续或重复请求,严重超出用户正常合理频次的流量,或缺少有效流量的关键数据信息。
- 媒体方发起的对广告主提供的点击链接和着陆页面的定期例行检测流量。
- 广告主或其代表与媒体方发起的、通过协商约定以测试为目的的流量。
- 预获取或浏览器预览且没有指定触发时间的流量(现代的浏览器或 App 为了更好的用户体验,经常会对用户浏览的内容做预加载,导致广告被动请求)。

- 已知的来自高危或者作弊来源 App、网站的流量，一般会对媒体做扣量处罚。
- 基本信息缺失或不一致的流量（基本信息至少应包含事件类型、广告系列 ID、时间戳、IP 地址、请求方式、完整用户代理信息）。

### 2. 复杂无效流量（SIVT）

需要通过高级分析、多方协作甚至人工介入等方法，以及广告投放活动以外更大范围的数据信号才能分析和识别的无效流量。SIVT 特点如下。

- 未声明的、高度模拟真人访客的机器人和爬虫流量。
- 广告插件、恶意软件产生的流量。
- 被劫持的设备和群控设备产生的流量。
- 虚拟化设备中产生的流量。
- 被劫持的广告代码产生的流量。
- 通过作弊代理服务器产生的流量。
- 通过隐藏/堆叠/覆盖或其他方式导致用户无机会看到正常广告内容的流量。
- 在不同于主要广告域名的网页内蓄意嵌套并恶意制造的流量。
- 以金钱补偿为动机的操纵测量数据的行为。
- 伪造的可见性曝光判定属性参数的流量。
- 篡改或重复使用窃取获得的 Cookie（储存在用户本地终端上的数据）信息或移动装置标识的流量。
- 操纵或伪造用户位置数据和相关属性的流量。

## 1.2 互联网广告营销基础知识

通过 1.1 节对营销、广告与流量的深入探讨，我们清晰地看到，在现代互联网营销过程中，商家为广告环节投入了巨额的费用。随着数字技术的日新月异，互联网广告行业呈现出高速发展的态势，而这块迅速增长的市场无疑也引来了黑灰产的觊觎。然而，无论生态如何演变，底层的基石始终保持不变。接下来，我们将从广告营销的发展历程和基础概念入手，逐步揭示广告与营销领域中各个视角黑灰产的利益链，让读者对其有更深入、全面的了解。

### 1.2.1 互联网广告发展史

如图 1-6 所示,1994 年 10 月 27 日,世界上第一个互联网商业化广告"You will"出现在 Hotwired 网络杂志上。美国通信业巨头 AT&T 采用合约形式为此项营销活动花费了 30 000 美元,获得为期 3 个月的 468×60 像素横幅广告展示机会,广告点击率高达惊人的 44%,就此开创了互联网广告的先河。

图 1-6 AT&T 投放在 Hotwired 的横幅广告

1995 年雅虎推出搜索引擎,上线了第一个具有定向能力的广告——"Golf"广告,可对不同浏览者展示不同的广告,是精准营销在互联网广告领域的首次尝试。

1996 年 DoubleClick 成立,使用动态广告报告与定位技术(Dynamic Advertising Reporting Targeting,DART)将横幅广告和用户 Cookie 结合到一起,基于网站 Cookie 追踪用户行为偏好,针对性展示符合用户兴趣的广告,成为当时互联网广告市场的佼佼者,仅仅成立两年便迅速完成上市。

1997 年 3 月,国内第一个互联网广告出现在比特网(ChinaByte),广告主为 Intel(英特尔)和 IBM(国际商业机器公司),这也是中国互联网广告发展历史上的一个里程碑。此后一年到 1998 年,国内三大 PC 门户网站网易、搜狐、新浪相继成立,主要以 PC 合约广告形式做营销推广活动。

1998 年 2 月,Goto(后被雅虎收购)采用按效果付费(Pay For Performance,P4P)的广告理念,在搜索展示页面使用基于位置的竞价模型(Paid Placement Model,PPM),让广告主能够通过竞价的方式争取在搜索引擎中的最佳展示位置,这是搜索引擎营销(Search Engine Marketing,SEM)的首次商业化变现。

2000 年 10 月,谷歌发布 Adwords,使用基于质量分的搜索关键词竞价模式,计费方式是 PPM(Pay Per Impression,按展示量付费)。2002 年,谷歌引入 PPC(Pay Per Click,按点击量付费)结算计费方式。20 多年后的今天,各大搜索引擎广告依然主要沿用关键词竞价排名和 PPC 的结算方式。

2005 年,广告交易平台 RightMedia 成立,从此开启了程序化广告交易的序幕。同年 7 月份，谷歌收购 Android，两年后苹果公司发布第一代 iPhone，宣告移动互联网广告时代开启。与此同时，AdMaster（精硕科技）、秒针等第三方广告监测公司出现，也推动了程序化交易进程。

2008 年，YouTube 推出视频贴片广告，随后推出基于用户浏览兴趣的视频推荐广告，互联网广告也开始从简单的图文升级为信息更加丰富的视频模式。

2012 年，Facebook 开始大力发展信息流广告，尤其是移动端的精准信息流广告。而国内同年 8 月份上线的今日头条更是将信息流广告的精准营销能力发挥得淋漓尽致，基于强大的内容生态和个性化推荐算法，让整个公司的商业化变现能力实现巨头垄断下的弯道超车。

2014—2017 年，美团、Facebook、微信朋友圈、谷歌地图等相继开始尝试基于位置服务（Location Based Service，LBS）的营销广告产品。这些产品通过分析用户的 IP 地址等位置信息，精准定向推送附近的广告信息，从而将消费者引导至附近的线下门店消费。这是大数据时代 O2O 营销的一项重大变革。

2018 年到现在，视频、工具、游戏、资讯和阅读等移动端应用创新层出不穷，信息爆炸生成巨量数据。国内媒体推出 Marketing API，将平台自身的广告能力通过 API（应用程序接口）的方式去做对外的输出和赋能，从而构建起以 API 为基础的平台生态，开始进入智能驱动的高效率投放时代。

另外近几年来，随着短视频行业的兴起，抖音、快手从传统互联网巨头的手中抢占了大量的流量，并且自建了广告营销平台。同时随着媒体在生态中掌握的数据越来越丰富，整个互联网广告生态的运作模式也在慢慢地发生着变化，媒体从过去的流量提供角色逐渐转变为集流量供给与广告投放的双重职责兼顾的角色，有占据更大主导地位的趋势。

## 1.2.2 主流广告形式

在广告与营销风控领域，无论是针对用户、媒体等的营销行为风控，还是针对广告主的营销内容风控，首先都需要对互联网广告营销环节中的主流广告形式和广告位有较为深入的了解。只有了解"战场"的情况，才能有效地与黑灰产等攻击方进行对抗。

根据广告位的不同，目前业界主流的广告形式包括横幅广告、搜索广告、信息流广告、开屏广告、贴片广告、插屏广告、激励广告等。这些广告类型在 PC、H5（第五代超文本标记语言）和 App 上展现形式各异。鉴于篇幅限制，本节将主要探讨移动 App 上的主流广告形式。

1. 横幅广告

横幅广告（Banner Ad）作为互联网广告最早且最常见的一种形式，通常固定在网站或 App 的顶部或底部位置，如图 1-7 所示。

这种广告形式包含静态横幅、动画横幅和互动横幅三种类型，其展示效果直观，制作简单且适用于各种媒体。因此，横幅广告在市场上广受欢迎，成为大部分应用的主要广告形式之一。

2. 搜索广告

搜索广告（Search Ad）是一种通过用户主动搜索行为触发的广告展现形式，通常按照点击计费。由于这些广告是根据用户搜索的关键词进行召回，因此它们代表了潜在用户的购买意愿，并具有较强的转化价值。我们日常使用的各类浏览器、短视频应用、电商软件等的主页面都具备通过用户搜索展现广告的能力。

搜索广告的展现形式主要有两种：品牌专区和信息流搜索结果页。如图 1-8 所示，品牌类广告主可以通过品牌专区宣传品牌形象，以培养用户心智和"种草"为目标，展示专属营销内容；而信息流搜索结果页则是以提高广告主营销产品转化率为目标，通过竞价排名的信息流方式（单排或双排）展示广告。

3. 信息流广告

信息流广告（Feeds Ad）是通过图片、图文或视频等形式和应用自然内容流混排展示给用户的一种广告形式，最早出现于 Facebook，也是目前国内内容信息流 App 搭载的主流广告形态之一，如图 1-9 所示。信

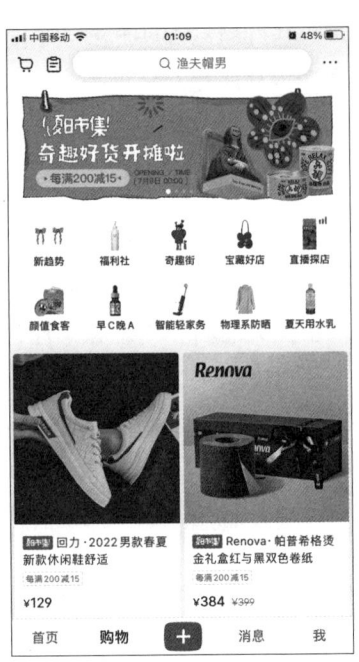

图 1-7 横幅广告

图 1-8 搜索广告（品牌专区）

息流广告一般是基于用户兴趣偏好进行定向推荐的广告,用户体验和接受度普遍要比硬广要高,且相比于搜索广告需要用户搜索行为触发的方式,信息流广告用户触达率更好,其特点是"内容即广告,广告即内容"。

### 4. 开屏广告

开屏广告(Splash Ad)是指在应用启动阶段展示给用户的图文或视频类型广告,如图1-10所示。图文或视频一般以启动阶段倒计时(3~15秒)的方式呈现给用户,倒计时结束后方可进入应用,属于典型的品牌广告,拥有最佳的位置,且启动阶段天然具备很强的用户聚焦度,是大型高预算的品牌商广告主传播品牌形象、培养用户心智的投放首选。

图 1-9 信息流广告

图 1-10 开屏广告

### 5. 贴片广告

贴片广告(Roll Ad)是视频类应用中常用的广告形式,根据在视频中出现位置的不同,可分为前贴片、中贴片和后贴片三类广告,如图1-11所示。近年来各类长视频、短视频应用兴起,占据了大量的流量池,使得贴片广告的应用场景也越来越广泛。某些品

图 1-11 视频贴片广告

牌广告主还会直接与制片方合作，将广告创意通过视频中贴片的方式植入视频的情景中，让广告受众有沉浸式观看体验，提升对广告的接受度。

#### 6. 插屏广告

插屏广告（Interstitial Ad）是指在应用启动、暂停、过关、跳转、退出等操作的时候以半屏或者全屏形式弹出的广告，展示时机巧妙避开了用户对应用的正常体验，能够减少对用户的打扰，同时弹出尺寸大，有利于吸引用户眼球，具有较为强烈的视觉冲击效果，一般常用于游戏类和视频类 App，如图 1-12 所示。

#### 7. 激励广告

激励广告（Incentive Ad）是通过给予用户奖励（如积分、金币等）的方式，引导用户按照广告要求完成特定行为（如观看视频超过 30 秒、下单、连续签到 7 天等），如图 1-13 所示。这种广告形式一般适用于休闲类游戏或拉新引流场景，能够有效激发用户的参与热情，提高广告效果。

图 1-12　插屏广告

图 1-13　激励广告

### 1.2.3　广告营销参与方

互联网广告行业经过近 30 年的发展，已经从最初单一的图文横幅广告，演变成搜索、推荐、视频等丰富多彩的形式。在发展的过程中，逐渐形成一套完整的程序化广告生态链路，链路中参与角色众多，相互间纵横交错，也正是因为这些角色的存在，使得整个广告生态更加健壮、高效和可靠。

如图 1-14 所示，广告投放链路主要由流量的供给方和供给方平台、需求方和需求方平台、用户、广告交易平台、数据管理平台和其他辅助类服务平台等组成。

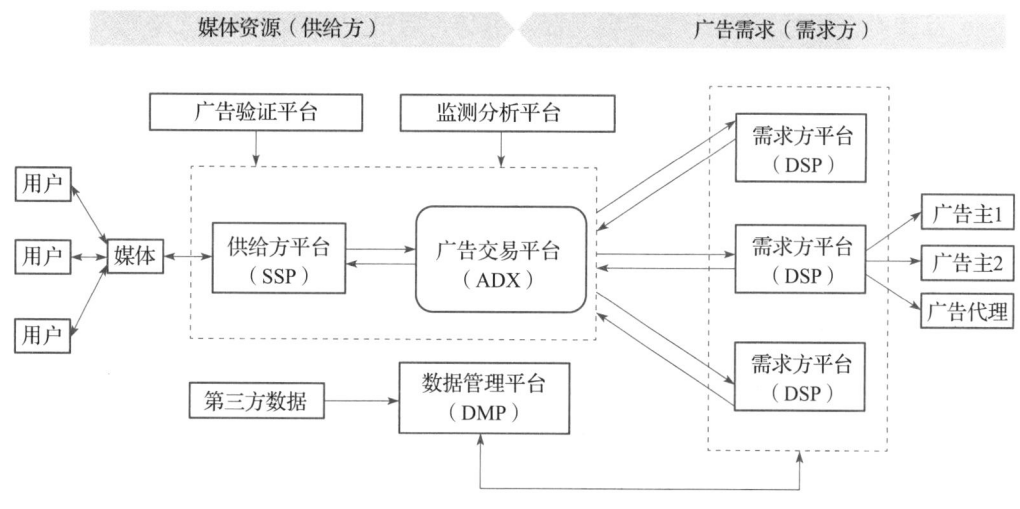

图 1-14　程序化广告投放链路

### 1. 供给方和供给方平台

供给方在互联网程序化广告生态链路中扮演着提供流量来源的关键角色。从广告流量交易的角度来看，它们是卖方，通常被定义为媒体或者媒体代理公司，也称为广告网盟。当前，主流媒体可以分为头部媒体、厂商媒体和小型媒体三类。

- **头部媒体**。头部媒体拥有庞大的用户群体和极高的用户黏性，是流量来源中最优质的部分。代表性的头部媒体包括社交应用、短视频应用，以及大型门户网站等。
- **厂商媒体**。这类媒体通常拥有大量的硬件设备，并且具备装机默认安装或自身应用商店的引流能力。各种手机品牌商就是典型的厂商媒体代表。
- **小型媒体**。相对于头部媒体和厂商媒体，小型媒体的流量规模较小。它们通常是由小型企业或个人站长创建和维护的 PC 站点或移动端应用。

为供给方提供服务的平台称为 SSP（Supply Side Platform），其主要功能是帮助媒体侧管理广告渠道、广告投放和客户资源等。

### 2. 需求方和需求方平台

需求方在互联网程序化广告生态链路中扮演着流量需求方的重要角色。从广告流量交易的角度来看，它们是买方，通常被定义为广告主或广告主代理商。根据广告营销目标，广告主可分为品牌类和效果类两种。

- **品牌类广告主**。营销目标主要是品牌宣传，通过大量的产品曝光来培养用户心智和提升市场影响力。他们不太关注短期的广告转换，更注重长期的用户兴趣培养，希望通过品牌宣传促进消费。例如，一些汽车广告常常出现在朋友圈里。
- **效果类广告主**。营销目标主要是短期带来更高的商品转化效果。例如，在春节期间，一些手工艺品广告主希望通过广告投放提升对联、灯笼等时令性消费品的转化效果。

为需求方提供服务的平台（Demand Side Platform，DSP）主要功能是给广告主或其代理商提供广告投放策略制定和实时竞价的能力。广告主可以在 DSP 上创建投放计划，圈选目标受众投放人群，配置竞价词、预算以及出价等，DSP 的出现大大简化了广告主投放的流程。

### 3. 用户

互联网用户（也就是广告受众）在整个程序化广告生态链路中扮演着桥梁的角色。这个桥梁的左侧连接着供给方媒体，而用户本身则是这些媒体的访问者或者 App 的使用者。在桥梁的右侧，连接着需求方广告主。用户通过访问供给方提供的服务，浏览广告，产生兴趣并点击广告主投放的广告，从而产生后链路的营销转化效果。

从广告主的角度来看，优质的、具有潜在高转化率的广告受众是广告流量的核心价值所在。如果广告受众带来的流量转化效果几乎为零（比如虚假拉新），那么广告主不仅需要支付给供给方媒体广告费，同时也无法获得预期内的收益，这就会导致广告主的利益受损。因此，确保广告受众的质量和真实性对于广告主来说至关重要。

### 4. 广告交易平台

广告交易平台（Ad Exchange，ADX）位于需求方平台 DSP 和供给方平台 SSP 之间，是一个交易服务平台。它通过接入 SSP，汇聚大量的媒体流量，并通过 DSP 对接广告主的投放需求。其主要功能包括提供实时竞价、广告库存和广告需求的匹配，以促成买方和卖方之间的广告交易。

典型的 ADX 包括谷歌的 DoubleClick 等。在国内，ADX 的涌现可以追溯到大约

10年前,主要集中在互联网巨头公司,例如百度的BES、阿里的TanX、腾讯的TAE等。

**5. 数据管理平台**

数据管理平台(Data Management Platform,DMP)是广告主实现营销转化的关键工具之一。DMP提供基于关键词、地理位置、历史兴趣偏好等标签数据进行定向受众人群圈选的能力。通过精准定向、优化用户画像以及Lookalike能力,DMP能够根据历史优质受众进一步拓展相似潜在高质量目标用户。这种功能帮助广告主提高营销转化效果,使DMP在互联网程序化广告生态中扮演着至关重要的角色,实现了数据驱动营销的目标。

**6. 其他辅助类服务平台**

除了广告投放核心链路中的SSP、DSP、ADX、DMP之外,还有一些外围辅助类服务平台,它们为程序化广告生态提供增强服务的能力。具体如下:

- 程序化创意平台提供智能创意生成能力,针对不同受众进行"千人千面"创意展示。
- 广告验证平台为广告主提供品牌安全和无效流量验证能力,是维持广告生态健康的重要服务平台。
- 监测分析平台为广告主提供广告过程中的数据检测,如曝光、点击等数据,用于数据分析和对比。

### 1.2.4 归因分析模型

回顾1.1.5节,我们曾引用过百货之父约翰·沃纳梅克(John Wanamaker)提出过的广告营销界的"哥德巴赫猜想":"我知道我的广告费有一半是浪费的,但我不知道浪费的是哪一半。"这里面体现的就是广告主对于自己花钱投放出去的广告效果的困惑,广告主希望知道每个广告的请求、曝光、点击到最终营销漏斗环节的转化情况,借此来进一步分析广告的ROI、渠道质量,以及未来的投放优化策略。从风控的角度来看,归因分析模型可以说是营销渠道反作弊的基础。

**1. 为什么需要归因分析**

假设手游创业公司A发布了新游戏,并选择在C1、C2、C3三个媒体渠道App投放广告。经过一段时间的推广，游戏在应用市场的下载量显著增长。现在，A想要了解哪个渠道对下载量的提升贡献最大，以便更合理地分配后续的广告预算，实现最优的转化效果。

用户U在多个渠道上与A公司游戏广告发生互动，并最终下载了游戏。通过分析用户U的行为路径，可以发现不同渠道在转化过程中所起的作用。首先，C1渠道（如微博）吸引了用户的注意力，并留下了深刻的第一印象。其次，C2渠道（如爱奇艺）通过贴片广告进一步展示了游戏内容，增强了用户兴趣。最后，C3渠道（如小红书）通过KOC的推荐帖子，强化了用户的购买意愿，促使其采取下载行动。

如图1-15所示，这个过程用户U经历了三个媒体渠道（也称为归因触点），最终广告费用应该如何分配给这三家媒体，就是归因分析模型需要解决的问题。

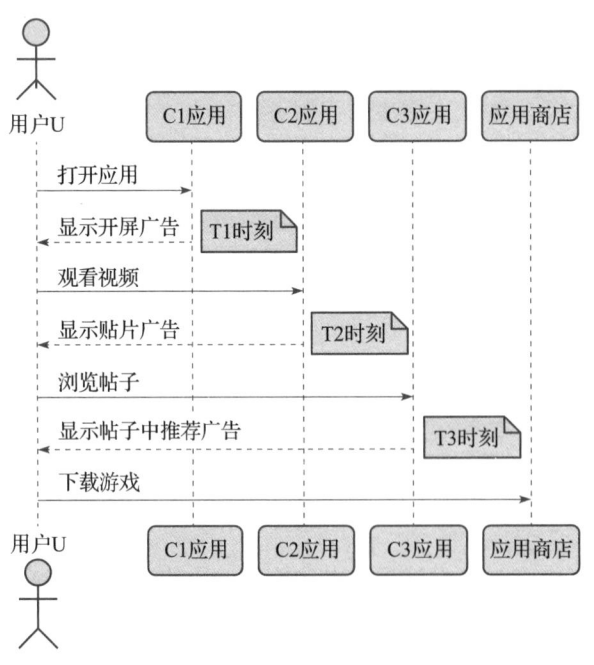

图1-15 多触点营销归因

再举一个篮球领域的有趣例子，在篮球活动中有两个重要的统计指标，一个是得分，另一个是助攻。对比营销活动，得分可以类比为营销转化（如App下载），助攻可以类比为渠道广告，助攻可以转换为最终的得分，而送出助攻的球员则可类比为营销的媒体渠道。

以2022年金州勇士队获得NBA年度总冠军为例，季后赛中勇士队头号球星斯蒂芬·库里的场均助攻数为 5.9 次，而另一位以防守见长的球员德拉蒙德·格林的场均助攻数为 6.3 次，竟然比斯蒂芬·库里还多。那么，我们可以直接认为德拉蒙德·格林这个"渠道"比斯蒂芬·库里这个"渠道"更重要吗？了解勇士队打法的朋友可能都知道"库有引力"这个梗。虽然德拉蒙德·格林的助攻数多，但其实有相当一部分都是源于对手对斯蒂芬·库里的包夹，经过二次传导才形成空位机会从而得分（转化）。

通过上面的例子可以发现，在互联网营销推广活动过程中，用户一般不会看到广告就立刻产生转化。实际情况往往是由多家媒体渠道综合作用的结果。在转化效果归因分析过程中，也不能一刀切，而应该根据不同的营销场景采用灵活变通的方式进行归因分析。

### 2. 主流归因分析模型

归因的本质，就是在互联网多渠道广告营销活动中能够明确回溯广告投放效果，进而提升流量价值转化。通过效果归因，广告主能够把从最初广告投放到最终广告效果转化的链路有效串通，借助数字化效果转化结论促进对广告投放渠道、流量质量等进行更综合科学的分析，从而对后续的营销推广活动做出有效优化。另外通常情况下，用户从看到广告到最终的生产转化行为往往会有一定的时间延迟，所以在实际应用的过程中一般会给最终点击归因增加一个 Buffer（缓冲器）时间窗口，也称归因周期，比如 7 天时间窗口内由某个推广渠道带来的转化都可算作转化效果归因。

如图 1-16 所示，业界主流归因分析模型可分为最终点击归因模型、首次点击归因模型、线性归因模型、时间衰减归因模型、基于位置的归因模型和数据驱动归因模型。

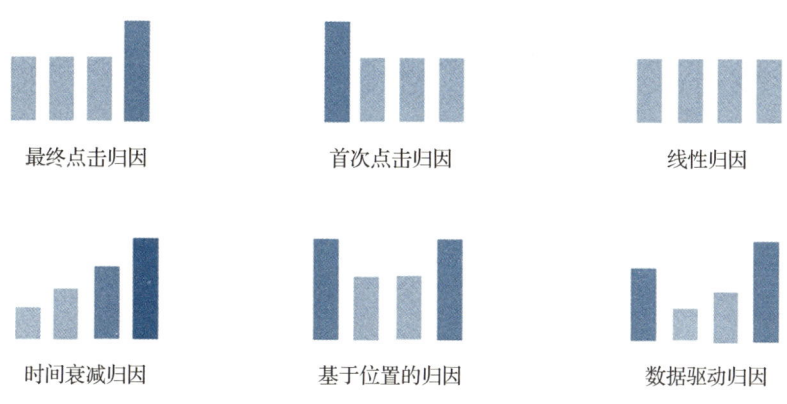

图 1-16　主流归因分析模型

1）**最终点击归因**。这是最常用的归因模型，顾名思义，该模型将广告的转化效果100%归功于用户在产生转化行为前最后一次触达点击所在的媒体渠道。这种归因模型的优点是简单直接，只需要监测用户最后触达的媒体渠道即可，前面的都可以忽略不计。但其缺点也很明显，由于只关注最终点击，忽略了整个营销效果转化过程中的前置渠道，而这些前置渠道也是有价值的。最终点击归因模型适用于转化路径较少、周期短的效果类广告营销推广活动，广告主在投放过程中最关心的是谁给自己带来最终的成交转化而非品牌种草。

2）**首次点击归因**。与最终点击归因模型相反，首次点击归因模型将广告效果100%归功于用户第一次发生广告点击行为的媒体渠道，而不关心后续的点击行为。因此，首次点击归因模型适用于品牌拉新场景，用于品牌广告主对用户做品牌知名度宣传和产品种草。

3）**线性归因**。在多渠道推广的过程中，无论是初次触达用户、最终引起转化的触达，还是中间过程中的触达，线性归因都会平等对待。但这种方式对于优质流量渠道并不友好，特别是在某些劣质渠道作弊的情况下。

4）**时间衰减归因**。时间衰减归因类似于线性归因，但在这个模型中，效果功劳会给接近最终转化或购买的点击分配更高权重。这种模式也适用于偏向周期短、注重效果的广告类型，但对于周期长的前期引流渠道并不友好。

5）**基于位置的归因**。基于位置的归因结合了最终点击和首次点击归因模型的优点，对首次触达和最终触达赋予了更高的权重。因此，基于位置的归因对初始的获客线索和最终的促成转化能够兼顾。

6）**数据驱动归因**。也称为算法归因模型，基于人工智能算法来评估广告系列中的转化和非转化路径，并为每个接触点分配适当的归因权重。

前面介绍了多种归因模型。归因对于广告主来说可以识别渠道转化价值，进一步优化营销预算分配。对于媒体来说，自身媒体渠道流量带来的归因会带来收益，通过归因数据进行广告流量资金结算。接下来对结算环节的计费方式和作弊风险进行初步分析。

## 1.2.5　计费方式和作弊风险

在稳定的广告投放链路、基础指标度量和可靠效果归因基础之上，广告主将广告作为自己的营销载体，将自己的产品、店铺广告投放在媒体网站或App内，广告受众则会经历广告展现、点击、到达店铺、浏览商品、注册激活、购买等转换行为,从最初的将广告曝光给受众到最终的 ROI 转化,这个过程形成了一个营销漏斗。每个层级的受众数量都会逐渐减少,真正对广告感兴趣并通过广告引导产生最后转化的用户则只有一小部分,而正是这部分用户,才是最有商业价值的。通过用户后续消费,抵消广告主前期的广告投入,同时带来更多的利润,这也是广告主通过广告进行商业营销的目的。

可以看到,营销漏斗中每一层的用户量,以及相应的用户商业转化价值都是各具特色的。如图 1-17 所示,从单纯的展示品牌到更强调营销效果转化,不同阶段又对应着不同的计费方式,主要包括 CPM、CPC、CPA、CPL 和 CPS 等。

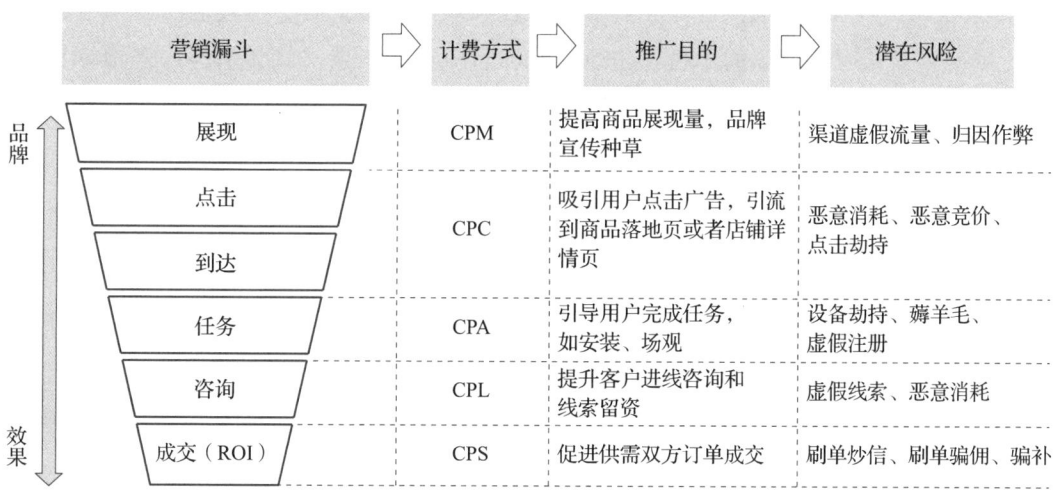

图 1-17 营销漏斗风险模型

### 1. CPM(Cost Per Mille)

千次曝光计费(CPM)是最常用的互联网广告计费模式之一,通常用于展示广告,比如我们日常使用的各种视频 App 的开屏广告、贴片广告和横幅广告。举例来说,如果广告主需要支付 5 元来展示广告 1000 次,那么 CPM 就等于 5。与 CPT 模式相比,CPM 模式能够在一定程度上提升广告效果,因为 CPM 模式要求流量供给方必须产生曝光才能向广告主收费。然而,CPM 计费模式广告更像一种"广撒网"式的广告营销,其精准度普遍较低,因此单价较低、覆盖面更广,一般适用于品牌类广告的宣传推广。

CPM 计费模式的常见风险是虚假流量。流量供给方通常通过虚假投放、机器刷量等方式来伪造广告曝光，这种流量不会带来任何实际的转化行为，因此对广告主来说会造成利益损失。

### 2. CPC（Cost Per Click）

单次点击计费（CPC）是一种在搜索广告场景中广泛应用的收费模式，最为常见的应用场景包括谷歌、百度、搜狗等搜索引擎的广告展示。由于这种计费模式下的广告点击主要来自目标用户的主动搜索行为，因此其广告点击率相对较高，有助于提升后续的转化效果。这也导致 CPC 的单次点击单价普遍高于 CPM 的单次曝光单价。

在 CPC 模式下，广告主需要参与竞价以获得更好的广告展现排名。一旦广告被点击，广告主才需要支付费用，这使得流量相对更为优质，特别适合效果类广告的营销宣传。然而，CPC 计费模式也存在一些局限性和风险。由于需要与其他同行竞争者竞价，广告主需要承担较高的单位点击价值，而且只要产生点击就会消耗广告预算。此外，恶意点击也是潜在的风险之一，如果竞争对手恶意点击广告，广告主的预算将白白浪费，导致无法获得预期的营销转换效果。

### 3. CPA（Cost Per Action）

单次行为动作计费（CPA）是一种需要广告触达目标用户并引导其采取特定行为效果的计费模式。这种模式主要关注的是 App 的新用户下载、安装、激活，以及直播平台上的粉丝数量增长、视频观看时长的提升等具体行为。在 CPA 模式下，广告主的营销目标导向非常明确，追求实际的广告转换效果，因此相对于 CPC 计费模式，CPA 的广告单价往往更高。

在互联网营销推广活动中，一个用户点击广告并成功下载安装了 App，广告主就需要支付 5 元，即 CPA 为 5。然而，这种计费模式也存在一些风险。其中最常见的是渠道虚假流量作弊，黑产团伙通过插件、木马或病毒劫持用户设备，在用户不知情的情况下下载和安装指定的广告推广 App。另一种作弊方式是机刷，即使用程序批量模拟真实用户的行为来对广告推广 App 进行虚假下载、安装和激活等操作。

除此之外，真人羊毛党也是一个不容忽视的风险。他们通过控制的私域流量，有组织地对广告推广行为进行刷量操作。相对于木马和机刷的作弊方式，真人羊毛党的行为更加难以识别和防范。

### 4. CPL（Cost Per Lead）

单次引导留资计费，常见于需要通过广告使目标用户在线上留下销售线索资料，并在线下进行大额消费的营销场景，如汽车试驾、家庭装修、医疗美容等。这类广告单价往往较高，一般在几十元到上百元的范围，某些高端汽车消费行业的单次留资广告计费甚至能到几百元至上千元的级别。

CPL 计费模式具有高额的广告费用，但是广告主也并不会傻到只要用户留下销售线索资料就付费的程度。一般来说，CPL 模式广告主需要留资客户线下到店。比如：汽车营销场景，广告主需要留资客户到 4S 店体验试驾；家庭装修营销场景，广告主要求留资客户线下到店咨询等。这里面不像前面几类作弊大多靠机器刷量，CPL 模式需要真人参与做线上留资、线下到店的任务。然而，考虑到广告收入和人力成本之间存在利润差，仍然有黑产从业者会盯着这块"肉"虎视眈眈。

### 5. CPS（Cost Per Sale）

按照成交量计费（CPS）主要应用于购物和导购类营销场景。其核心在于根据实际销售的数量来支付广告费用。对于广告主而言，这种计费模式带来了巨大的优势，因为他们只需按照最终达成的销售结果来付费，这大大降低了营销成本与风险。

然而，对于流量供应方来说，CPS 计费模式无疑更具挑战性。在这种模式下，如果不能将流量有效转化为销售，那么广告资源的投入便可能造成巨大的浪费。例如，当一个站点投放了 CPS 广告后，如果有 10 000 个访客访问，但仅有 100 个访客对广告产品产生兴趣，而在这 100 个访客中仅有 1 个访客完成了购买转化，那么其余的 9999 个访客便被视为浪费。因此，除非对自己的流量转化率有足够的信心，否则大多数流量渠道会避免选择这种计费模式。

CPS 计费模式与其他广告投放模式相比，其作弊难度明显更高。这是因为作弊者需要真正促成销售才能获得利益。单纯的机器刷量或人工做任务很难达到这一目标。然而，这并不意味着 CPS 计费模式没有面临作弊风险。黑灰产团伙仍然会寻找机会进行作弊，他们可能会利用 Cookie 填充等技术手段来篡改用户请求的标识，或者通过虚假交易来骗取广告主的推广佣金或平台活动补贴。

## 1.3 互联网广告营销形势

通过前序章节，相信读者已经对互联网广告与营销的行业背景和基础概念有了一定了解。然而，由于风控业务本身具有强烈的对抗性质，广告和营销市场也在不断变化。各种新兴营销策略层出不穷，同时，随着国内广告和营销领域法律的日益完善，监管和合规要求也对风控工作提出了更大的挑战。在本节中，我们将从营收发展、新媒体创新和监管合规三个方面分析互联网广告营销的形势，以帮助读者找到未来广告与营销风控的战场和着重发力点。

### 1.3.1 营收发展形势

根据《2021中国互联网广告数据报告》的数据，2021年我国内地市场互联网广告总体收入已达到5435亿元，同比增长9.32%。与此对比，2017—2020年的广告总体收入情况为2975亿元、3694亿元、4367亿元、4972亿元。短短的五年时间里，整体收入增长了近一倍。

2021年中国互联网广告市场集中度比2020年更强，马太效应凸显。数据显示，TOP10企业的市场份额占比已提升至94.85%，而TOP4企业（阿里巴巴、字节跳动、腾讯和百度）的市场份额进一步提升至78.2%，形成几家巨头逐鹿的形势。新生代代表字节跳动在广告收入增速方面相比于传统的BAT（百度、阿里巴巴、腾讯）明显更为强势，是TOP4广告收入头部公司中唯一一个在2021年度广告收入增长超过1个百分点的公司。

品类占比方面，2021年食品饮料与个护及母婴行业的合计市场占比大幅增长，从50%增加到62%。其中，个护及母婴品类更是激增58.7%，超过食品饮料品类，成为互联网广告市场第一大品类。数据显示，有超过七成的母婴人群会留意并关注母婴类互联网广告，对互联网广告信息的接受程度也非常高，超过八成。这类广告受众人群通常偏好使用短视频应用（抖音、快手）、微博、种草社区平台（如小红书）等获取消费兴趣信息。

广告类型方面，传统的搜索类广告增长持续放缓，市场占比已连续三年下降，目前仅占市场份额的11.9%。展示类广告占比在保持近5年的连续增长后，2021年第一次出现下降，市场份额由2020年的34%下滑至2021年的29%。视频类广告保持强势增长势头，年增速高达52.68%，市场占比已达20.4%。我们日常使用的抖音、快手等短视频应用正逐渐蚕食传统互联网企业的广告营收空间。背后的你我也是互联网广告发展浪潮中悄无声息的见证者、参与者和助力者。

平台类型方面，电商平台稳定保持第一的市场份额，其市场收入超过整体广告市场的30%。短视频类平台（21.66%）、搜索类平台（10.43%）和社交类平台（9.77%）紧随其后。

### 1.3.2　新媒体创新形势

Wi-Fi 和 4G 的普及使传统的图书和 PC 模式逐渐式微，带宽的红利和我国互联网基础保障设施的牢固底座推动短视频"社交+内容"类移动 App 飞速发展。根据 2022 年 2 月份中国互联网络信息中心（CNNIC）发布的第 49 次《中国互联网络发展状况统计报告》，截至 2021 年 12 月，我国网民规模达到 10.32 亿人，较 2020 年 12 月增长 4296 万人，互联网普及率已经达到 73%。同时，短视频用户使用率达到 90.5%，用户规模高达 9.34 亿人。

以我们熟知的快手为例，在 2011 年左右的创业阶段，快手还是一家以制作 GIF 图片为主的工具类应用。随后，它成功转型为短视频社交平台，成为记录用户日常生活状态、在朋友间分享生产作品（用户生成内容）的超级应用。2018 年，抖音横空出世，使 15 秒短视频成为互联网用户足不出户就能浏览整个世界的新"眼睛"。海外版的 TikTok 也已经覆盖全球大部分国家和地区，成为当下最受欢迎的移动端 App 之一。笔者在职业生涯早期曾在国内互联网巨头公司的视频商业化变现部门工作，看到国内短视频新媒体行业蓬勃发展，有时也会感叹，这背后既有新媒体创业者敏锐的商业嗅觉和超强的执行力，也得益于互联网时代发展的浪潮，手机硬件能力的大幅提升，以及数字经济和实体经济加速融合的背景。试想在 4G 和 Wi-Fi 都不够普及且费用高昂的时代，有谁愿意为移动端视频应用的流量付费呢？

短视频、直播和内容社区作为新型流量洼地，依靠其日益完善的内容生态和庞大的高忠诚度移动端用户，正在加速流量商业化变现的道路上马不停蹄。从内容上看，通过发展短视频和直播带货、推出与视频内容深度结合的原生化营销广告、导流给传统电商平台等方式，满足各类广告主的多元化营销需求。从社交属性上看，新媒体应用通过短视频、直播等方式促进用户之间的互动和社交联系，而优质的社区和互动进一步增加用户黏性，形成流量护城河。高留存率的用户还能通过广告营销形式为其他应用导流或通过自建电商平台实现商业化变现。

2019 年 6 月，工业和信息化部向中国电信、中国移动、中国联通和中国广电发放了 5G 商用牌照，宣告我国正式进入 5G 商用元年。随着 5G 技术的普及和基建的逐步完善,相信新媒体的内容消费模式将占据更多的用户使用时长。互联网新媒体左手握流量、右手建电商的内容和营销原生化的商业模式也必将对传统的单一平台类电商企业造成更大的冲击。

### 1.3.3 监管合规形势

在国内互联网广告行业高速发展的同时,监管和合规部门也在同步不断完善广告相关管控政策。这些政策涵盖了广告投放平台、广告厂商、广告投放媒体等参与角色,其约束力度明显呈逐年增强的趋势,如图1-18所示。

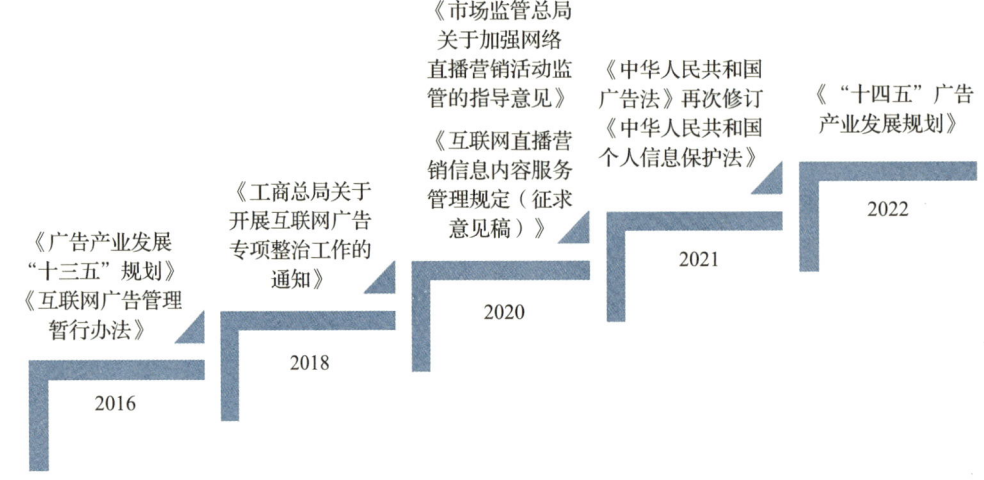

图1-18 互联网广告监管合规形势

2016年,国家工商行政管理总局印发《广告产业发展"十三五"规划》《互联网广告管理暂行办法》等监管政策,要求有序发展"互联网+广告"。

2018年,国家工商总局发布《工商总局关于开展互联网广告专项整治工作的通知》,以社会影响大、覆盖面广的门户网站、搜索引擎、电子商务平台、移动客户端和新媒体账户等互联网媒介为重点,集中整治社会影响恶劣、公众反映强烈、危害人民群众人身财产安全的虚假违法互联网广告。

2020年,《市场监管总局关于加强网络直播营销活动监管的指导意见》《互联网直播营销信息内容服务管理规定(征求意见稿)》等监管文件相继下发,突出规范近几年随着直播和短视频应用兴起的直播营销带货行为,促进了营销新行业的健康发展。

2021年，《中华人民共和国广告法》（以下简称《广告法》）再次修订，在广告内容准则、广告行为规范等方面对广告的法律合规要求做了更详细的定义。同时也在监督管理、法律责任等方面强调了监管态度，体现出对广告从业者的规范力度进一步加大，相关部门依法监察市场的水平也进一步提升。

2021年8月，第十三届全国人大常委会表决通过了《中华人民共和国个人信息保护法》（以下简称《个人信息保护法》），明确企业在营销活动中对用户个人信息处理的权利和义务边界，健全个人信息保护工作体制机制。这对国内互联网企业基于用户标签和用户历史行为偏好做精准营销的方式产生较大冲击。

2022年4月，国家市场监管总局出台了《"十四五"广告产业发展规划》，通过顶层设计强调立足新发展阶段，以推动广告高质量发展为主题，坚持创新驱动，支持中小微企业创新发展，开展广告企业"大帮小"行动，并进一步优化产业发展环境，规范建设广告法制体系，推动广告产业与网络环境净化、隐私数据安全协同发展，加强广告作品知识产权保护，为广大互联网广告和营销活动从业者营造公平竞争的市场环境。

## 1.4 本章小结

本章作为全书的第一章，旨在从业务的角度由浅入深地向读者介绍互联网广告与营销风控所面临的业务问题。在互联网领域，流量被视为一切生意的本质，因为流量即用户，用户即金钱，这是其价值所在。通过广告的方式，可以实现以小博大，使用付费流量撬动自然流量的业务效果。互联网营销广告的形式多种多样，除了传统的搜索、推荐广告外，近年来内容和社交广告也蓬勃发展。从外部媒体流量引入到最终的下载、成交、留存等业务目标转化，经历CPM、CPC、CPA、CPL、CPS等不同计费方式，每个阶段都存在潜在的作弊风险。同时，我们也必须注意到整个互联网广告营销的发展趋势以及监管合规形势带来的挑战。后续章节将基于本章，对互联网广告与营销业务中的作弊风险和应对风险的算法策略进行详细介绍。

# 第 2 章

# 广告与营销黑灰产业链

通过第 1 章的介绍,我们看到互联网广告与营销市场正在经历层出不穷的创新和疾如旋踵的发展。我国互联网营销市场总规模已突破万亿元大关,互联网广告收入也已超过 5000 亿元。从传统的 PC 信息门户网站、购物网站、搜索引擎、社交媒体,到移动互联网时代的电商、社交、短视频、知识分享 App,营销的媒介与载体在不断变化。一方面,互联网营销的不断发展推动了我国数字经济的欣欣向荣;另一方面,万亿元市场规模的土壤之下,逐渐滋生出了为利益不择手段的黑灰产,它们制造虚假流量、恶意劫持、批量注册刷单、发布违禁广告、薅营销平台羊毛、骗取佣金等。可以说,有利益的地方就会被黑灰产盯上并慢慢侵蚀。黑灰产的出现无疑对互联网广告与营销平台带来巨大挑战,它们既损害了营销活动推广者的利益,也扰乱了整个市场的正常秩序,破坏了消费者正当合理的权益。

本章通过剖析互联网广告与营销市场活动参与方,试图从多个角度全面客观地审视各个参与方的利益,思考广告与营销领域从事黑灰产活动的动机及其上下游产业链和作恶工具、手段。

## 2.1 营销的人、货、场

在 1.1 节,我们已经介绍了营销指的是商品的生产者发掘消费者需求,并通过一系列的推广活动让消费者了解其商品，进而购买其商品的过程。在这个过程中，有几个关键的概念需要强调：首先是作为供给方的生产者，他们拥有货品，扮演着卖家的角色；其次是作为需求方的消费者，他们是生产者的目标营销对象人群，也是货品的买家；最后是作为营销推广活动的场地，在过去没有互联网的时代，传统的营销活动场地主要是指挂在实体店铺门口的广告，而如今更多指的是为货物供给方提供营销推广的具备充足用户流量的媒体渠道应用。

如图 2-1 所示，在互联网营销活动中，我们按照"人、货、场"的概念划分参与角色。生产者、消费者和营销推广的场地三者紧密相连，相互依赖，构成了营销活动的稳定结构。

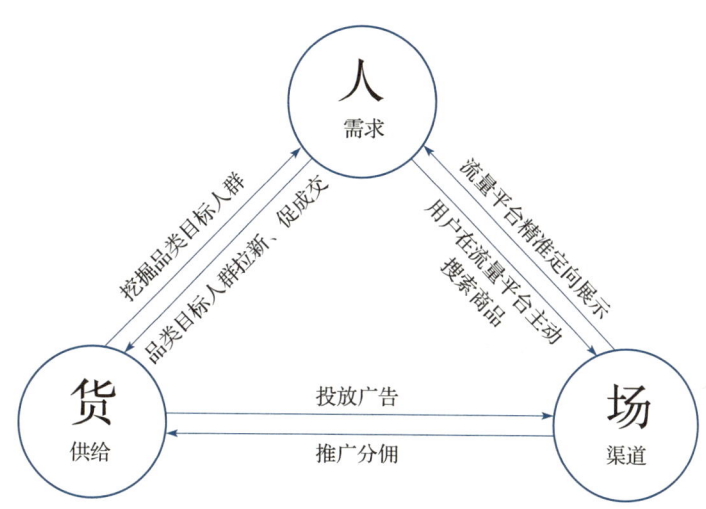

图 2-1 互联网营销的人、货、场

## 2.1.1 人：用户需求

有一句话说得很好："制约企业创业成功的因素不是对技术的了解不够透彻，而是对客户需求缺乏感知的能力。"相较于传统信息不对称的线下营销时代，现代互联网社会的营销产品开始摒弃本位主义思维模式，转而更加重视用户需求，强调以人为本。在这个过程中，人就是客户，就是流量，就是金钱。

供给方为了提高成交率和转化率，往往以满足消费者的用户需求和优化用户体验为过程驱动力。一方面，他们深刻洞察用户需求，不断提升生产效率并降低货品的生产成本，通过技术创新为用户创造实实在在的价值。另一方面，他们借助各种媒体渠道，通过广告推广活动等方式精准地展现产品给目标人群。

在营销活动中，为了吸引用户，供给方往往会提供红包、卡券、折扣和返利等让利途径。通常情况下，正常的用户在领取红包或折扣券后会产生高 ROI 的后续转化和留存等有利于供给方的行为。然而，由于利益驱使，也经常会有黑/灰用户混杂在其中，他们参与薅羊毛、真人众包任务等行为，给互联网营销市场带来了负面影响。

### 2.1.2 货：精准获客

过去，由于生产力落后，难以满足日益增长的广泛用户需求，因此在营销场景中，"货"占据主导地位。只要生产出货品，就会有用户为之买单。然而，随着生产力的飞速发展，社会经济经历了从物资匮乏到商品品牌化、消费升级和个性化定制消费的阶段。在这个发展过程中，"货"的规模化生产释放出巨大能量，商品种类和体量实现了飞跃，货品变得不那么稀缺，用户的选择也更加丰富。因此，在营销生态中，"人"开始更多地占据主导地位，营销的天平也从传统的"人找货"逐渐演化成"货找人"。这种转变使得货品的生产者面临着更大的精准获客压力。

为了实现精准获客，货品的生产者通常需要推出营销活动、投放广告等触达潜在的目标人群。然而，一方面，在同类货品卖家之间的竞争关系中，某些商家可能会采取恶意竞争手段，消耗竞争对手的营销预算，使得他人花钱推广但收获不到任何效果。另一方面，各大互联网广告营销平台的竞价排名机制也成为一些劣质营销推广者钻空子的目标。通过刷单、补单等方式构造虚假的成交记录，这样其转化率就虚高，从而获得更低的出价。这对营销平台和正常的营销商家来说都是极大的利益损害。

此外，在营销推广活动中，某些货品推广者为了吸引更多的用户注意，会制作出一些不合规的创意，比如打色情擦边球、夸大宣传或利用负面舆论事件等。我们在 1.3 节曾介绍过国内互联网营销日益严峻的监管合规要求。如果营销平台不能通过风控技术手段快速、全面地对营销推广内容进行风险合规控制，一旦风险外漏，营销平台将面临关门整改和法律的追责。

### 2.1.3 场：流量为王

俗话说："酒香也怕巷子深。"再好的货品，如果没有一个良好的传播推广平台，也难以让广大用户熟知。在互联网产品营销领域，产品研发方除了通过技术等专业手段提升自身产品竞争力以外，还需要借助外部媒体提供的"场子"来充当自己的"货架"。这种思维模式通常被称为场景思维或者货架思维。

经常坐飞机的朋友可能翻阅过座椅上的飞行杂志，里面有家叫"华与华"的营销战略咨询公司就提出了营销流量场的货架思维。其本意是通过帮助品牌设计醒目包装，在超市货架上凸显出来，以吸引尽可能多逛超市人群的注意力。这在互联网广告营销领域同样适用。此外，除了线上的流量场，越来越多的营销平台开始放眼于线上和线下双管齐下的发展策略，通过线下体验和线上交易相互配合构建一体化营销模式。

从货品的生产方和推广需求方的角度来看，为了达到精准获客的目标，需要通过外部媒体渠道采买流量。大品牌广告主注重品牌宣传和营销"种草"，效果广告主注重短期的产品购买成交转化，即ROI。从流量提供方的角度看，为货品的推广需求方导流量是有利可图的。然而，有一些劣质媒体渠道为了攫取更高的流量回报，制造虚假曝光、虚假点击等，使得营销推广的有效货品成交转化率非常低，让货品推广者的利益受损。

除了机器模拟的方式，部分劣质媒体还会勾结黑灰产团伙，利用真人众包的方式来薅取营销活动推广者和营销平台提供的权益、红包、佣金等。2019年，某大型互联网电商平台因遭受羊毛作弊损失上千万元。然而，不容忽视的是，"羊毛出在羊身上"，这类欺诈流量无论对营销活动推广者还是营销平台都造成了巨大的损害，严重影响了整个互联网营销生态的健康发展，也损害了广大互联网用户的使用体验。

## 2.2 广告与营销的利益链

所谓"利益"，是指满足个人或团体需求的事物，而利益链则是由多种利益扭合在一起形成的一种复杂的上下游关系。在前文中，我们已经介绍过，互联网广告营销生态是由"人""货""场"这三种角色构建而成的。从需求供给的角度看，货品的生产者需要将自己的货品售卖出去以实现货品变现。广大互联网用户一方面有着不断提升生活品质的需求，这为生产者的货品提供了流通的可能性；另一方面，用户更加沉浸于各类多媒体娱乐、社交、专业问答社区等流量平台。流量平台作为互联网营销的"场"，实现"人"和"货"的信息交换，促成货品买卖，并从中获得收益。

本节通过细化广告营销上下游链路的参与方，从各方的利益出发点来分析每个环节的利益关系和风险对抗的背后原因。

## 2.2.1 商家视角的利益和风险

在本小节中，我们将从商家经营需求和广告营销的角度入手，深入探讨从营销推广的初始阶段到实际经营过程，再到商家之间的竞争关系以及商家与营销平台之间的博弈等多个不同维度的业务风险。我们将逐步揭示商家视角下的利益动机，以及在应对作弊和风险方面所采取的策略。

### 1. 虚假资质

在互联网营销推广活动中，并非所有人都有资格投放广告。根据《中华人民共和国广告法》（以下简称《广告法》），各大营销平台对入驻的推广者要求严格准入资质，这包括但不限于个人证件、营业执照、商标、专利证书等。以化妆品行业的广告资质为例，广告主需要提供一系列合规证明，如经营内容、经销商品牌资质、化妆品生产许可证、化妆品生产企业卫生许可证、国产特殊用途化妆品批准证书、国产特殊化妆品批准文号和经销商品牌授权协议等。广告主只有满足一定的门槛要求，才能进行商品推广活动。

然而，从整体生态的角度看，广告主众多，其中不乏一些资质不齐全的厂商。为了获得更多流量，部分厂商开始尝试勾结黑灰产，使用虚假资质来欺骗营销平台的审核系统。从经营过程来看，虚假资质风险可以分为以下三个阶段：

1）商家入驻阶段：提供虚假资质材料以获得营销推广资格，包括主体资质、品牌资质、行业资质、商品资质等。

2）商家经营阶段：提供虚假资质材料以混淆真假、误导消费者，例如虚构进货凭证、授权证明，或当被权利人投诉时声称其品牌资质仍然有效等。

3）商家报备和申诉阶段：提供虚假材料欺骗审核人员，如伪造物流凭证、篡改聊天记录等。

资质的风险控制可被视为维护互联网营销行业健康发展的第一道防线。如果没有健全的资质审核能力，那么劣质广告将充斥在营销平台上，严重误导用户的选择，损害用户体验，损害平台形象。同时，劣质广告主将驱逐优质广告主，破坏营销生态的健康。

2. 内容违规

互联网营销平台在风险管理中高度关注的一个问题是内容违规。为了吸引用户注意力,某些营销活动推广者可能会制作低俗、色情、涉及敏感事件等的违规广告创意或商品图片、标题、宣传短视频等。如果风控措施不够得当、不够全面、不够及时,一旦出现重大风险外漏事件,整个公司将面临整改、关停甚至法律追责的风险。根据《广告法》第二章第九条规定,广告不得有下列情形。

1) 使用或者变相使用中华人民共和国的国旗、国歌、国徽、军旗、军歌、军徽;
2) 使用或者变相使用国家机关、国家机关工作人员的名义或者形象;
3) 使用"国家级""最高级""最佳"等用语;
4) 损害国家的尊严或者利益,泄露国家秘密;
5) 妨碍社会安定,损害社会公共利益;
6) 危害人身、财产安全,泄露个人隐私;
7) 妨碍社会公共秩序或者违背社会良好风尚;
8) 含有淫秽、色情、赌博、迷信、恐怖、暴力的内容;
9) 含有民族、种族、宗教、性别歧视的内容;
10) 妨碍环境、自然资源或者文化遗产保护;
11) 法律、行政法规规定禁止的其他情形。

尽管有明确的法律合规要求,但一些互联网营销平台,尤其是内容类平台,仍然存在合规意识淡薄、边缘行为的现象。监管部门政策的进一步收紧和处置力度的增强,对互联网营销内容平台提出了更高的要求和挑战。

举例来说,2018年4月,国家广播电视总局通报了某超过2亿名用户的知名短视频、段子类搞笑娱乐社区应用程序存在内容导向不正、格调低俗等突出问题。因此,责令其母公司永久关停该客户端软件及公众号,并进行了举一反三的类似视听节目产品的全面清理,如图2-2所示。同年6月,国内某搜索引擎投放了一些恶意消费英烈、吸引眼球的广告。经过举报,相关广告平台和广告主被北京市互联网信息办公室、市工商局等部门联合约谈。相关广告平台和广告主未能尽到应有的内容审核义务,导致侮辱英雄烈士的违法信息在网上传播,严重违反了《中华人民共和国网络安全法》(以下简称《网络安全法》)《中华人民共和国英雄烈士保护法》《广告法》,因此责令立即清除相关违法违规内容并进行严肃整改。

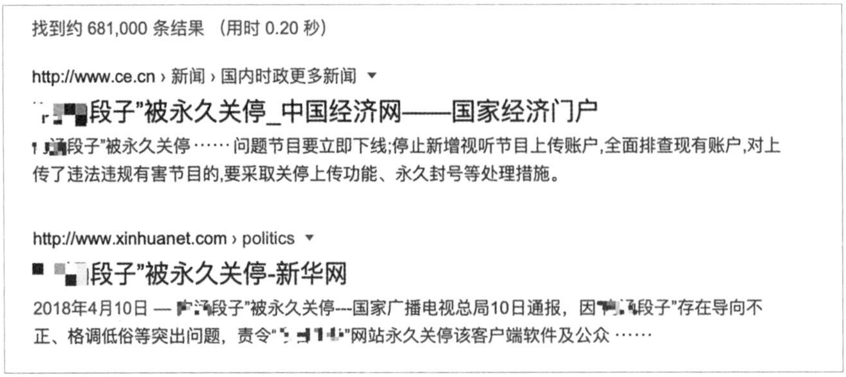

```
找到约 681,000 条结果 （用时 0.20 秒）

http://www.ce.cn › 新闻 › 国内时政更多新闻 ▼

"▉▉段子"被永久关停_中国经济网——国家经济门户
▉▉段子"被永久关停……问题节目要立即下线；停止新增视听节目上传账户，全面排查现有账户，对上
传了违法违规有害节目的，要采取关停上传功能、永久封号等处理措施。

http://www.xinhuanet.com › politics ▼

▉▉段子"被永久关停-新华网
2018年4月10日 — ▉▉段子"被永久关停——国家广播电视总局10日通报，因▉▉段子"存在导向不
正、格调低俗等突出问题，责令▉▉▉网站永久关停该客户端软件及公众……
```

图 2-2 内容违规导致应用整改关停

随着《网络安全法》《数据安全法》《个人信息保护法》《互联网信息服务算法推荐管理规定》和《广告法》等一系列法律法规的相继颁布、修订和实施，我国对互联网营销平台的内容合规要求以及处罚力度日益增强。根据国家网信办的数据，2022年上半年累计依法约谈网站平台3491家，发出警告3052次，对283家平台进行了罚款处罚，暂停了419家平台的功能或更新，下架了177款移动应用程序，会同电信主管部门取消了12 292家违法网站的许可或备案，关闭了12 292家违法网站，并移送了4246件相关案件线索。

在营销推广活动过程中，一方面，推广者出于自身利益会不断升级内容作弊的手段，与风控部门形成对抗；另一方面，法律的不断完善和监管部门的约束日趋收紧。因此，对于互联网营销平台来说，内容合规已经成为一项刻不容缓的工作。

3. 恶意消耗

在之前的分析中，我们从推广者的角度探讨了虚假资质和内容违规风险，这两者都可以归为营销内容风险的范畴。在广告与营销风控领域，除了营销内容风险外，还存在着营销行为风险，而恶意消耗则是其中一种典型的行为类风险。图 2-3 展示了搜索广告中的恶意消耗行为。

恶意消耗是一种不正当竞争的商业行为。它指的是通过点击竞争对手的竞价广告来提升对手的单位广告成本，或者提前消耗对手的广告预算，以间接地为自己的推广商品赢得更多曝光和点击机会。通常情况下，这种情况发生在购买相同搜索竞价词的商品推广者之间。通过点击对手的单次点击成本（Cost Per Click，CPC）广告，使其每日点击成本增大，最终导致其广告预算不足，无法继续推广其创意。

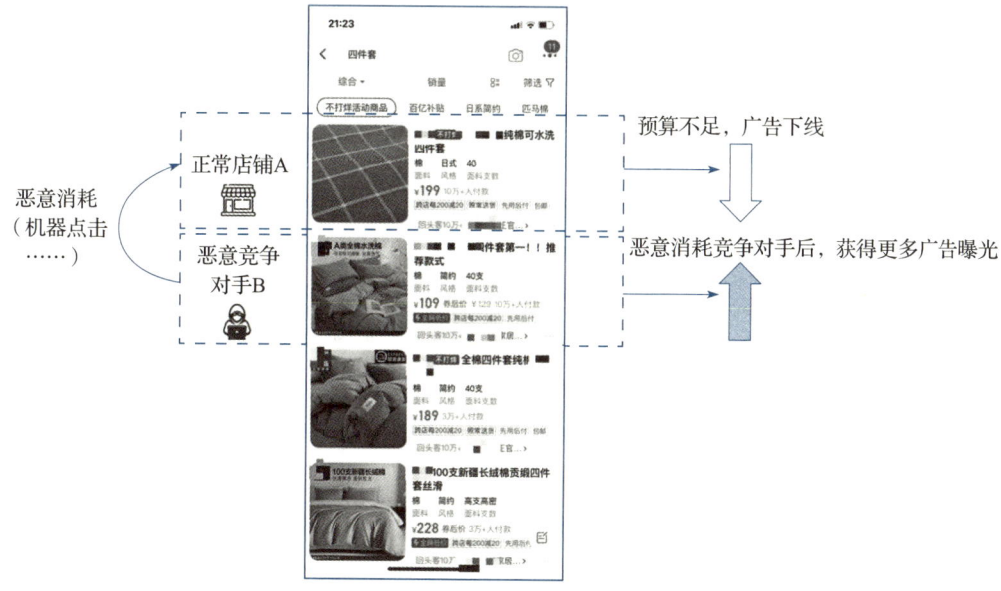

图 2-3 搜索广告中恶意消耗行为

恶意消耗不仅对竞争对手构成不正当打压，导致了劣币驱逐良币的局面，而且对营销平台的经营形象和信誉造成了严重的损害。Google（谷歌）就曾因搜索引擎广告出现大量恶意点击，导致广告主的利益受损，引发集体诉讼，最终不得不支付了9000万美元的赔偿。

在互联网营销推广活动中，关键词是有限的，网站搜索排名顺序也是"稀缺资源"。因此，背后的利益驱动着恶意点击的黑灰产在灰色地带滋生蔓延。与此同时，相关法律法规尚不健全，缺乏完备的法律条款来约束作弊行为，使得恶意点击消耗作弊者的风险成本过低。在高利益回报的驱动下，他们更加有恃无恐。健康的生态需要营销平台精准识别作弊行为，同时也需要法律法规的不断完善，为广告主和平台提供可依赖的底线保障。

### 4. 恶意竞价

同恶意消耗类似，恶意竞价也是广告主之间非正当竞争的一种营销行为作弊方式。恶意竞价是指利用搜索引擎的竞价排名机制，通过人为非正常地操控点击通过率（Click Through Rate，CTR），在更少的出价下骗取更高的竞价排名。

为了深入理解恶意竞价的作弊方式和原理，有必要了解搜索引擎的竞价排名机制。目前常见的机制包括 GSP（Generalized Second Price，广义二阶价格）和 VCG（Vickrey-Clarke-Groves）两种。我们以广泛采用的 GSP 定价机制为例来说明黑灰产是如何从中获取利益的。

GSP 是指对于每个赢得广告位置的广告主，按照其下一位广告主的出价来收取费用。简单来说，广告排名第一的广告主按照广告排名第二的广告主的出价计费。GSP 排名机制目前被 Google 和百度等搜索引擎采用。以 Google 为例，广告排放位置（Ad Position）由广告排名（Ad Rank）决定，排名越高，得分越靠前。如图 2-4 所示，广告排名有两大决定性因素。

图 2-4　Google 广告竞价排名影响因素

1）单次点击成本出价（Cost Per Click Bid）：广告主根据其自身的广告预算，在营销推广平台上设置关键词（搜索广告）或者定向受众（推荐广告）点击一次广告的出价。单次点击成本出价越高，排名竞争力就越强，对应广告展现的机会也就越大。

2）质量分数（Quality Score）：是一种对广告主推广内容的综合得分进行度量的指标。质量分数越高，广告排名的竞争力越强。广告质量得分由多个因素综合计算而成，包括广告相关度、落地页体验、预估点击通过率等。

如图 2-5 所示，质量分数又有三个方面的影响因素。

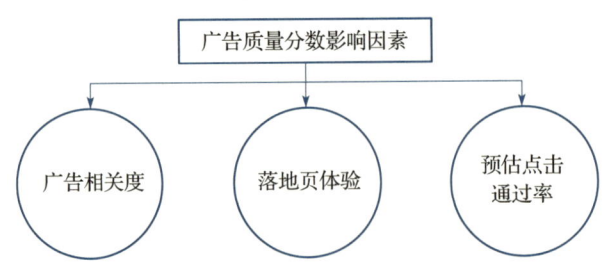

图 2-5　Google 广告质量分数影响因素

1）广告相关度（Ad Relevance）：是指广告与搜索关键词或展示页面之间的相关程度。广告内容和关键词越匹配，广告相关度就越高。

2）落地页体验（Landing Page Experience）：是指用户点击广告后进入的页面体验。落地页的质量、加载速度、内容匹配度等因素都会影响落地页体验。

3）预估点击通过率（Expected Click Through Rate，Expected CTR）：是指预估的用户在广告展示后实际点击广告的概率。广告的预估点击通过率越高，说明广告更有吸引力，更可能促进用户后链路的转化行为。

可见，广告排名并非出价越高就越靠前，而是综合考虑出价和广告的质量分数来决定最终展现排名。广告排名本质上是广告主与平台之间的博弈，出价试探是一种策略，而提升质量分数又是另一种策略。

在质量分数的三个影响因素里面，广告相关度和落地页体验是广告主对自身广告的标题、创意、正文、链接以及拓展信息等的匹配程度和用户体验做优化，是切切实实地提升客户价值。而预估点击通过率是广告营销平台的机器学习模型基于广告主经营店铺的历史数据给出的模型预测指标。从过去简单的线性模型到如今各种复杂的深度神经网络模型，预估点击通过率已经成了互联网营销平台必不可少的一环。

通常情况下，如果商家的产品质量过硬，价格公道，且能够吸引广大消费者，那么从广告曝光到广告点击的比例就会相对较高。广告平台会认为当前广告主提供的广告质量较高，因此在竞价排名阶段，广告主能够以相对较低的出价获得更高的排名。然而，这一机制也吸引了许多黑灰产业者，他们不断挖掘机制中存在的漏洞，通过买卖双方串通刷质量分数，欺骗平台模型，以低于应有水平的出价获得高排名。这也损害了正常参与竞价的其他广告主的利益，使其难以按照合理的市场价值进行推广活动。

从互联网营销平台的角度来看，平台的预估广告收益可以通过以下公式计算：$eCPM = 1000 \times pCTR \times CPC$。在这个公式中，eCPM 代表每千次广告曝光的预期广告费用，pCTR 表示点击率的估算值，而 CPC 则表示单位广告出价。一些采用不正当手段的人试图通过欺骗手法误导平台模型，让平台错误地认为他们可以获得更高的 CTR，并以更低的 CPC 进行投放。这种欺诈行为实际上会导致广告位低价售出，业界称为"广告土地价值流失"，对平台的整体收益会造成非常大的损害。

综合而言，恶意竞价一方面对正常经营的广告主造成伤害，使得劣币驱除良币，另一方面也使得平台收入受损，平台公正性遭受质疑，是广告与营销风控业务团队需要重点对抗和打击的作弊行为。

### 5. 恶意超投

接下来，我们继续从商家的经营视角出发来分析其背后的利益点。通过广告付费推广，商家在营销活动中的角色变成广告主。对于广告主而言，要设置推广计划的预算。广告主希望营销平台尽可能地将自己的预算消耗充分以获得更多的广告曝光和点击机会，从而实现后续的成交转化效果。从互联网广告营销平台的角度来看，为了最大化广告主的预算利用率，平台会采用各种技术手段来优化广告投放的覆盖面和精准度，以帮助广告主获得更多的广告曝光和成交转化。

然而，这里存在一个潜在问题：由于数据同步时效和用户体验的预加载等，平台可能会多投放一部分广告。一旦超出广告主设定的预算上限，将导致平台白白浪费了广告资源，因为这部分额外投放的广告是无法计费的。对于正常推广的广告主来说，例如设定了一个500元的广告预算，但平台机制问题导致实际花费达到550元，这可能会引起广告主对平台的不满。当这种超额投放的广告数量增多时，广告主不仅会对平台的预算分配机制和投放节奏控制感到困惑，还可能对平台的可靠性产生质疑。

业内通常将这种情况称为"超额投放"（简称"超投"），英文术语为"Over Delivery"。这一概念在"Budget Pacing for Targeted Online Advertisements at LinkedIn"一文中得到明确定义："Over delivery: The dollar amount we delivered to a campaign beyond its daily budget as a percentage of total revenue."（超额投放：我们向广告活动投放的超出每日预算的金额占总收入的百分比）。LinkedIn广告超投对比如图2-6所示。

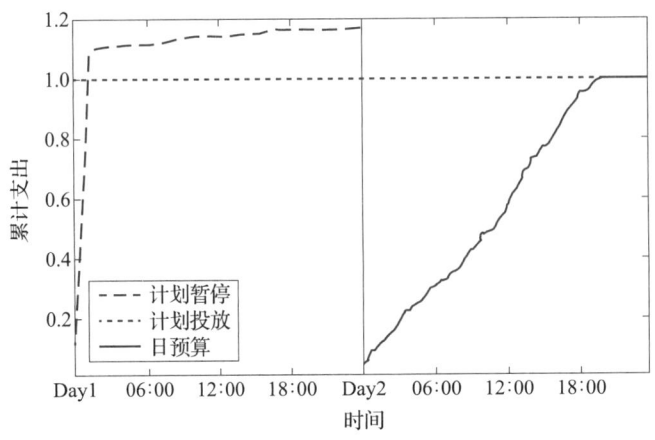

图2-6　LinkedIn广告超投对比

除了互联网广告营销平台自身投放机制所导致的超投，一些不怀好意的广告主也密切关注这一机制，并不断寻找漏洞以牟利。在过去的传统搜索广告场景中，这些广告主通过调整竞价排名的出价来增加广告曝光机会，同时频繁地调整预算、消耗后再充值，刻意制造潜在的超投机会。随着直播和短视频的普及，营销宣传追求短期内的爆款传播效果，一些任务型广告也导致了广告曝光与广告归因之间的时间差增加。更长的归因时间差意味着更长的结算周期，这也成为黑灰产恶意超投的目标之一，尤其在大型促销活动期间,因为此时营销流量具有突发性,一旦平台未能妥善控制恶意超投,将会遭受巨大的收入损失。

一方面,这对互联网营销平台的广告预算消耗、账户余额、广告上下线状态等的实时感知、预算平滑消耗、恶意超投处罚等能力提出了更高要求。另一方面,必须确保广告主的预算能够得到充分消耗,避免因为机制调控不当导致广告主无法正常推广。

### 6. 刷单炒信

"刷单炒信"是指在网络交易平台上通过刷单方式炒作商家信用的行为。商家出钱找兼职人员假扮顾客,通过以假乱真的购物方式提高网店的排名和销量,从而吸引顾客。刷单一般由卖家提供购买费用,通过黑灰产平台找到众包买手进店购买商品,并填写虚假好评,以提高店铺销量和信用度。刷单是一种非法的商业模式和营销行为,也是一种虚假广告宣传和不正当竞争行为,侵害了消费者的知情权,违反了《广告法》《反不正当竞争法》《电子商务法》等法律法规。

消费者在日常浏览电商平台购物时通常会比较多家店铺的商品销量和评价,然后做出购买决策。一些商家注意到消费者的这种心理,为了制造虚假的高销量和高信誉,铤而走险与黑灰产业者合谋,寻找真实的兼职刷单人员,采用众包任务的方式来刷销量、好评、收藏和加购等。

刷单的一般流程如下:首先,刷手从刷单平台领取任务,然后前往电商平台,按照任务指定的关键词搜索商品,再对比多家店铺进行货品比较;其次,刷手伪装成有真实购买意向的用户,在店铺下单和付款,提供刷单平台所需的证据证明订单成交;再次,店铺以送出小额礼品的方式,或采用"拍A发B"(业内俗称"AB单")、发空包裹的物流方式来寄出商品;最后,刷手确认收货并给予好评后,获得本金的返还以及刷单佣金。这种类型的欺诈行为由于涉及真人流量,相对于机器刷单而言更难以识别,因此风控模型需要具备更高的精度。

在"刷单炒信"的欺诈过程中,一些快递公司和从业人员也扮演了助推的角色。这是因为商家和刷手合作的刷单包裹通常不包含真实商品,而是包含轻便的小礼品(例如卫生纸)甚至是空信封,如图2-7所示。

图2-7 空信封刷单炒信

此外，卖家和买家的寄收货地址可能是虚构的或者无法联系到真实人员，大多数有经验的快递员拿到这些包裹时通常能立刻识别出它们是刷单包裹。然而，从快递员的角度来看，他们也面临着快递业绩和订单量的 KPI（关键绩效指标）压力。因此，出于多重利益的考量，空包裹继续流通逐渐成为刷单黑色产业链中的某种心照不宣的"默契"。

此外，需要注意的是参与兼职刷单的人群分布特点。其中，大部分是待业人员或在校学生等，他们通常为了赚取额外的零花钱而参与兼职活动。少数人则希望通过刷单返利的方式获得更丰厚的收入，他们幻想着通过"加入刷单群，足不出户，日赚千元"的方式实现财务上的突破。然而，这些参与者往往忽略了一个重要问题，即在做众包任务刷单的过程中，他们需要付出自己的资金成本。

以刷手为例，他们在帮助店铺刷单的过程中，每单需要支付 50 元购买商品。确认收货并给出好评后，刷手能够获得 5 元的佣金，并返还本金。因此，刷手每单的利润为 10%。然而，很多人通常只关注这 10% 的利益，而忽视了实际上他们需要承担每单 100% 的本金成本。一些不法分子利用这种刷手追求快速赚钱的心理，欺骗刷手支付资金进行刷单。最终，刷手付款后，确认收货，却既没有收到佣金，也无法收回本金，从而遭受损失。近年来，这类刷单诈骗案件频发，引起了风控从业者和监管部门的关注。

然而，风险并不仅仅存在于刷手层面，作为刷单需求方的商家本身也需要承担风险，这主要来自两个方面。一是商家通过刷单平台下发刷单任务时需要投入本金和佣金。一旦刷单平台被查封，商家的投入资金将化为乌有。由于刷单行为本身不合法，一旦刷单平台跑路，大部分商家也不敢通过法律途径维权。二是刷单行为可能招致营销平台和监管部门的查处与追责，一旦商家被发现涉及刷单，将面临法律的惩罚。

另外，短视频应用的飞速发展促使直播带货呈现出一日千里之势。越来越多的消费者通过直播间了解商品、触达店铺并最终成交。因此，一些商家为了增加直播间的人气和粉丝数，通过雇佣"水军"进入店铺刷直播在线观看人数、直播间主播粉丝数等行为，制造虚假繁荣的直播间氛围，欺骗、误导广大消费者，诱导消费者冲动购买。2021 年初，江苏省常熟市曾受理并处罚过一起直播间利用"水军"进行直播刷单炒信的案件。

随着互联网广告与营销市场的发展，刷单炒信呈现出规模化、组织化、职业化和可进化的特点，逐步形成了商家、刷单平台、刷手、物流等完整的黑灰产业链。对于正常推广的商家来说，受刷单炒信作弊商家的干扰，可能无法在同类商品中获得应有的流量，进而导致转化率和成交量下降，最终可能出现劣币驱逐良币的情况。人工众包刷单炒信这类网络黑灰产严重破坏了公平竞争的市场秩序，损害了广大消费者的合法权益，同时也加大了风控识别的难度。因此，互联网营销风控部门需要跳出传统的防御思维，有针对性地提高系统风控能力。

7. 刷单骗补

同样是刷单，前文提到的刷单炒信是商家为提升店铺信誉和好评量而采取的作弊手段。而下文将讨论的是刷单骗补，指商家为不正当获取平台补贴而采取的手段。通常，平台会在特定时段提供高额补贴，以刺激消费和提高订单量，拉升总交易额。这个过程包括商家和用户两个层面的补贴。接下来，我们将重点探讨商家视角下的骗补行为。

刷单骗补在O2O营销活动中尤为普遍且严重。O2O商业模式是将线下实体门店或服务与线上平台和潜在消费者连接，通过互联网营销扩大传统实体门店或服务的推广范围。这种模式旨在促进更多商品（如外卖）或服务（如打车）的在线交易。O2O市场在初期推广阶段和激烈的竞争市场中，通常会采取大规模的补贴政策，以吸引商家或服务提供方入驻平台。根据交易数量的不同，平台向商家或服务提供方提供一定比例的补贴。

在日常生活中，"衣食住行"是每个人都关注的基本需求，因此电商、餐饮、酒旅、出行等行业的营销刷单骗补现象屡见不鲜。在平台的补贴活动期间，一些商家通过不正当手段或与刷手合谋来制造大额交易，在短时间内提升店铺的总交易额和订单数量，以达到平台设定的高额补贴标准，从而获取额外补贴。

举例来说，某外卖平台曾经曝光员工参与刷单骗补的案例。这家平台为了吸引更多用户，推出了满减活动，如每单满30元减20元，这意味着用户只需支付30元商品的10元，剩下的20元由外卖平台补贴给商家。一些不法商家看到这个机会，便利用补贴规则与刷手合谋，制造看似真实的线上订单，却没有真正完成线下交易。通过这种方式，他们在一天之内可能获得上万元的骗补利润，如图2-8所示。

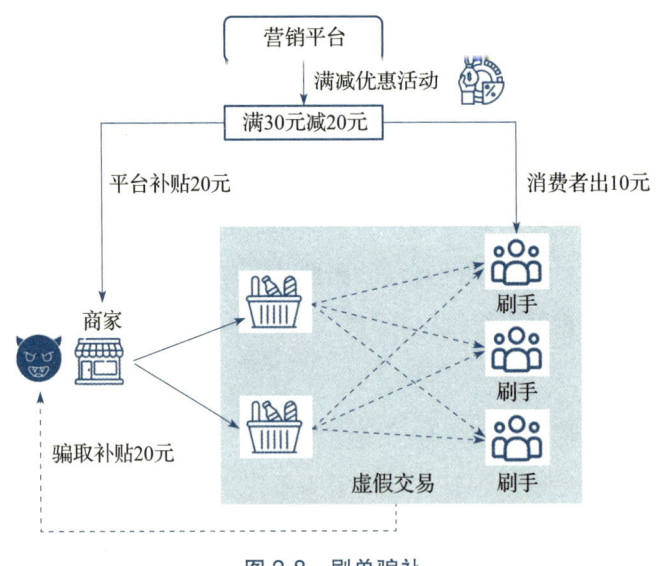

图 2-8 刷单骗补

另外,许多人可能还记得 2014 年的打车软件补贴大战。各类打车软件为了争夺市场份额和用户,推出了长时间的补贴活动。这些活动一方面帮助了 O2O 打车行业的发展,但另一方面也吸引了一些不法分子。他们利用真实设备注册多个司机和乘客客户端,模拟订单并骗取高额补贴。有些人还提供专业的作弊流程培训或出售已骗取补贴的账号,成为 O2O 出行领域的潜在风险。

尽管企业在营销推广活动中提供高额补贴可以在短期内吸引更多活跃用户和增加总交易额,但刷单骗补现象已经形成一条庞大的黑色产业链。这需要互联网广告与营销风控从业者高度关注和持续对抗。

### 8. 创意盗爬

在互联网广告营销领域,创意发挥着关键作用,它能提高广告的转化率,需要灵感、文案、素材等多方面因素的组合。鉴于相同类型的商品会有多家商家进行推广,因此从广告主的角度来看,了解竞争对手和市场状况是一项至关重要的策略。正常的市场分析和竞争对手调研在广告行业中是不可或缺的环节。

然而,某些广告主抱着走捷径的心态,通过互联网爬虫等方法,爬取各大广告平台上的相似广告并整合到自己的数据库中。随后,他们在其他人已经精心构建的广告创意基础上进行抄袭和改进,以使自己的广告看起来更出色。

虽然广告主大多没有编写创意爬虫的技术能力,但在背后的供需关系推动下,一些黑灰产业已经开始提供爬虫技术和动态代理 IP 库等工具,以帮助那些希望不劳而获的广告主。这已经形成了一个灰色地带的产业链。

创意爬虫行为既损害了原创广告主的知识产权,也影响了广告的正常推广,因为机器生成的曝光和点击是非正常流量。从广告营销平台的角度来看,创意爬虫行为对生态系统造成了破坏,也是平台需要积极治理和打击的一种作弊行为。

### 2.2.2 渠道视角的利益和风险

前文从多个风险维度详细分析了商家视角(即"人、货、场"理论中的"货")的利益链和作弊动机。接下来将从"场"的角度对营销活动中渠道作弊的风险进行深入分析,涵盖大型的流量媒体,以及小型的渠道代理商、招商团长和联盟客户,这些渠道存在各种各样的作弊动机和方式。

#### 1. 虚假流量

商家的经营目标既包括品牌宣传,又涉及精准获客以促进商品成交。但是商家仅仅依赖自身渠道很难将商品呈现到目标用户面前。因此,为了实现引流和拉新获客的目标,商家通常会利用具备大量互联网用户的媒体渠道,如搜索引擎、新闻资讯平台、短视频 App、体育或问答社区论坛等。商家通过这些渠道获取用户,而渠道则通过帮助商家引流来获取资金回报,这也是渠道流量变现的一种常见商业化模式。然而,提供流量的媒体渠道市场鱼龙混杂,某些渠道为了攫取利益,会通过制造虚假流量的方式来骗取商家的渠道流量费用,从而大幅降低商家的营销费用回报率,使商家间接地增加了营销成本。

在 O2O 概念炙手可热的前几年,大量创业者涌入该行业开发 App。为了在短时间内将应用打造成爆款并促进新用户激活,O2O 应用开发者会投入大量资金找寻具有广泛流量的媒体渠道进行营销推广。

然而,一些不法渠道采用机器刷量和人为刷量相结合的方式,制造虚假曝光和点击行为,如图 2-9 所示。对于创业者来说,他们看到的是渠道带来的极高广告点

图 2-9　群控真机设备伪造虚假流量

击量，但实际上几乎没有真正的应用安装激活，或者即使安装激活了也没有留存。这种欺诈行为导致了资金链问题，使得很多 O2O 创业者不是在产品和技术层面遇到困难，而是在市场营销推广环节受到了渠道流量的欺诈，最终可能导致创业失败。

可以看到，在广告与营销业务中，虚假流量是一个非常严重的问题，它会对广告主的投放效果和市场秩序造成不良影响。根据设备、用户、行为的不同，媒体渠道制造虚假流量的常见手段又可细分为以下几类。

1）假机假人。通过设备伪造、非法参数传递等技术手段制造虚假流量，冒充真人真机行为。例如，使用模拟器、改机软件等工具，伪造设备信息和用户的登录、下载、浏览、点击、收藏等行为，从而制造出大量的虚假流量。

2）真机假人。通过篡改设备、农场设备、接码平台等控制一系列真实存在的设备，冒充真用户制造虚假流量。这种模式批量制造的虚假流量覆盖营销场景的大部分环节，比如制造虚假曝光、点击，批量注册、下载、安装、激活等来蒙骗广告主和平台。

3）真机真人。通过真人多开设备、工具多开、机器操控设备、远程自动化脚本操控工具等方式，基于真实用户的真实设备突破每个设备只能安装一个应用的限制，从而实现构造虚假流量的目的。因为是真实用户、真实设备，这种作弊相比于前两类更难识别。

**2. 归因作弊**

在介绍归因作弊前，我们首先来分析一个经典的 RTB（Real Time Bidding，实时竞价）广告效果归因过程，核心步骤如下。

1）广告请求。用户在媒体平台上浏览或搜索内容时，媒体平台向广告交易平台发送广告请求。

2）广告竞价与选择。广告交易平台将广告请求发送给多个需求方平台进行实时竞价。每个需求方平台根据广告主的出价和广告质量等因素来决定是否参与竞价。

3）广告展示。竞价成功后，广告交易平台将获胜的广告物料发送给媒体平台，媒体平台将其渲染在用户的浏览界面上。如果用户看到了这条广告，就会产生一次曝光。

4）用户设备与第三方监测服务器交互。用户在浏览广告时，其设备会向第三方监测服务器发送请求，上报广告曝光数据。当用户点击广告后，设备会跳转到落地页并再次向第三方监测服务器发送请求，上报广告点击数据。

5）广告主 App 上报转化数据。当用户在广告主的应用内完成特定的转化事件（如安装、激活或下单）时，广告主 App 内预先植入的第三方监测 SDK（Software Development Kit，软件开发工具包）会捕获这一转化事件。该 SDK 将向第三方监测服务器发送请求，上报用户的转化数据。

6）第三方监测平台渠道归因。第三方监测平台在接收这些转化数据后，进行渠道归因。渠道归因是将这些转化事件归属于特定的广告渠道或活动。

7）转化数据回调给广告主。完成渠道归因后，第三方监测平台通过特定的渠道接口将这些归因数据回调给广告主，以供广告主进一步优化广告投放效果。

通过上面的 RTB 和归因过程可以看到，广告效果归因是用于确定促成转化的曝光和点击的过程，具体是指一组规则，用于确定如何将转化成交的功劳分配给转化路径中的各个接触点。而归因作弊，是指作弊渠道利用第三方归因策略（多为最终展现或最终点击归因）的漏洞，虚构展现或点击以窃取用户的转化功劳的作弊行为。

在移动效果转化及归因方面，最主要的作弊机制可分为虚假效果转化流量和归因劫持。根据中国信息通信研究院、中国广告协会和中国互联网协会在 2022 年 3 月发布的《数字营销异常流量研究报告》，常见的虚假效果转化及归因劫持如下。

1）自然安装劫持。用户安装了广告主应用，在此之前并没有发生广告互动行为，这是一次自然安装，但某渠道基于一次用户点击的记录将此次安装归因，此类归因可以认为是自然安装劫持。

2）Click Spamming（Click Flooding 或 Click Stuffing，点击泛洪）。作弊者通过机刷方式发送大量虚假点击，提高抢占自然量或其他渠道转化效果的概率，很可能将用户的下载和安装行为归因给通过大量虚假点击产生的作弊渠道。此类归因可以认为是渠道归因劫持，特点是点击转化率偏低，初次点击到最终转换的间隔过长。

3）Click Injection（点击劫持）。不同于 Click Spamming 的泛洪盲目狂点，点击劫持的目的性非常强，这种方式会监听广告主在 App 上的推广行为广播信息，比如应用安装、弹出二维码或者口令文字等。然后窃取并篡改成自己渠道的推广信息，从而占据本不应该有的最终触达归因的位置。特点是点击转化率偏高，点击到转换的时间间隔很短。

4）设备工厂。发生正常的广告曝光、点击及应用安装行为，但下载安装后无任何互动直接卸载，且同一 ID 下多次产生该行为模式，此类转化可以认为是虚假安装。虚假安装包括机器人作弊和设备工厂，作弊渠道通过设备池、不断重置 ID 等方式模拟大量新设备进行下载、安装等行为，或通过机器发送恶意代码模拟点击、安装和应用内事件。

5）后台模拟归因。作弊渠道在应用后台添加代码或 SDK，代码或 SDK 通过模拟广告点击、安装和应用内行为向归因监测平台发送相关信息。此类作弊伪造性强，不易被监测机构和广告主识别。

3. 刷单骗佣

在前文我们曾介绍过"刷单炒信"和"刷单骗补"的作弊利益链，这是从商家经营的利益视角引发的作弊行为。"刷单骗佣"也是刷单的一种，但是获利方是媒体渠道，而受害方却是商家。为了获取更多流量，商家会通过各种渠道来引流，并设置一部分让利给渠道当作佣金，按照其带来的成交单数来向渠道支付佣金。图 2-10 展示了一个电商刷单返佣任务群发布的刷单任务。

一般而言，营销活动中商家支付佣金的前提是，产品有真实成交订单。但是，一旦通过渠道产生的交易发生了退款等维权行为，理论上来说，商家是不需要支付这笔佣金的。然而，有部分不良媒体渠道通过串通买手，或者同时扮演渠道和买手的双重角色，利用退款退货的交易维权时间差实现空手套白狼，骗取商家的营销活动推广佣金。此类作弊的常见特点包括一次性大量购买、涉及高比例佣金、无理由拒收包裹、希望脱离平台系统进行私下维权等。

下面举例说明。某电子产品商家在营销平台

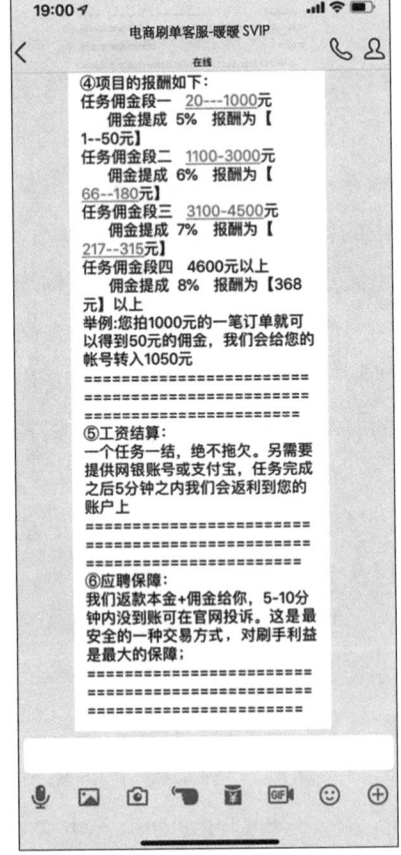

图 2-10　电商刷单返佣任务群

推广，店铺内一共有 A、B、C 三款产品，单价分别为 100 元、200 元、300 元，商家为店铺内的所有商品都设置了渠道推广佣金，佣金比例为每单成交额的 30%。某恶意刷单渠道针对 A、B、C 三款产品，分别雇佣黑灰产兼职刷手刷了 10 单，刷手一共付出 100 元×10+200 元×10+300 元×10 = 6000 元，渠道获得的佣金为 6000 元×30% = 1800 元。在成交后，刷手利用时间差发起恶意退单维权，把刷单付出的 6000 元本金又重新收回到手中,相当于商家被渠道和刷手联合欺诈骗取了1800元的佣金。

除了电商营销场景外,O2O业务也成为渠道刷单作弊的重灾区。前面提到过,O2O创业公司为了加速打造爆款应用、抢占市场先机,通常通过各类媒体渠道推出营销活动,以线上和线下渠道的组合方式吸引用户。外卖行业和出行行业在市场竞争中出现了大量的"烧钱"现象。某些不法渠道雇佣刷手进行人工刷单或机器刷单等,合谋刷外卖订单或打车订单,给O2O行业的创业者带来了巨大的经济损失,这些创业者因此支付了高昂的"学费"。

### 4. "黄牛"倒卖

黄牛,广义而言,是非正式或非法的中介渠道。在正常的市场营销推广活动中,商家期望其商品或服务能够直接触达真实的消费者。然而,黄牛的存在破坏了正常的市场秩序。黄牛团伙采用各种技术手段,恶意获取原本应该提供给真正消费者的优惠券、门票、稀缺商品等,然后以高价倒卖。实际上,他们在商家和消费者之间强行插入了一个中间环节,以牟取差价。这种行为既伤害了商家的利益,使其无法如愿地触达真实目标用户,也扰乱了市场价格秩序,使本来稀缺的商品变得更加难以获得,从而损害了消费者的利益。黄牛囤货倒卖风险如图2-11所示。

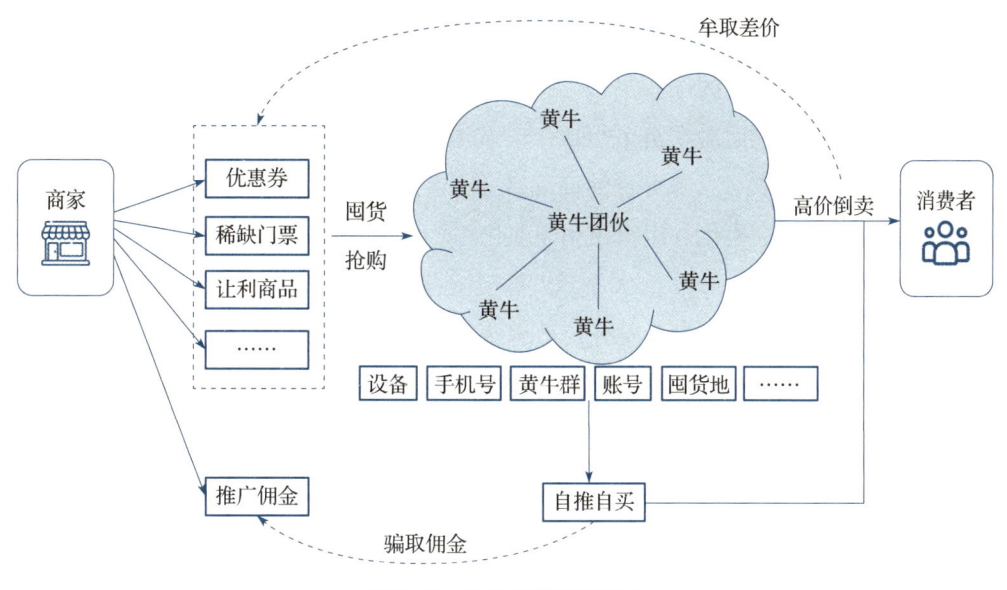

图2-11 黄牛囤货倒卖风险

除了囤货以牟取差价之外,一些黄牛还会扮演媒体渠道的角色。因为商家会设置推广佣金，黄牛媒体渠道会"自推自买"，既帮助商家推广商品，又自己购买大量商品并囤货，以此方式欺骗商家获得佣金。为了避免被平台察觉，某些黄牛团伙甚至采用真人代购的方式，将黄牛订单分散给多个购买者，共同协助囤货，然后以高价出售。可以看出，当媒体渠道自身涉足黄牛囤货时，将同时从商家的推广佣金和向用户倒卖商品的差价中获利。

### 2.2.3 用户视角的利益和风险

用户是互联网营销活动的重要参与者，人数众多且分散。从用户的角度来看，根据其主观动机和赚钱方式的不同，可以将风险分为两大类：薅羊毛和众包兼职刷单。

#### 1. 薅羊毛

薅羊毛，指的是普通的互联网用户在商家通过营销平台或线下做各种权益红包活动时，利用各种各样的技术手段获得优惠券、积分、金币、能量等，使得自己购买商品或获得服务所付出的成本是最低的，是一种非正常的获利行为，因为消费者得到的优惠其实是平台或商家让出的利润，故而将消费者获取优惠的行为形象地称为"薅羊毛"。该行为已经渗透到营销市场的各个领域，如外卖优惠券、减免优惠、送话费、送流量、虚拟农场种树送水果等。

随着互联网流量红利的逐步见顶，商家获客的成本越来越高，因此会不断推出让利活动以吸引消费者。面对经济下行压力，普通人也更愿意关注"羊毛"信息，期望能够以更小的成本获取与原来等价的商品或服务。种种因素也造就了薅羊毛黑灰产业链的暗流涌动与逐渐规模化、组织化和职业化。

据不完全统计，国内薅羊毛从业者人数已经超过百万，薅羊毛黑灰产市场规模逾千亿元。近年来市场上大型互联网公司遭遇薅羊毛的事件频发，影响巨大。

如图 2-12 所示，2019 年 1 月，某著名电商平台被黑灰产团伙通过一个过期的优惠券漏洞盗取平台的巨额无门槛优惠券，当时很多人只需支付 4 毛钱，就可以充值 100 元话费。为什么用话费充值的方式呢？因为不需要走物流，领券、充值、到账可能几十秒就搞定了，等平台意识到漏洞再修复漏洞的时候，羊毛党早已逃之夭夭，平台也很难通过冻结物流等方式追回损失。同时，薅羊毛黑灰产通常不吃独食，他们会将薅羊毛信息通过各种群、社区等方式大量传播出去，试图让更多普通用户一起薅商家，从而达到其刻意制造的"法不责众"的目的。

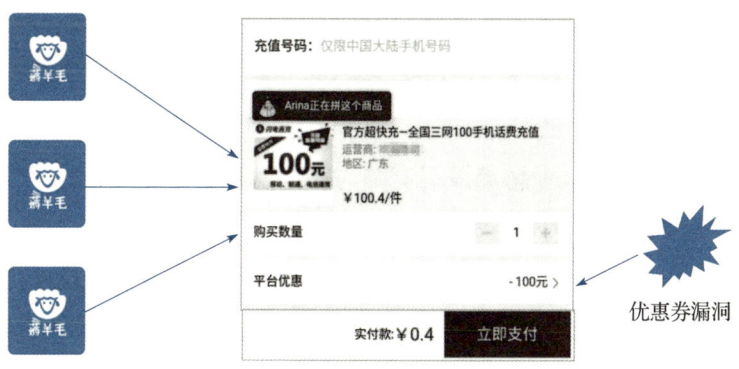

图 2-12　优惠券薅羊毛

根据作弊目的和薅羊毛规模的差异，可以将羊毛党细分为业余型和职业型两种。业余"羊毛党"主要是一些时间相对自由的人群在群里跟随职业"羊毛党"小打小闹地赚点钱；职业"羊毛党"以薅羊毛获利为自己的专职，其本身具备相对专业的寻找营销活动漏洞、通过各种手段和渠道搜集羊毛信息的能力，某些职业"羊毛党"还会通过开办薅羊毛技术培训班的方式赚取业余"羊毛党"的学费。

1）业余"羊毛党"。业余"羊毛党"的主要目的是通过薅羊毛赚点外快。业余"羊毛党"往往会关注很多微博、小红书上的资深羊毛博主，跟着羊毛博主混迹在各大社交媒体的内部羊毛群，蹲守羊头的信息，发现有合适的项目便会行动起来。部分玩得多的业余"羊毛党"还能更进一步，在电商平台和返利工具之间切换自如。除了一些重大平台活动 Bug（程序错误），业余"羊毛党"平时都是赚点小钱。比如，参加秒杀活动免费或低价拿商品，然后倒卖转手通过赚取差价获利。

2）职业"羊毛党"。职业"羊毛党"的目标是发掘平台营销活动漏洞或系统 Bug，然后利用羊毛党的组织进行大规模的作弊，以骗取平台和商家的推广让利。这种行为对平台和商家都造成了巨大的损害，因此需要成为营销风险管理的重点治理对象。职业"羊毛党"通常具备专业的技术背景，能够发现漏洞和系统 Bug。此外，他们通常管理着几个甚至十几个羊毛党群。一旦职业"羊毛党"发现了漏洞或 Bug，他们会通过自动程序、脚本等方式在群组中发布羊毛信息、羊毛作弊工具以及相关教程，以便随时协调大规模的作弊行动。

此外，网络上有很多黑灰产论坛存在羊毛广告，吸引一些新手加入。许多群组的管理员会提供羊毛作弊技能的培训，不同级别的项目有不同的费用，有些小型项目的远程视频授课费用为几十元，而大型项目的费用可能高达数百元或上千元。许多业余

"羊毛党"为了掌握更多的"技能"以获取更多的羊毛而支付培训费用，从而形成了一定程度的滚雪球效应。

可以看出，"羊毛党"已不再是个别人的行为，而是逐渐演变成了一个明确受利益驱动的黑灰产业链。这个产业链涵盖了上游的软件工具提供商，中游的养号和等待羊毛的黑灰团队，以及下游的商品快速转移或二手销售渠道。上游的软件工具提供商通常是具备作弊软件、脚本、动态 IP 代理和服务程序化开发能力的开发人员，他们为羊毛党提供了大量快速注册账号和自动验证的能力，相当于为羊毛党提供了"炮弹"。中游的黑灰团队通常拥有大量手机 SIM 卡，通过上游作弊软件和猫池等硬件设备伪装成大量普通用户，注册各种平台账号并长期保持活跃，以等待最佳的"薅羊毛"时机。当有利益出现时，他们利用先前养号的账户大规模作弊，并将羊毛信息传播给更多真实用户。这种分工让薅羊毛行为从机器注册向对抗真人防控转变。下游渠道则为羊毛党提供了在薅羊毛活动后快速转移或二手倒卖商品的途径，以达到"销赃"的目的。

从互联网营销商家和平台的角度来看，其推出让利优惠活动的目标是吸引正常的目标用户，同时以低价销售商品或服务以实现薄利多销。然而，由于存在利益，薅羊毛者通过滥用规则漏洞，大规模获取各种活动优惠券、积分、金币或能量等，以极低成本获取商品或从中渔利。这导致商家的让利活动未能真正造福其目标用户，大量商品被恶意薅羊毛者抢购，同时还破坏了正常的市场秩序。此外，这些薅羊毛行为也对商家品牌和平台形象造成了负面影响。

2. 众包兼职刷单

用户视角的另一大作弊风险是兼职刷单，其特点是返利高且快，操作简单且时间自由。这种方式相对于薅羊毛来说，区别在于两者作弊的动机和获利的方式。薅羊毛是用户主动通过非正常手段骗取平台和商家的让利补贴从而直接获利，兼职刷单的用户本身并不具有像羊毛党那样强烈的动机，获利方式也是给商家或者渠道"打零工赚外快"的间接方式。

在前文各个视角的利益链分析环节，无论是商家视角还是渠道视角，都提到了"刷单"这类风险。

从商家的利益来讲，是为了骗取在营销平台中更好的信誉和排名等；从渠道的利益来讲，是为了骗取商家的佣金。而不管是商家还是平台，规模都是有限的，通过机器下单的方式又相对容易被风控策略和模型识别，因此通常会借助黑灰产团伙找到真人真设备来从事众包兼职刷单活动。

相对于机刷的方式，一方面刷手做任务刷单更接近真实用户行为；另一方面，这些刷手在日常非刷单时间段本身也是营销平台的真实用户，具有真实的购买意图和转化行为。可以看到，这类用户真人众包兼职刷单的作弊行为无疑对反作弊算法识别能力提出了比以往更大的挑战。

此外，与薅羊毛这种更接近于"空手套白狼"的行为相比，真人众包兼职刷单的用户需要承担一定的风险。这是因为刷单需要自己垫付本金，并与卖家串通返还本金并获取刷单佣金。具体操作中，刷手每刷一单需要垫付 100 元本金，而成交后卖家会发送空包裹或低价值的小礼品给刷手。在确认收货并给予好评后，卖家会私下返还给刷手 100 元本金并支付 5 元的刷单佣金，从而使刷手每单实际获得 10 元的佣金和额外的小礼品。然而，世上没有免费的午餐，垫付本金的方式本身就带有一定的风险。如果遇到黑灰产刷单诈骗，刷手可能会遭受损失。此外，刷手还可能面临法律风险。

### 2.2.4 平台视角的利益和风险

在前文，我们已经详细列举了广告营销过程中的各个参与方，从供需关系的角度来看，可以分为代表广告主的 DSP（Demand Side Platform，需求方平台）和代表媒体渠道的 SSP（Supply Side Platform，供应方平台）。传统营销平台大都具备海量的用户流量和配套的完整广告平台，包括对接广告主的 DSP 和对接媒体渠道的 SSP，以及对接供需双方的 ADX。过去，广告主在这些传统营销平台上基于 DSP 去投放自己的广告，一部分投放在营销平台自有的站内流量池，如果还存在没消耗掉的预算，就将这些预算投放到外部的媒体渠道吸引另一部分的站外流量。

近年来，媒体逐渐强势崛起，凭借着高黏性的移动端 App 掌握了更多的用户偏好数据，其在营销生态的影响面也越来越大。很多头部媒体着手建立自己闭环的广告营销平台，并利用自身的用户行为数据优势持续优化投放效果，不断吸引广告主将预算花在自己的平台上。媒体渠道的角色也从传统的单纯作为流量提供方慢慢变成兼具流量供给和广告营销效果优化的大一统角色，而传统的营销平台则从过去大一统的模式逐渐退化成单纯的 DSP 角色，部分甚至退化成 DMP 角色，仅能做数据提供方。在这个此消彼长的过程中，新老广告营销平台之间自然就会产生一定的利益碰撞。

传统的广告投放渠道主要分为媒体直投模式和 RTB 投放模式两种。RTA（Real Time API，实时 API）投放模式可以说是因为媒体侧在营销生态中不断强势发展而诞生的第三种新兴模式。这些不同投放模式背后代表的是广告平台各个利益相关方之间对广告预算控制权的博弈。

1. 媒体直投模式

顾名思义，媒体直投模式下广告主通过媒体侧广告平台直接进行广告投放。如图 2-13 所示，广告的召回、排序和优化主要依赖于媒体侧长期积累的用户偏好数据和媒体侧的广告 CTR/CVR（Conversion Rate，转化率）模型以及策略，优点在于能够利用媒体侧丰富的历史用户画像特征进行定向圈选和推荐，同时媒体侧广告平台提供了较为完善的闭环，有利于不具备 DSP 能力的广告主快速投放。媒体直投模式的缺点在于严重依赖媒体侧数据，无法充分利用广告主自身的后链路效果归因数据进行持续的营销推广效果优化。

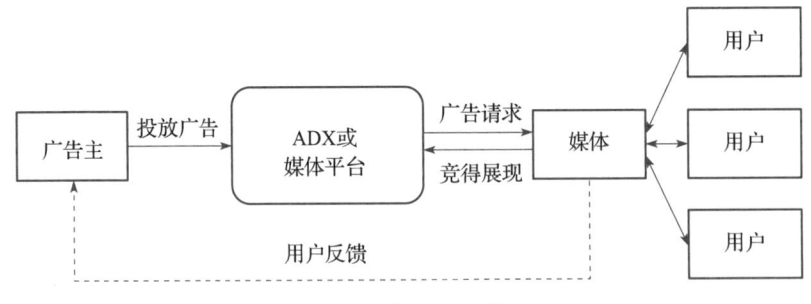

图 2-13　媒体直投模式

2. RTB 投放模式

图 2-14 展示了 RTB 投放模式的流程。首先，广告主在需求方平台（DSP）制作创意、素材等推广内容，然后进行目标人群圈选，设置广告投放预算、出价等限制，然后广告主再通过 DSP 结合 ADX 的能力对接到多家媒体渠道将广告投放给目标用户。RTB 投放模式的优点在于广告主可以充分利用自身的数据优势，尤其是广告的后链路效果归因分析数据，这是媒体侧正常情况下拿不到的，非常有利于后续的营销优化。当然，RTB 投放模式的缺点也很明显，其完全依赖广告主侧自身的数据，无法充分利用媒体侧的历史用户行为积累数据。尤其是在当今互联网格局下，大量社交、短视频、社区类媒体会占据非常多的用户时长，广告主其实更期望能够在投放过程中充分利用媒体侧的用户偏好数据以获得更好的广告转化效果。

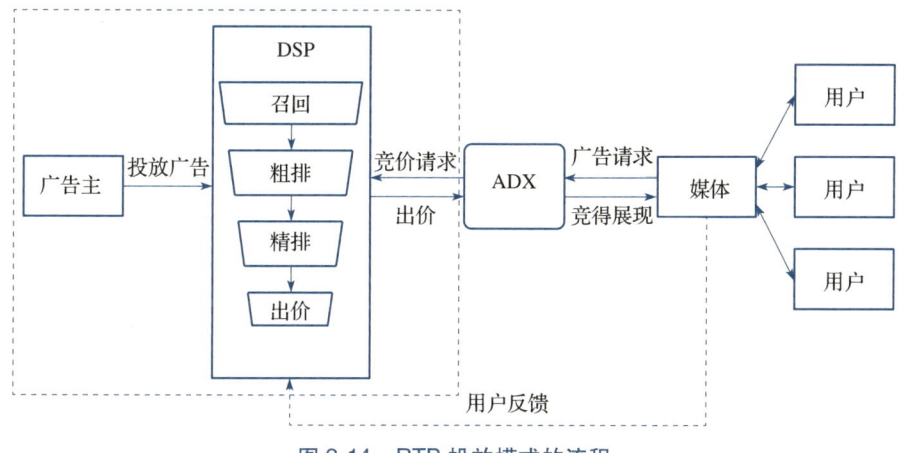

图 2-14 RTB 投放模式的流程

### 3. RTA 投放模式

如图 2-15 所示，RTA 投放模式可以说是以上二者的结合，充分考虑了媒体直投模式无法利用好广告主侧数据，以及 RTB 投放模式无法有效基于媒体侧长期积累的用户历史行为偏好数据做精准营销的需求。

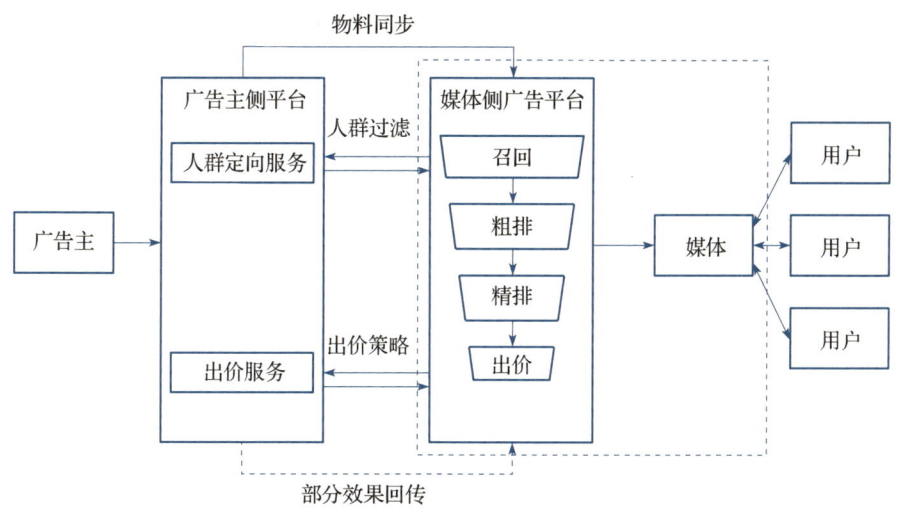

图 2-15 RTA 投放模式

在 RTA 投放模式下，广告主只需要决定是否参与竞价，作用是用户筛选，本质上是利用了广告主侧的数据进行人群预过滤来决定是否进行后续的竞价。RTA 投放模式能够满足广告主拉新、促活等精细化运营需求，充分发挥了媒体与广告主双方的数据、模型优势，更高效地实现了实时广告优选，提升了广告主投放的效果，消除了数据资产安全隐患，一定程度上方便了媒体广告平台的数据闭环，也为媒体的广告效果优化赋能、强化。可见 RTA 模式对于媒体和广告主来说，都是有很大收益的，但是削弱了传统投放模式下第三方 DSP 的影响力。RTA 投放模式的兴起，也代表着传统互联网营销模式下 DSP 和 SSP 背后各利益方之间博弈天平的逐渐倾斜。

总结来看，RTB 投放模式下，广告主侧的 DSP 占据主导地位，媒体仅充当流量和数据提供方的角色，而广告的召回、排序和出价等决策完全由广告主侧的 DSP 完成。相比之下，RTA 投放模式则由媒体侧主导，广告主转变为数据提供方，仅做是否参与竞价的判断，而后续的广告投放策略主要由媒体侧完成。

在这种发展趋势下，传统的依托第三方 DSP 进行投放的广告主面临着一个抉择：是继续在传统 DSP 上采用 RTB 模式投放，还是基于 RTA 的方式联合媒体和传统营销平台 DSP 的能力，抑或完全放弃传统 DSP 转而通过媒体侧生态直投方式进行推广呢？也就是说，广告主预算的控制权应归属于哪一方？

为了回答这个问题，我们需要重新审视之前分析过的"自然流量"和"广告流量"之间的关系。广告流量本身具有撬动作用，传统 DSP 的价值不仅仅在于其 DSP 本身的角色，更在于其背后的营销平台和广大的目标流量人群。因此，广告主在决定预算花费的同时，必须充分考虑广告流量对自然流量的撬动和提升。

从媒体平台利益视角来看，随着互联网大型媒体平台用户规模、数据掌握量和算法积累的增长，它们不满足于仅充当流量供给方的小角色，而是力争在营销领域占据更多主导地位。

然而，传统的媒体直投模式无法充分利用广告主侧的数据。因此，媒体平台倾向于推动 RTA 模式，让广告主参与进来。但是在营销产业的发展过程中，大部分广告主并不具备自建广告平台的能力，往往还需要依托传统营销平台的广告投放等能力。这时，营销平台充当 DSP 的角色来代表广告主自身的利益，但是出于数据安全和合规性的考虑，DSP 不会直接将数据提供给媒体。在这种复杂的利益交叠背景下，一些广告主和媒体会采用各种非正当手段获取后链路数据，从而对传统营销平台的利益造成损害。

如果数据安全和风控工作没有做到位，这种行为将逐步削弱传统营销平台对广告主预算的控制权，并导致其在生态中被边缘化。

## 2.3 黑灰产作弊上下游链路

互联网广告与营销行业蕴藏着巨大的获利机会，这引起了黑灰产的觊觎。黑产以违法手段获取利益，而灰产则常常在法律和道德的边缘徘徊，通过打擦边球的方式谋求利益。随着营销市场的发展，黑灰产逐渐形成了上、中、下游完整的作弊产业链。在这个产业链中，上游主要提供作弊所需的资源，中游则整合并平台化、服务化地转售这些资源，而下游则利用上游和中游提供的作弊资源，实施具体的作弊行为以获取利益。这种作弊产业链的形成与运作，直接威胁着广告与营销行业的健康发展，如图 2-16 所示。

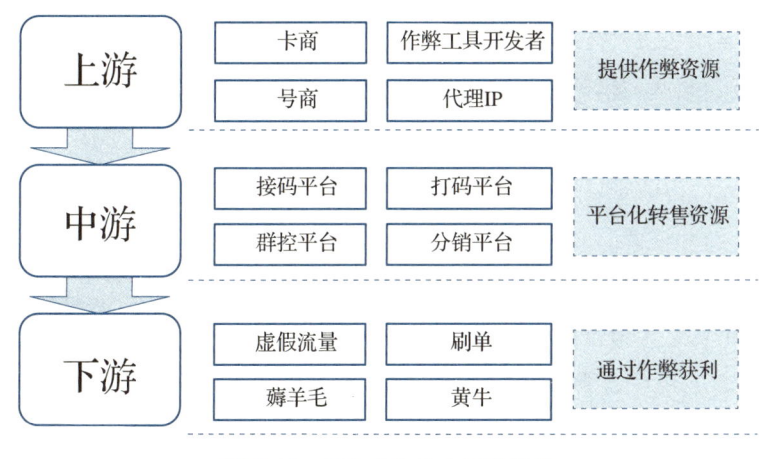

图 2-16　黑灰产作弊上下游链路

### 2.3.1　黑灰产上游

从事黑灰产业最关键的就是要拥有足够多的作弊资源（如账号、设备、IP 地址等），否则很容易出现大量重复资源聚集而被平台识别出来并进入历史黑样本库。黑灰产上游提供作弊工具解决作弊资源的问题，主要包含卡商、号商、作弊工具开发者和代理 IP。

**1. 卡商**

贩卖手机卡的黑灰产团伙在行业内被称为"卡商"，是作弊资源的源头，卡商手中的手机卡被称为"黑卡"。卡商通过连接卡源和接码平台，在互联网营销黑灰产业链中充当着作弊资源供给的角色，如图 2-17 所示。

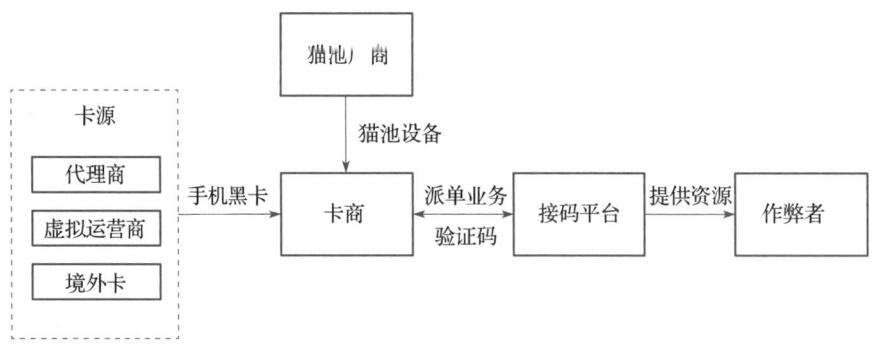

图 2-17　卡商在黑灰产业链中的位置

卡商的上游是卡源，顾名思义是手机卡资源的提供源头，行业内可分为代理商、虚拟运营商和境外卡三大类。

1）代理商：某些通信营业厅代理商在激烈的市场竞争环境下，一方面为了手机卡销售业绩，另一方面看中黑灰产对手机卡作弊资源的迫切需求，便打着正常业务的幌子通过注册空壳公司、签订虚假合同等手段来获取并售卖手机卡，导致大量黑卡流入市场。

2）虚拟运营商：在国内称为"移动通信转售企业"，其自身并不具备网络基建能力，而是依靠租赁三大运营商的基建提供服务，我们日常看到的 170、171 开头的号码就是虚拟运营商手机号，常见的诈骗电话也经常与此类号码有关，给不少用户造成困扰。

3）境外卡：从境外（尤其是东南亚部分欠发达地区）获得的手机卡，特点是不需要实名认证，以网络上流转的"缅甸卡"为例，仅需几十元即可购买到并应用于注册和后续的作弊获利行为。

除了以上三大类卡源外，随着近年来物联网技术的高速发展，物联网卡设备也成了卡商眼里盯着的作弊资源，这类卡不能打电话但是可以用于接收短信和验证码。公安部"净网2020"专项案件中曾出现过利用上万张物联网卡非法获利的情况。

需要注意的是，卡商的利益放大离不开"猫池"，猫池是一个可以一次同时收发多条短信的设备。其拥有通信模块，如图 2-18 所示，根据

图 2-18　同时支持 32 张手机卡的猫池

不同的型号，猫池可以同时插上 8、16、32 或 128 张手机卡并同时收发短信。黑灰产通常借助猫池来养号，有利益可图的时候利用猫池里养的号码向用户批量发送短信，黑灰产内号称"不打卡只打码，足不出户收入过万"，可见其影响之大。

### 2. 号商

如果说卡商给从事黑灰产的人员提供了作弊的武器，那么号商的出现无疑使得"黑灰产武器库"得到了进一步增强。卡商提供的手机卡大量注册各类平台（社交类、电商类、游戏类、内容类等）账号，并以人工或猫池、卡池等工具方式养号，借助账号代售平台进行账号出售。

号商通过黑卡注册大量账号后，通常不会直接售卖，因为在黑市上老号的价值要更高，也更不容易被风控系统识别，所以号商会慢慢养号。根据账号注册的时间长短不同，各大平台的账号售卖价格在几元到几百元不等。

号商的下游是各类作弊人群，利用号商提供的账号进行虚假流量制造、薅羊毛、垃圾短信营销等黑灰产套利活动。

### 3. 作弊工具开发者

作弊工具开发者具有一定的代码研发能力，大都对脚本类程序语言（如 Python、Lua、JavaScript、易语言等）比较了解，能够基于较低的研发成本快速开发作弊工具。目前市场上作弊工具开发者提供的作弊工具主要包括设备伪造的改机工具、模拟器，以及批量注册工具和脚本工具。

1）**改机工具**。改机工具是一种可以修改移动端设备标识信息的工具，能够实现一键改机、虚拟定位、虚拟网络等功能。Android 设备通常在获取 Root 权限后基于 Xposed 框架，iOS 设备基于"越狱"后的 Cydia 框架修改包括手机型号、串码、IMEI（国际移动设备识别码）、GPS 信息、MAC 地址、无线名称、手机号等在内的设备信息。一个典型的改机工具的操作界面如图 2-19 所示。

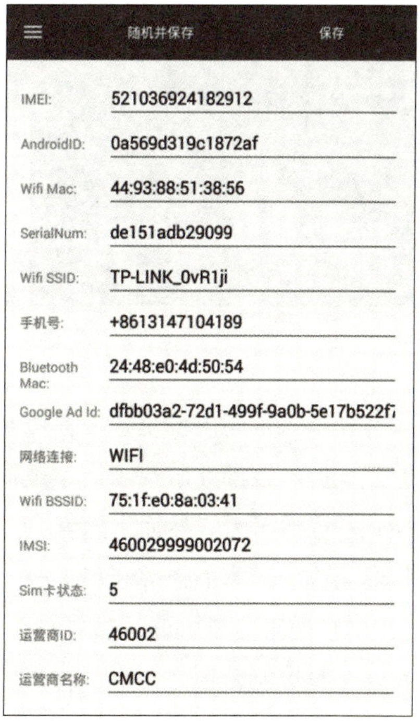

图 2-19　改机工具的操作界面

以图 2-19 所示的某 Android 手机改机工具为例，其功能非常齐全，支持查看并修改安卓手机设备信息，包括 IMEI、AndroidID、Wifi Mac、SerialNum、Wifi SSID、手机号、Bluetooth Mac、Google Ad Id、网络连接、Wifi BSSID、IMSI、Sim 卡状态、运营商 ID 和运营商名称等。

改机工具的出现使得单一真实设备能够伪装成多个不同的身份，丰富了黑灰产从业者的作弊资源，从而大大降低其不正当获利所需的设备成本。

2) **模拟器**。同改机工具基于真实设备篡改和伪造设备信息不同，模拟器是一种在 PC 端执行的应用程序，通过程序来虚拟设备，实现应用的跨平台操作，让移动端 App 得以在不需要真实移动硬件设备的前提下实现在 PC 端环境的模拟执行。本质上来说，模拟器是一种虚拟机，通过 PC 端虚拟化技术可以实现移动端应用在 PC 虚拟环境执行，同时还能够支持应用多开，即一个显示屏上同时运行多个应用程序，如图 2-20 所示。

图 2-20　模拟器多开

模拟器最初出现是开发者在 PC 端调试移动端 App 使用，后来人们为了追求更好的游戏体验，逐渐在游戏场景大规模普及，开发者大力发展模拟器技术使其成为一种新模式的手游平台。然而，随着 PC 模拟移动端技术的日益增强，黑灰产从业者开始将模拟器当作低成本的作弊获利资源。

3) **批量注册工具**。黑灰产通过改机工具、模拟器等手段扩充了作弊设备资源，但这还不足以对营销产业形成有效威胁。这是因为各大营销平台的营销推广活动通常都会设定一定的参与门槛，比如需要平台账号登录、设置参与账号的最低准入等级等。

如图 2-21 所示，为了应对这一问题，黑灰产利用账号批量注册机进一步解决了账号准入门槛的问题。

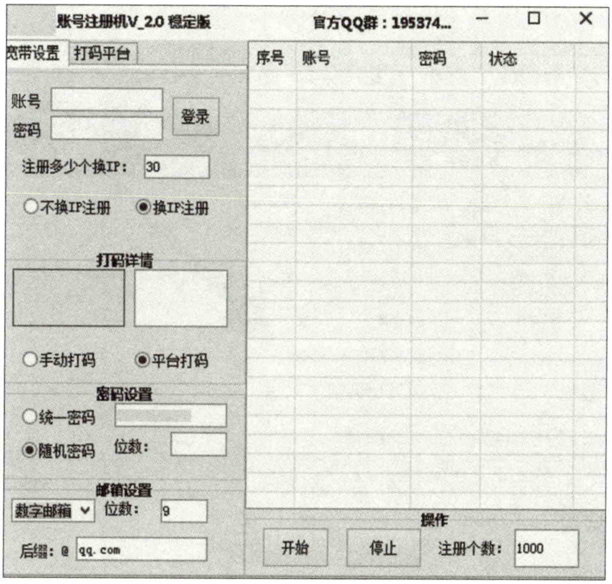

图 2-21　账号批量注册机

借助账号批量注册机，黑灰产可以指定注册邮箱的格式、随机生成密码等。同时，为了躲避风控系统的拦截，这些工具还支持按照指定间隔更换注册 IP 地址、通过平台进行打码等自动化作弊手法。这种自动化账号注册的方式使得黑灰产能够大规模地创建虚假账号，进而参与营销推广活动，对营销产业形成威胁。

通过批量注册的账号，黑灰产能够更加低成本地作弊，在互联网广告与营销活动中刷量打榜，增加粉丝数，回传虚假曝光和点击流量等。

4）**脚本工具**。脚本工具是为了解决攻击过程中过分依赖人工操作效率低下的问题而出现的。在营销推广活动中，用户参与的过程通常具有规律性。比如，先安装应用，然后注册、激活，浏览活动页面，点击商品链接，收藏、加购物车等。一旦黑灰产掌握了这些过程的规律，他们便会采用自动化脚本工具来模拟真实用户的行为路径，从而大幅提升作弊获利的效率。

如图 2-22 所示，在黑灰产行业中，最基本的脚本工具当属按键精灵。这款老牌自动化脚本工具可以使用程序来模拟鼠标键盘动作，通过制作脚本，可以让按键精灵代替双手，自动执行一系列鼠标键盘动作。其使用门槛非常低，不需要编程经验，只需通过图形化界面配合简单的描述即可完成操作行为的自动化。如今，一些黑灰产甚至会将按键精灵与模拟器结合使用，在 PC 模拟器多开分身的基础上，进一步实现攻击行为的自动化，从而极大提升了不正当获利效率。

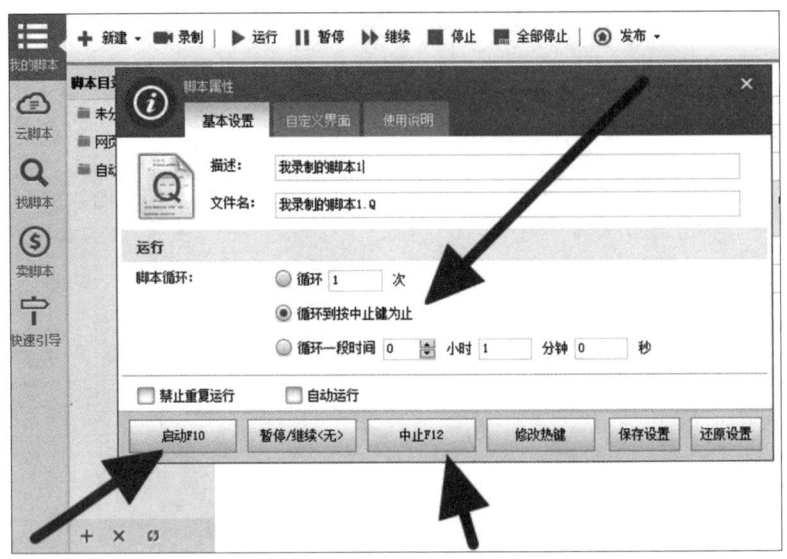

图 2-22 按键精灵运行界面

除了像按键精灵这类由工具开发者封装的低门槛自动化脚本工具外，还存在一些进阶的脚本工具，需要使用者具备一定的编程基础才能上手。例如，移动端的 Auto.js、EasyClick，以及 PC 端的爬虫脚本工具 PhantomJS 和 Selenium 等。

在代码清单 2-1 中，展示了一个基于 Selenium 实现的爬虫脚本。通过 Selenium，只需要几十行 Python 代码就可以实现 Chrome 浏览器的请求模拟。在这段代码中，使用 Selenium 的 webdriver 模块来控制 Chrome 浏览器，并通过 Options 类添加了一些自定义选项，如隐身模式、窗口大小和无头模式（不需要图形界面，适合服务端后台爬虫）等。随后，配置了一定的时间延迟以等待页面元素加载完成，最终通过 CSS 选择器定位元素并提取所需信息。获得页面信息后，通过脚本代码发起请求，实现基于真实广告页面爬取到的广告 URL（统一资源定位器）向广告点击服务器伪造请求。

代码清单 2-1　Selenium 爬虫示例代码

```
from selenium import webdriver
from selenium.webdriver.chrome.options import Options
```

```
import time

chrome_options = Options()
chrome_options.add_argument("--incognito")
chrome_options.add_argument("--window-size=1920x1080")
chrome_option.add_argument('--headless')
chrome_option.add_argument('--no-sandbox')
chrome_option.add_argument('--disable-dev-shm-usage')
chrome_option.add_argument('blink-settings=imagesEnabled=false')
chrome_option.add_argument('disable-gpu')
chrome_option.add_experimental_option('excludeSwitches', ['enable-automation'])
chrome_option.add_argument("--disable-blink-features=AutomationControlled")
chrome_option.add_argument('--disable-blink-features')

driver = webdriver.Chrome(chrome_options=chrome_options, executable_path=
    your_exec_path)

url = "https://www.your-target-website.com/"
driver.get(url)

time.sleep(3)

elements = driver.find_elements_by_css_selector(".storylink")
storyTitles = [el.text for el in elements]
storyUrls = [el.get_attribute("href") for el in elements]
elements = driver.find_elements_by_css_selector(".score")
scores = [el.text for el in elements]
elements = driver.find_elements_by_css_selector(".sitebit a")
sites = [el.get_attribute("href") for el in elements]

driver.close()
```

#### 4. 代理 IP

在营销推广活动中，为了避免黑灰产的欺诈行为，商家和平台会采取严格的措施来控制重复 IP 行为，通常会限制单个 IP 在一次营销活动中只能注册一个账号、只能领取一份红包，以及重复浏览只计算一次等。然而，黑灰产是不会轻易放弃利益的，正所谓"道高一尺，魔高一丈"，他们借助代理 IP 技术来对抗这些 IP 限制，从而具备了作弊的能力。代码清单 2-2 展示了如何通过 Selenium 设置代理 IP。

代码清单 2-2　Selenium 设置代理 IP

```
# 设置代理 IP 和端口号
proxy_host = '127.0.0.1'
```

```
proxy_port = '8080'

# 创建 Chrome 浏览器实例并设置代理 IP
options = webdriver.ChromeOptions()
chrome_options.add_argument('--proxy-server=http://{}:{}'.format(proxy_host,
    proxy_port))
browser = webdriver.Chrome(chromedriver_path, chrome_options=options)
```

代理 IP 技术主要分为固网 IP 秒拨和移动网络 IP 秒拨两大类。如图 2-23 所示，固网 IP 秒拨利用宽带共享 IP 的特性，在断网后会重新分配新的 IP 地址，从而在短时间内通过不断重新拨号上网获得新的 IP 地址。而移动网络 IP 秒拨则是利用移动网络提供代理 IP，常见的方式包括手机 Wi-Fi、USB 上网卡，以及自动化的 IP 魔盒等。

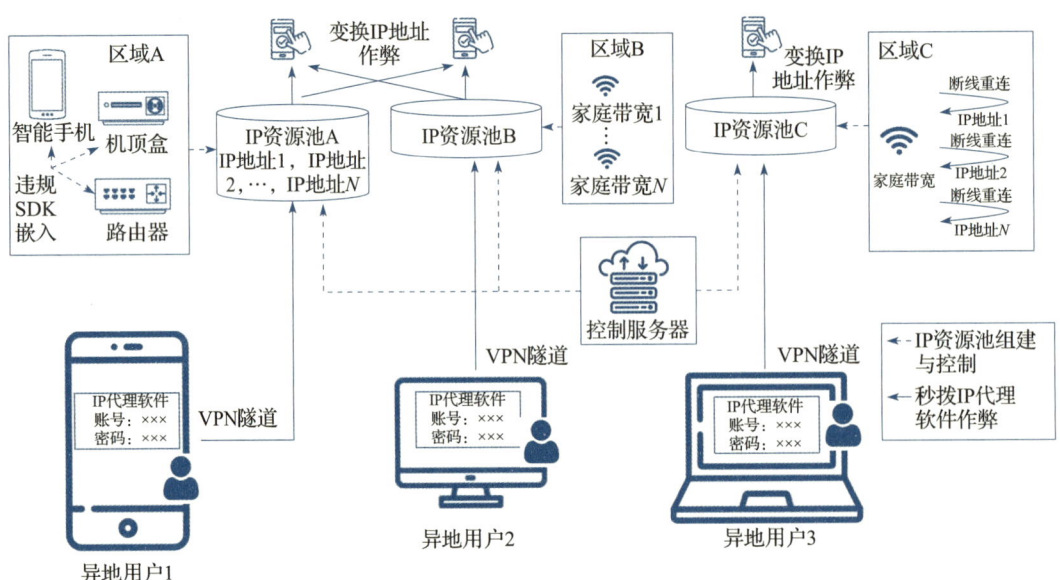

图 2-23　IP 秒拨变换地址作弊

值得注意的是，自 2022 年 4 月中旬以来，为了响应网信办整治网络乱象的政策，国内各大互联网内容平台相继推出了 IP 属地功能。这一功能的上线导致一些自媒体博主、网红商家账号开始暴露真实 IP 属地。例如，海外代购账号的 IP 属地显示为国内某地，某地生活资讯 IP 属地则在其他省市等。为了维护人设并继续圈粉获利，这些博主、网红商家开始动起了通过代理 IP 修改 IP 属地的心思。同时，这也使得过去隐藏在水下的代理 IP 黑灰产业链开始逐渐浮出水面。利益的驱使和市场需求使得代理 IP 的攻防对抗难度进一步增加。

## 2.3.2 黑灰产中游

黑灰产中游的作用是连接上游基础作弊资源的供给方和下游直接作弊者，通过平台化和服务化的方式将上游生产和提供的各类黑灰产资源进行包装与批量转售，进一步降低了黑灰产作弊资源的应用成本，提升了黑灰产不正当获利的效率。黑灰产中游主要有接码平台、打码平台、群控平台和分销平台。

### 1. 接码平台

黑灰产从事作弊活动的过程中，手机短信验证码是风控系统拦在其最前方的屏障。为了突破短信验证码需要基于真实手机设备的限制，黑灰产业链逐渐形成了专门做接收验证码的"接码平台"。通过接码平台，黑灰产下游从业者可低成本、高效率地批量获取手机号，以及相应营销平台发送的验证码，进而注册虚假网络账号并进一步从事非正当套利活动。

接码平台上游对接拥有大量黑卡的卡商，通过猫池、卡池等设备实现批量管理，同时通过图形化界面的方式提供服务。下游对接的黑灰产从业者可以简单地勾选运营商获取接码手机号，然后基于短信内容自动化提取短信验证码，极大提升了作弊的效率。

图 2-24 展示了某接码平台操作界面，支持选择全国各个省份作为短信接收设备的归属地，能够按需设置短信接收的号段，同时接码项目几乎支持市场上所有的社交、电商、支付、游戏等移动端应用。

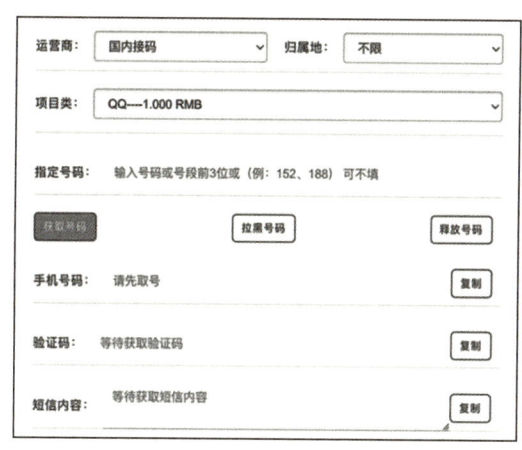

图 2-24 接码平台操作界面

### 2. 打码平台

打码平台是为了应对图形化验证码和其他选择类、算术类等特殊验证码而出现的黑灰产中游平台，打码平台可分为人工兼职和机器自动化两种方式。图 2-25 展示了一个人工兼职方式的打码平台任务界面。

人工兼职方式通过在打码平台接单做任务来人工识别图形验证码，然后再返回打码识别结果给下游作弊活动实施者，兼职人员通过提交识别出验证码的任务个数获利。

以海外某人工兼职打码平台为例，兼职做1000个验证码大概能赚1美元。机器自动化方式利用OCR（光学字符阅读器）等图像识别技术，通过定制化训练的模型来自动识别验证码，并支持跨语言API对接、按阶梯计费等能力。

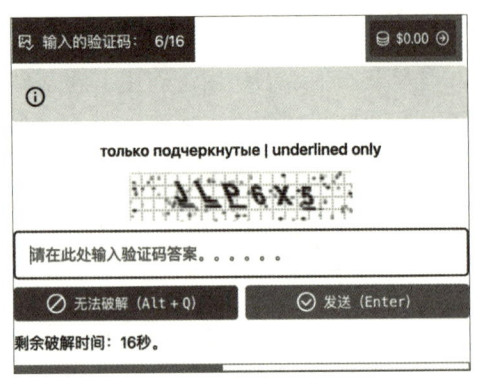

图2-25　人工兼职打码平台任务界面

### 3. 群控平台

群控即使用一台计算机批量控制多部手机设备，实现批量定制化操作。群控可分为线控和云控两种方式。线控需要在固定的局域网内依赖本地设备、数据线等硬件连接进行操作，其成本相对较高且能够控制的手机数量有限。而云控则通过远程的服务器来控制云手机设备，不需要依赖本地硬件条件，因此成本低且容易拓展。云控目前是黑灰产作弊的主流方式，如图2-26所示。

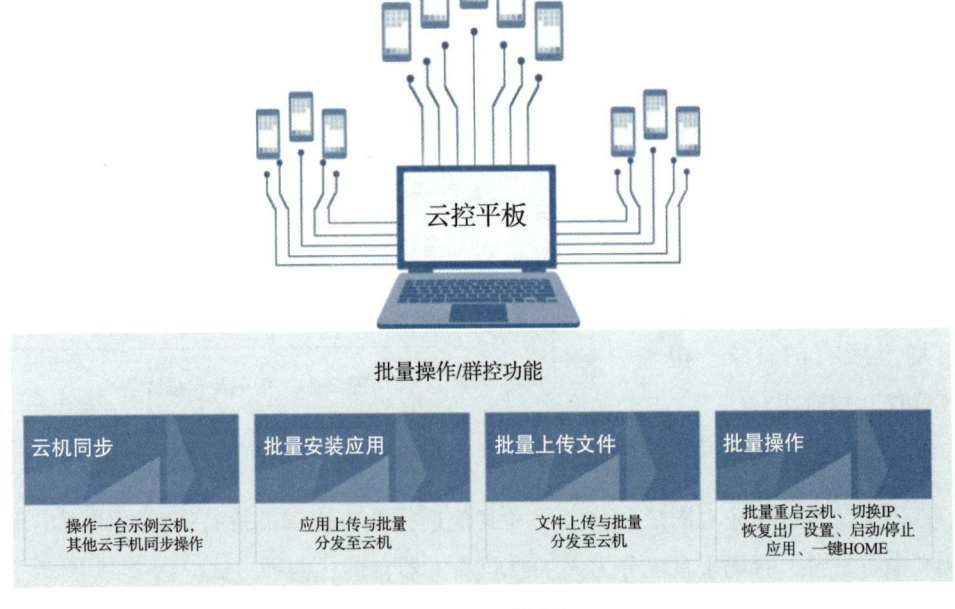

图2-26　云控设备

云控又可分为云控真机和云控虚拟机两种形式。其中，云控虚拟机技术基于远程虚拟技术，能够实现应用无限多开、24小时在线等特性。主流的云控平台包括红手指云手机、NEB云手机、河马云手机等，这些平台为黑灰产提供了方便快捷的作弊工具。

云控虚拟机技术的发展使得作弊行为更加隐匿和高效。通过远程虚拟技术，黑灰产可以在云平台上快速部署大量虚拟手机，并利用这些虚拟手机进行大规模的作弊活动，如恶意点击、虚假评论等。这些虚拟机可以在不同的地理位置模拟真实用户的行为，更难被识别和阻止，给广告主和营销平台带来了严峻的挑战。

某些群控平台已经成为黑灰产常用的作弊工具。这些平台提供了丰富的功能，包括批量操作手机设备、模拟用户行为等，极大地提升了作弊效率和规模。通过群控平台，黑灰产可以轻松实施各种作弊行为，如虚假点击、下载刷量等。

4. 分销平台

分销平台在黑灰产链路中扮演着"代理商"的角色，充当着连接上下游的桥梁。这些平台通过与上游作弊资源和工具的提供者合作，将各种作弊资源快速地转售给下游的黑灰产从业者，从而推动了整个作弊产业链的运转。

这些分销平台的存在和运作为黑灰产活动提供了有效的渠道和支持。它们往往以正规企业的形式出现，混淆了正常业务和非法活动之间的边界，从而更容易规避监管和打击。此外，这些平台还通过提供技术支持、培训教程、客户服务等手段，为上下游从业者提供全方位的服务，使得黑灰产活动更加规范化和专业化。

由于分销平台的运作机制，黑灰产活动变得更加隐蔽和高效。它们提供的服务和支持使得黑灰产从业者能够更加轻松地获取作弊资源和工具，从而在营销活动中实施各种作弊行为。

## 2.3.3 黑灰产下游

作为直接从事作弊的营销领域从业者，黑灰产下游利用上游和中游提供的能力进行作弊获利。在商家、渠道、用户、平台等不同视角下，这些作弊行为包括渠道虚假流量、刷单炒信、骗佣骗补、黄牛倒卖和薅羊毛等。这些作弊获利场景在前文已经详细介绍过了，这里不再赘述。

## 2.4 本章小结

很多时候，制约企业成功的因素不是对技术了解得不够透彻，而是对客户需求缺乏充分的认知。作为风控行业的从业者，我们应该树立的思维模式是不要过度迷恋模型的作用。在真实的业务场景中，能否帮助业务识别风险并不取决于单一模型的效果，而是取决于对实际业务的深刻理解、适当的业务建模和合理的技术应用。

本章通过对黑灰产作弊上、中、下游三条链路的梳理，从互联网广告营销业务的商家、渠道、用户和平台四个主要参与方的利益视角出发，针对性地分析了每个角色的风险和挑战。具体而言：

- 商家视角。商家的核心利益是以最小成本获取更多流量。因此，一些商家会采用违规创意来吸引眼球赚取流量，或者利用恶意竞争手段消耗对手的广告预算。此外，一些商家还会通过众包平台找真人刷手刷浏览量、成交额等，存在着作弊风险。
- 渠道视角。渠道为商家提供流量，其核心利益是最大化流量的价值。因此，会存在虚假流量、归因作弊、刷单骗取佣金和流量倒卖等作弊风险。
- 用户视角。许多用户（如学生、家庭主妇等）有大量的空闲时间，他们利用碎片化时间薅羊毛。有些甚至被发展成了半职业、职业的众包刷手，在众包做任务的平台和商家、渠道等角色联合作弊获利。
- 平台视角。互联网大平台之间对广告主预算的争夺愈演愈烈。没有人愿意在竞争中成为绿叶为他人做嫁衣。因此，平台之间的明争暗斗每天都在发生。作为其中的一部分，我们必须意识到，只有真正帮助到客户才有机会在激烈的市场竞争中站稳脚跟，走得更远。

第 3 章 Chapter 3

# 广告与营销领域的立体风控思路

经过前两章的介绍,相信读者已经对广告与营销领域的业务背景、作弊动机以及黑灰产业链有了一定的了解。本章将继续从广告与营销风控范畴、风控业务全生命周期、风控立体防御体系和风控 MLOps 等多个角度,立体地展示广告与营销领域的风控思路。

## 3.1 广告与营销风控范畴

如图 3-1 所示,广告与营销风控可分为流量反作弊和内容风控两大类。流量反作弊指的是对营销活动的过程中各个参与方通过流量作弊手段获利的风险防控,内容风控指的是对营销活动中产生的音频、视频、图像、文本等多媒体内容违规情况做风险防控。

流量反作弊　　内容风控

图 3-1　广告与营销风控范畴

### 3.1.1 流量反作弊

前文我们曾介绍过流量的价值。在互联网行业内,流量就是金钱。在广告与营销推广过程中,各个参与方在流量上都有大量的获利空间和作弊动机。而在风控领域,流量反作弊的目标就是检测并识别营销活动中各个参与方的异常行为,坚守营销平台健康的底线，过滤作弊流量，保障正常经营商家、流量提供者和广大互联网普通用户的根本利益和体验。

根据流量反作弊中对抗主体对象的不同，流量反作弊可以细分为针对广告主、媒体渠道和用户这三个方面的风控业务领域。

1）广告主流量反作弊。我们知道，在互联网营销平台做商品推广需要付出广告费。广告主层面的获利方式就是以更低的广告成本来获取更高的转化效果，比如通过刷质量分骗 CTR 模型来恶意竞价，以及恶意超投、刷单炒信、刷单骗补贴等。广告主之间的竞争、营销权益场景机械性薅羊毛爬虫、众包做任务刷单货比三家等行为还会伤害广告主的利益，这也属于广告主流量反作弊的业务风控范畴。

2）媒体渠道流量反作弊。通过自身应用平台为广告主带来流量并获取回报的过程中，媒体渠道（包括头部媒体、流量联盟等）层面往往受到利益驱动，产生制造更多低质量或虚假流量的作弊行为，以欺诈方式获利。因此，媒体渠道流量反作弊的首要目标是准确识别并有效过滤渠道方产生的作弊流量，确保营销活动推广者的合法权益不受侵害。

3）用户流量反作弊。营销平台和商家推出让利活动，用户薅羊毛和充当兼职刷手众包做任务是最常见的获利手段。用户流量反作弊的目标是识别出此类作弊套利行为，保障平台和商家的利益。

### 3.1.2 内容风控

内容风控的目标是对营销平台中出现的各种多媒体内容，如音频、视频、图像和文本等，进行有效的风险防控。近年来，直播带货、AIGC 等迅速崛起使得内容合规变得愈加重要。在前文中，我们深入分析了互联网广告营销监管合规形势，并指出了营销平台所面临的监管部门合规要求。特别是在《广告法》《个人信息保护法》等相关法律法规的约束背景下，内容合规已经成为所有互联网营销企业必须高度重视的风险点。

#### 1. 内容违规动机

在互联网营销活动中，内容风险主要来自两个方面：一是能够提供"货"的商家侧，二是作为与商家互动的"人"的用户侧。相比之下，媒体作为流量的"场"，一般不会存在内容风险或违规风险。

1）商家内容违规动机：商家入驻营销平台需要合规的营业执照和特定产品的销售许可等证件证明，也即资质问题；在营销过程中，商家为了吸引眼球，通过打色情低俗擦边球、蹭热点、引用敏感事件、夸大虚假文案等方式发布广告引流获客。

2）用户内容违规动机：用户内容违规主要是某些用户在营销参与过程中为了宣泄消极情绪，通过评论、头像、群聊、直播弹幕等方式发布违规内容，如低俗色情、敏感事件等；还有一部分黑产专门去营销平台发布法律红线内容，意图制造出平台内容违法的事实，导致平台被监管约谈甚至关停。

除此以外，还会由于监管部门政策变化或日常监管指令下派导致原来正常推广的内容被重新认定为风险内容，并要求营销平台做风险清理，常见的有突发敏感事件、劣迹艺人违法导致代言内容被要求下架等场景。

### 2. 内容风险来源

如图 3-2 所示，从风险内容生产的来源来看，互联网营销推广活动内容风险主要来自传统的 UGC 和 PGC、职业化的 OGC 和人工智能化的 AIGC。

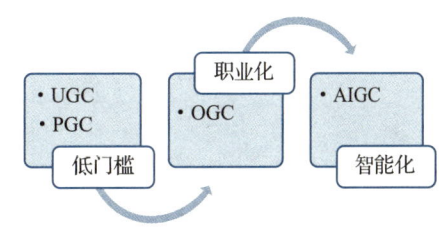

图 3-2　内容风险来源

1）UGC（User Generated Content，用户生产内容）、PGC（Professionally Generated Content，专业生产内容）：互联网上最常见、规模体量最大的内容生产方式，无论是商家手动制作上传的广告素材、商品图片、推广文案，还是用户对商品的评论、群里交流内容，或者直播间里的直播视频、主播讲解的音频等，都属于这类。特点是开放性强，门槛低，受众广，流量大，能够充分发挥互联网时代的认知盈余。而对于作弊恶意商家而言，其会利用营销平台提供的 UGC、PGC 内容创作能力制作出各式各样赚取用户眼球的创意、商品文案和图像，这是最常见的内容风险来源。

2）OGC（Occupationally Generated Content，职业生产内容）：相对于 UGC 和 PGC，OGC 更突出内容生产者的"职业性"，即通过内容生产来获取酬劳。在互联网营销领域，有些中间的代理商承担了这一角色，他们为广告主提供收费服务来帮助广告主制作素材和广告创意等，OGC 是运营职业化和代理商兴起之后的产物，是内容风险从单点到规模化的产生来源。

3）AIGC（AI Generated Content，生成式人工智能）：近年随着人工智能技术发展而形成的内容生产方式，通过智能多媒体合成技术生产新的内容。而 ChatGPT、Stable Diffusion 等大模型的出现，更是代表着 AIGC 生产力的一次巨大飞跃，让内容的生产不再受限于人力成本，不但能够通过 AI 和机器批量化生产，还能根据营销用户画像做千人千面的内容生成和展示。不能忽略的是，由于 AIGC 本身是机器学习模型生成的内容，虽然能够让营销推广内容更加丰富多彩，但是也让生产出来的内容更加不可控，且规模巨大，这无疑给现代内容审核系统提出了更大的挑战。

总结来说，无论是 UGC、PGC 还是职业化的 OGC，它们都是以人作为内容生产主体来生产内容的"白盒"模式。换句话说，生产内容的每一步都需要人精细化地参与、控制操作。相比之下，AIGC 则是内容生产的"黑盒"模式。在这种模式下，只需给定原始输入的内容基础材料，最终产出的内容完全由 AI 模型控制，如图 3-3 所示。

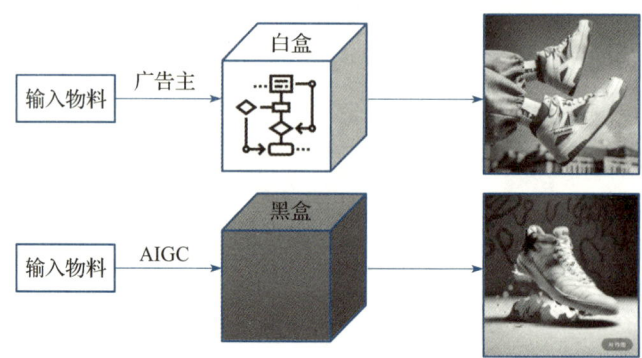

图 3-3　白盒和黑盒风险内容生产方式

可以看到，营销内容风控的风险对抗，已经由过去的和人对抗，逐渐升级到和 AI 对抗。作为营销风控领域的从业者，也必须认识到业务背后的微妙变化带来的全新挑战，不能墨守成规，而是要综合、全面地来应对来源日益复杂的内容风险。

## 3.2　风控业务生命周期

根据风险发生的时间轴，风控业务周期通常被划分为事前、事中和事后三个阶段。从营销业务风险防控效果的视角来看，事后防控的效果不如事中防控，而事中防控的效果又不如事前防控。然而，我们不能完全依赖单一阶段来完成风险防控工作。这三个阶段是相互依赖、相辅相成的，只有它们协同作用，才能有效地管理和防控风险，确保业务稳健运行。

如图3-4所示，事前阶段的主要目的是进行风险预防，包括对新业务接入的风险评估、规则制定和宣导、准入限制、前置校验等措施；事中阶段的主要目的是进行风险检测，通过指标、策略、模型以及人工审核相互结合来识别风险；事后阶段的主要目的是进行处置和分析，例如账号降权封禁、异常流量渠道处罚、舆情公告，以及进一步分析和沉淀历史风险事件、名单库和样本库，以促进特征积累和模型优化等。

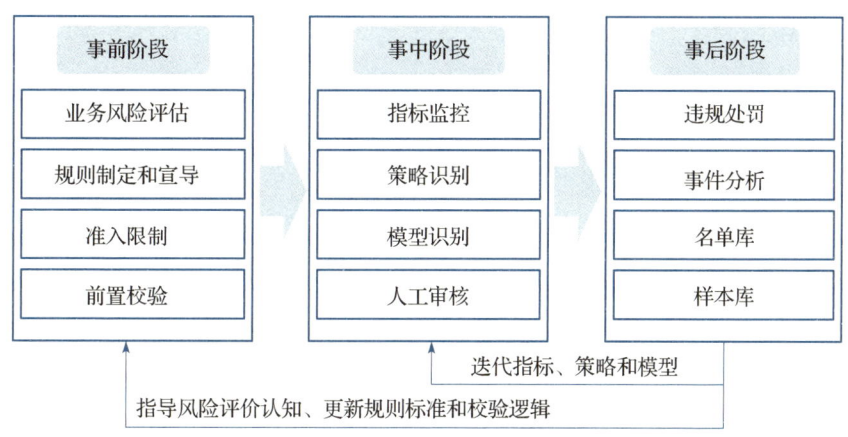

图 3-4 风控业务生命周期

### 3.2.1 事前阶段

事前阶段主要可分为业务风险评估、规则制定和宣导、准入限制和前置校验四个部分。

#### 1. 业务风险评估

在前文中，我们了解到营销业务的玩法多种多样，广告形式也是多样化的。每种业务的风险敞口和对抗形式都不尽相同。例如：搜索类应用的黑灰产可能通过营销推广的搜索词定位到指定商家，从而进行恶意点击消耗；互动类应用因具备奖励机制而成为羊毛党的目标；而短视频和直播类应用则面临着虚假观看、买量加粉，以及多媒体内容风险等问题。这些都是业务风控需要关注的重点。

对于营销业务方来说，如果不能在业务开始阶段就引入客观合理的风险评价环节，那么其营销过程很可能存在风险敞口。因此,事前的业务属性分析、玩法分析,以及行业历史风险调研都是在营销活动启动前必要的程序,这有助于规避风险。

2. 规则制定和宣导

在业务风险评估的基础上,不同的营销推广活动,需要制定与之相匹配的业务规则,提高黑灰产获利的成本。主要业务规则有登录限制、账号等级限制、系统限制、版本限制、地域限制和次数限制等,如图 3-5 所示。

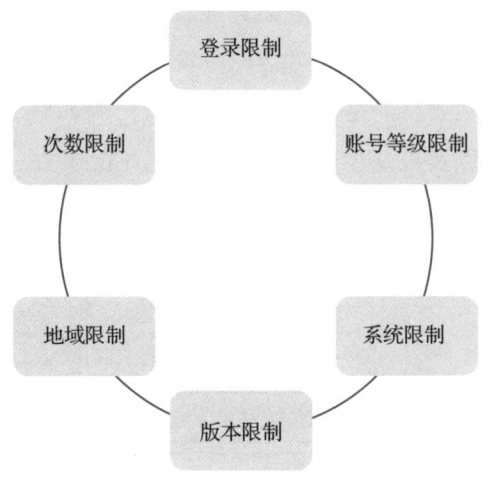

图 3-5 风控事前规则限制

1)登录限制:是最基本的事前风险防御方式。营销平台用户能够登录意味着其一定存在注册过的账号。相比于对任意人群做活动,登录限制要求黑灰产具备一定的作弊账号资源才能参与。

2)账号等级限制:根据营销活动让利空间的大小,制定活动参与人群的标准,最直接的就是应用内用户的账号等级。比如,注册时间短的初级用户需要先经过一段时间的"练级"任务才能参与到活动中。这在很大程度上会提升黑灰产薅羊毛等行为的门槛,因为其手中的作弊资源受到账号等级这一前置规则的限制,导致作弊的产能降低。

3)系统限制:过去 PC 时代,PC 端流量抓包、写程序攻击、浏览器拓展插件作弊的成本较低,更容易出风险,因此常限制系统在移动端 App,以提升作弊难度。

4)版本限制:通过指定要求特定应用版本才能参与营销活动,从而检查手机版本和应用版本的匹配度来识别作弊流量。这种情况下,某些黑灰产手中的"老年机"等薅羊毛、做任务的陈旧机型就会被限制住。

5)地域限制:常见于特定地域推广的优惠券、代金券、消费券等。通过地域限制可以事前筛选指定营销目标人群,增加黑灰产对抗成本。

6)次数限制:如限制单个账号单日的活动参与次数、奖励领取次数等,本质上还是降低作弊者攻击资源的放大效应。

除了事前的业务规则限制以外,规则的宣导也是非常有必要的。通过规则宣导可以让营销活动参与者明确活动规则,也能够通过宣导的违规处罚条例对想采用不正当手段获利的人起到一定的震慑作用。

### 3. 准入限制

在广告与营销风控业务中,风险的事前准入限制是保障业务安全非常重要的一环,它可以从源头上遏制潜在的风险,保障营销平台的安全和秩序。其中,商家准入和业务准入是事前准入的两个重点方面。

1)商家准入:是指商家经营资质和其经营的商品许可的准入审核。对商家的经营资质和商品许可进行严格的审核和验证,可以确保商家具备特定要求的经营资质。例如,广告与营销平台在商家进行商品推广前,可以要求商家提供营业执照、税务登记证等相关证件,以证明其合法经营身份。常见的如药品类商家,要求提供药品经营许可、广告审查证明等资质信息。同时,平台还可以对商家所售商品进行准入许可审核,确保商品符合相关法律法规的要求,避免侵权和假冒伪劣产品的出现。

2)业务准入:是指制定标准化操作流程(Standard Operating Procedure,SOP)来实现业务的规范化接入。制定标准化的操作流程,可以确保业务在接入过程中符合平台要求的规范和标准,减少潜在的风险。例如,在渠道引流场景中,平台可以要求渠道提供 IMEI、IDFA(广告标识符)等字段用于识别渠道设备,以确保渠道来源的真实性和可靠性,在事前将潜在的设备伪造、字段乱传或漏传的风险进行第一道拦截。

### 4. 前置校验

前置校验主要用来确认营销活动参与用户的身份,主要方法包括手机短信校验、验证码校验和人脸识别等。

1)手机短信校验:要求一人一机,限制一机多注册的行为。

2)验证码校验:常见于爬虫拦截,爬虫作弊虽然有大量攻击资源,但是在应用端弹出验证码的方式,能够大幅提升爬虫攻击的成本。

3)人脸识别:相比于前两者,应对的风险等级更高,用于涉及资金的环节,比如营销活动中的红包领取、提现等环节。

## 3.2.2 事中阶段

事中阶段主要由指标监控、策略识别、模型识别和人工审核几部分组成。

**1. 指标监控**

风控的关键是能够尽早发现风险、处置风险,因此全面、客观、持续的指标监控是必不可少的保障措施。计算的指标一般需要从业务日志上下文中聚合获得,聚合操作包括计数、累加、去重计数、去重累加、求最大值、最小值、平均值、方差等。以流量反作弊为例,我们可以基于广告位、广告主、广告计划等受害者维度做天级别、小时级别、分钟级别的窗口计数,从而发现异常流量波动。而为了更准确地洞察风险动向,我们还需从多个维度对这些指标进行对比分析,包括同比、环比等。

**2. 策略识别**

策略识别主要包括以下几部分。

1)名单服务:通过离线挖掘等方式建立黑、白、灰名单,基于历史作弊认知。这些名单可用于直接过滤或作为辅助手段增强识别精度。例如,命中爬虫 User-Agent(用户代理)黑名单的点击日志流量、历史上被封禁的 IP 段,以及曾参与刷单任务的用户等。

2)用户画像:基于多个维度如设备、IP、手机号、注册邮箱、收货地址、引流渠道和转账关系构建用户画像。这有助于全方位了解和识别作弊用户。在线上环境,通常通过维表提供辅助决策能力;而在离线场景,则可用于风险排查、扩大召回和样本修复等。

3)多维窗口计算:通过上下文窗口聚合计算,识别风险的异常速率或异常比例。原始的业务日志往往无法精确识别作弊,而多维窗口计算可以在一定的时间范围或数量范围内提供更精确的风险识别。为了应对不同的作弊流量并确保高精度的风险召回,风控系统通常采用多个大小不一的、互补结合的窗口来计算聚合特征。

4)集成决策:单个维度窗口特征计算在某一类风险召回方面可能提升识别精度,但对于整体风控业务来说,需要多个维度窗口互补。这可以避免由于单个维度的阈值限制导致精度不足。因此,线上系统通常使用集成的方式来综合判断不同特点的作弊行为。

**3. 模型识别**

风控模型在广告与营销业务中扮演着关键角色,常见的包括基于概率统计的模型、图关系模型、行为序列模型、NLP(自然语言处理)模型以及 CV 模型等。

基于概率统计的模型利用历史数据建模,采用无监督异常检测的方法对流量分布进行拟合优度检验，以发现尾部极值概率的小概率事件，从而识别作弊流量。图关系模型通过构建实体间的复杂关系网络，例如广告主和众包刷手之间的关系，来发现团伙作弊行为，如刷单炒信等。行为序列模型则捕捉用户行为的时序特征，通过用户在营销平台上产生的一系列行为进行建模，并基于预测、对比等方式发现作弊行为。NLP 和 CV 模型则广泛应用于内容安全审核中，包括对广告主生产的白盒创意和 AIGC 生成的黑盒创意等多媒体内容进行审核。

在后续章节中，我们将结合广告与营销业务的实际案例，深入分析这些模型在跟黑灰产作弊对抗的过程中如何发挥作用。

4. 人工审核

人工审核的作用是对策略识别和模型识别进行兜底和补充。在实际的风控业务日常对抗中，某些策略和模型可能无法 100% 确定作弊行为，这时就需要人工介入进行判断和标注，以确保准确性和可靠性。

此外，对于一些影响面极大的内容审核，例如 App 的首页焦点图位置等，出于安全考虑，我们有必要投入人工成本进行内容风险审核。这是因为这些位置的内容直接影响用户的体验和安全，任何违规或有害的内容都可能对用户造成负面影响。

需要注意的是，在当今 AIGC 技术井喷式爆发的时代，广告创意内容生产的效率大大提升，越来越多的黑盒内容替代了传统的白盒和灰盒内容，使得人工审核的工单成本面临着前所未有的挑战，算法模型和人工领域经验深度结合是降本增效的必然选择。

### 3.2.3 事后阶段

事后阶段的主要目的是处置和分析，如账号降权封禁、异常流量渠道处罚、舆情公告，以及进一步地分析和沉淀历史风险事件、名单库和样本库，以促进特征积累和模型优化等。

1. 违规处罚

根据处罚主体的不同，营销风控的事后处罚可以分为商家、渠道和用户处罚三个方面。

1）商家处罚。商家在广告与营销平台上的常见违规行为包括发布违规内容、恶意竞价、刷单炒信等，这些违规行为可能损害广告平台的信誉和用户体验。为了应对商家的违规，广告与营销平台可以采取一系列处罚措施，如下调商家的信用评分，冻结账号，限制其在营销后台的操作权限等。

2）渠道处罚。渠道提供的虚假流量是广告与营销领域的一个常见问题，虚假流量可能导致广告费用浪费，对广告主和平台造成损失。为了应对这种情况，广告与营销平台可以采取多种处罚措施，包括扣除渠道的结算款项，将渠道列入黑灰名单，冻结佣金等。

3）用户处罚。用户可能参与恶意薅羊毛、众包做任务刷单，或者发布违规内容，这些行为损害了广告与营销生态的健康。对于用户的处罚，广告与营销平台可以提高参与活动的门槛。例如，加强身份验证和审核机制，以减少恶意用户的参与，严重的予以账号封禁。

### 2. 事件分析和沉淀

对于风控从业者而言，每一次的风险事件都是宝贵的经验积累和不可多得的与黑灰产战斗获得成长的机会。事后的事件分析有助于我们通过一个更加全面的视角去思考和理清整个风险事件的来龙去脉、对手的作弊动机、自身风控系统的缺陷等，从而获取更高的认知水平，用于进一步提升广告与营销业务的风控能力。

事后事件分析主要通过大规模离线分析技术，结合各类算法模型（如图关系挖掘、行为序列、相似向量召回、高维子空间降维等）和拓展策略等，进行深度分析和挖掘。图 3-6 展示了基于图关系的风险社区发现拓展。

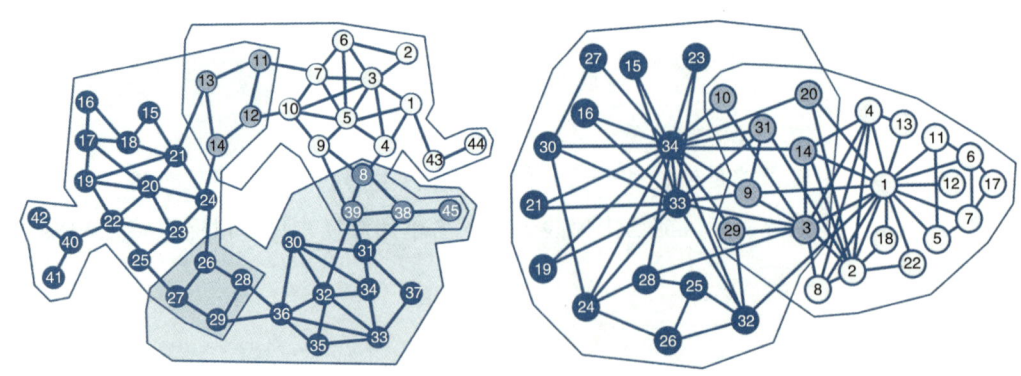

图 3-6 离线分析作弊社区发现拓展

通过事后多维度地对风险事件样本集做分析，可以进一步提升线上风控业务效果。分析结论主要可应用于如图 3-7 所示的几个方面。

1）追本溯源。通过作弊样本中的蛛丝马迹溯源，反向找到作弊者的攻击手段，甚至联系黑灰产去摸清作弊的动机、玩法以及上下游产业链，从而提升对业务的风险预判能力，并赋予事前预防更多的经验支撑，完善事前的规则制定和逻辑校验。

2）扩大召回。事前和事中的防御，由于时延性要求，数据的累积不够全面，同时对于新风险的认知不足，导致存在一定的漏洞。事后的离线事件分析通过更全面的数据输入和业务认知积累，基于大规模数据集应用降维、聚类、概率统计模型、图关系拓展、近邻检索等离线分布式处理方法可以进一步扩大风险召回。

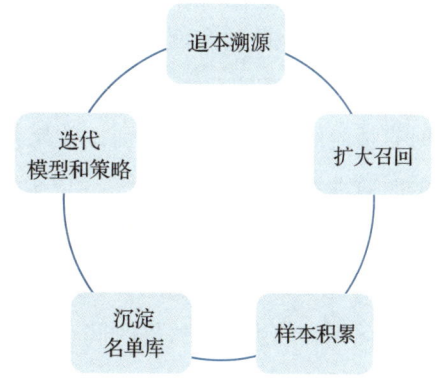

图 3-7 风控事后分析和沉淀

3）样本积累。黑灰产作弊的事件数据对于风控系统本身就是非常宝贵的知识输入。通过事后离线分析、样本修复等工作可为业务沉淀出精选的作弊样本集合，可用于后续的模型训练、模型和策略效果验证、模拟红蓝攻防对抗等。

4）沉淀名单库。通过事后离线挖掘，对作弊者侧的用户名、IP、设备、Cookie、User-Agent 等攻击资源构建黑名单或者灰名单，并配置合理的生效时间。未来遇到命中黑名单或灰名单库的攻击资源，识别模型和策略将重点关注，并可基于此提升风险召回精度。

5）迭代模型和策略。事后的事件分析可以对作弊样本有更全面的拓展、修复和补充，并发现线上风控模型和策略的不足。离线分析可促进模型和策略迭代升级，帮助事中的风险识别和防御能力获得进一步的增强。

## 3.3 风控立体防御体系

在一定的精准前提约束下，根据业务对风控时效性和召回能力的要求不同，风控系统可分为在线、近线和离线三层，如图 3-8 所示。

1）在线风控系统是针对毫秒级响应的同步风控请求而设计的。如内容审核场景，执行单机规则表达式判定

图 3-8 风控分层立体防御系统

营销广告主准入资质。它的主要优点是时效性非常好，可以在非常短的时间内对用户进行风险评估。但是，由于其快速性，它通常只能使用较为简单的规则表达式进行判定，因此在风险的全面召回能力方面有所限制。

2）近线风控系统是针对秒级到分钟级的异步风控请求而设计的。如商家直播间实时直播流的多媒体风险识别，效果介于在线和离线风控系统之间。虽然近线风控系统的时效性不如在线风控系统，但其可以应用更加复杂的算法和模型进行风险识别，因此在召回能力方面要比在线风控系统更强，可以当作在线和离线风控系统的折中选择。

3）离线风控系统是针对小时级到天级别的离线批量风控请求而设计的。如渠道引流按照小时级别或天级别时间窗口过滤异常流量。离线风控系统针对小时级到天级别的批量风控请求能够利用更加全面的上下文数据综合判定异常，因此在风险召回能力方面是最优的，但是时效性相对在线风控系统和近线风控系统略显不足，不适合风险检出时效性要求严苛的业务场景。

可见，在线、近线、离线三层风控系统各有优缺点在实际工业生产应用中，我们通常需要三者相互结合、互相补充来全面提升风控的时效性和召回能力。

### 3.3.1 在线风控

在线风控链路主要由业务数据库、名单服务、规则表达式引擎、模型服务、设备指纹识别和验证码等场景模块组成，为风控业务提供毫秒级别的风险识别响应能力。

1. 业务数据库

主要承担风控业务领域的数据建模和标准化存储，比如内容风控审核的风险词表、管控的劣迹艺人或涉政风险人脸图像、运营配置的规则表达式、人工审核的处置动作等，一般以关系型数据库、索引表等方式存储，并具备在线同步增删改查能力，是在线风控系统的核心数据支撑。

当风控业务发展规模较大的时候，单库单表的业务数据库往往会成为在线风险审核请求的瓶颈。为了提升系统数据承载能力，水平拆分、垂直拆分的拓展方式在大型互联网营销风控业务中是必不可少的。

2. 名单服务

名单服务具体可分为黑、白、灰三种。在特定风控业务场景约束条件下，黑名单可用于直接拒绝，比如内容审核不通过，渠道流量命中黑名单直接被判定为无效流量等；白名单则给予了业务一定的豁免权，一般在风控实际业务中的应用需要慎之又慎，过去营销风控业界也曾出现过为大客户广告主设置白名单免审导致风险外漏被处罚的事件；灰名单介于黑名单和白名单之间，是一批潜在的风险名单，但既不能直接拒绝也不能直接通过，需要结合实际在线的业务数据来综合判定。

### 3. 规则表达式引擎

如图 3-9 所示，规则表达式引擎是在线风控最常用的风险识别计算模块。通过和业务数据库、名单服务等相互配合，一方面为风控业务运营人员提供风险规则表达配置（可通过图形化页面拖拽或使用领域特定语言定制表达式语法）；另一方面将配置到业务数据库中的规则加载到规则表达式引擎内存中，并提供表达式的编译、优化和执行能力，通过风控数据采集端（PC、App 或 H5 页面）上报的设备信息、行为日志等进行风控规则表达式计算。单个独立的规则提供高召回能力，用于召回某一类风险，同时通过集成多个规则判定结果来提升最终风险判定的精度。

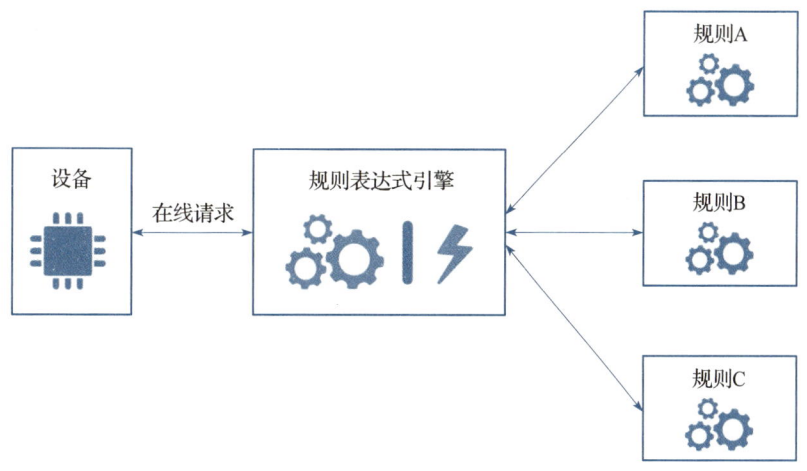

图 3-9　风控规则表达式引擎

常见的规则表达式引擎如 Drools、Groovy、Aviator、MVEL、Easy Rules 等，都提供了非常强大的规则表达能力，支持复杂的业务逻辑定义。同时还为用户提供了友好的界面和工具，让风控业务运营可以方便地管理和维护风险规则。相比于模型和算法，这些规则引擎由于其简单易用的特点在风控领域被广泛应用，为风险识别提供了强大的支持。

### 4. 模型服务

传统的风控系统大都基于单一的名单服务和规则表达式引擎做风险识别，对于现代的营销风控业务系统而言,模型服务早已经是必不可少的一环。无论是名单还是规则都严重依赖人的经验积累和输入,随着业务发展越来越快,同时风险类型也越来越多,这种依赖人工经验的方式已经成为风控能力泛化应用的瓶颈,无法为业务提供足够的安全保障。因此,我们需要借助以大数据为基础的模型服务来适应现代营销业务的广泛需求。

在线的模型服务通过对历史样本的训练和持续对抗的认知输入,不断迭代和进化,部署到线上为业务提供在线模型推理服务。在线的模型服务一般针对单一请求可在毫秒级延迟完成风险判定,不需要额外的上下文信息,内容风险识别领域的图像分类、人脸检测、文字识别等在工业界都有较为成熟的应用。Kubernetes 社区的 KServe 提供了完备的机器学习模型在线推理服务能力,并支持 TensorFlow、XGBoost、Scikit-Learn、PyTorch 和 ONNX 等框架,如图 3-10 所示。基于 KServe 可以非常方便地帮助风控业务搭建起一套云原生的在线模型服务。

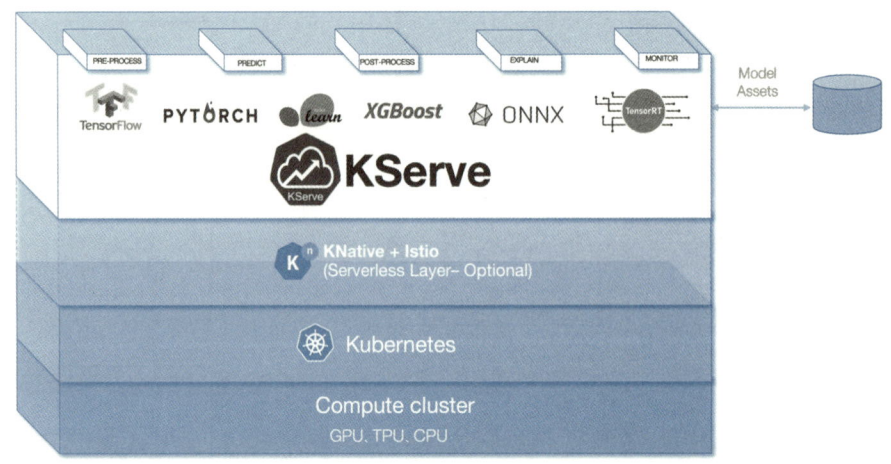

图 3-10 KServe 模型服务

**5. 设备指纹识别**

营销推广活动中,商家对获客的需求是永恒的话题。在前文我们曾介绍过渠道制造虚假流量的手段,设备篡改和伪造便是其中最常见的一种。为了应对此类作弊,我们需要基于风控算法,针对 PC 端、移动端设备生成唯一标识,这就是设备指纹识别。

设备指纹生成一般需要应用前端配合数据埋点采集,比如 Mac 地址、Wi-Fi 信息、IDFA、IMEI 等。通过软硬件结合的方式生成的唯一设备指纹,可以在线提供查询服务，能够有效防御更换Cookie、更换User-Agent、更换代理Ip，甚至更换屏幕分辨率、电池电量、设备内存等作弊行为，如图3-11所示。

在渠道拉新的营销业务场景下，为了避免流量提供方设备重发以假乱真，可基于在线的设备指纹识别服务直接拒绝识别出来的异常设备流量，禁止异常设备流量参与广告竞价，从而将风险拦截在事前阶段。

6. 验证码

在前文我们曾提到，从风险控制效果的角度看，

图 3-11 设备指纹

把风险拦截在事前阶段对于业务而言是最优的。验证码就是通过在线系统链路提升作弊者的作弊和攻击难度，可防范网络爬虫，同一设备短时间频繁操作刷榜、刷单等行为。验证码可分为短信验证码和图文验证码两种。

1）短信验证码：作弊者的攻击资源是有限的，通过短信验证码给作弊者制造更高的设备成本，从而在作弊数量的视角降低风险。

2）图文验证码：对于异常设备或行为弹出要求人机交互校验的图形、文字等验证码，增加单次作弊的时间成本，从而在作弊频率的视角降低风险。

此外，业界还有一些针对性更强、覆盖更全面的智能验证码服务。在传统图文验证码的基础上，引入成语语序、时间推理、空间推理等更复杂的验证模式，进一步增加了作弊者突破的难度，如图3-12所示。

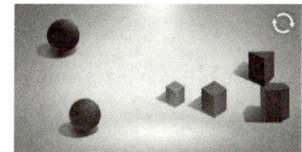

图 3-12 空间逻辑推理验证码

## 3.3.2 近线风控

近线风控是一种接近于在线风控的防控模式，但与在线风控相比，它提供的识别能力更加灵活，通常在秒级到分钟级别。相较于在线风控提供毫秒级别的识别能力，近线风控更适合处理对响应时间要求稍低的业务请求。由于近线链路可以容忍相对较长的响应延迟，风控系统在处理请求时能够获得更多的上下文信息，这有助于计算风险特征，提高风险召回能力。

典型的近线风控系统架构如图3-13所示，主要包含消息队列和实时计算引擎两部分。消息队列常用的有Kafka、RocketMQ等，它能够高效地处理大量数据流，并保证

数据的可靠传输。实时计算引擎常用的有 Flink、Spark Streaming、Storm 等，它能够对数据进行实时处理和分析，从而及时发现潜在的风险情况。

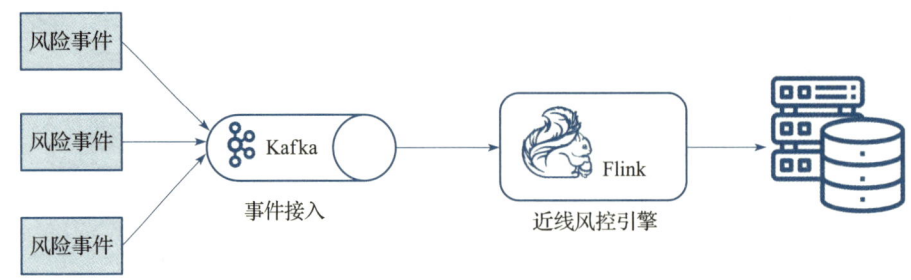

图 3-13　典型近线风控系统架构

近线风控系统通过消息队列将前端业务请求发送到实时计算引擎，实时计算引擎对请求进行处理和分析，并返回相应的风险判断结果。这种架构不仅能够满足业务对响应时间的要求，还能够提供较高的风险召回能力。

### 1. 消息队列

相较于在线风控同步请求接入模式，近线风控采用的是一种更为灵活和高效的方式。在近线风控中，风险事件的接入通常依赖于异步消息队列的机制。这种机制通过消息队列的转储和分发，实现了对风险事件的快速处理和响应。与此同时，下游的风控计算引擎可以选择被动接受推送或主动拉取的方式来消费消息队列中的风控请求消息，从而实现了对风控信息的及时获取和处理。

这种近线风控模式具有多重优势。首先，通过异步消息队列，可以有效地缓解系统压力，提高系统的吞吐量和并发处理能力。其次，消息队列的转储和分发机制可以确保风控事件的有序处理，避免了因突发大量请求而导致系统崩溃或性能下降的情况发生。最后，风控计算引擎可以根据自身的处理能力和负载情况，灵活地选择消息消费的方式，从而更好地优化系统性能和资源利用率。

在实际应用中，近线风控模式也为系统的扩展和升级提供了便利。通过增加消息队列的节点或者调整消息队列的配置参数，可以实现系统的水平扩展，从而满足不断增长的业务需求。同时，由于近线风控模式与具体的业务逻辑解耦，因此在系统升级或者改造时，可以更加灵活地进行优化和调整，降低了系统维护和升级的成本和风险。

### 2. 实时计算引擎

实时计算引擎主要用于异步消息队列中的风控事件接入、数据清洗、实时维表加工与关联，以及窗口聚合计算等场景，通过预计算、内存计算、聚合计算实现基础指标、衍生指标、复合指标的加工，同时为下游决策模型和规则提供特征支撑。业界常见的实时计算引擎包括 Flink、Storm、Spark Streaming 等。

实时计算引擎最强大的能力就是可以针对秒级的风控事件提供一个时间或计数窗口，让风控事件不再以一个独立个体的方式存在，而是兼备上下文信息，通过一段时间或者一定数量的数据聚合累积，形成综合判定效果，因此能够比在线风控有更强的风险召回能力。

图 3-14 展现了一个时间维度滑动窗口（横轴）下对用户维度（纵轴）的窗口统计聚合特征计算，如计算一个用户最近 30 秒在某个推广活动页面的点击次数。

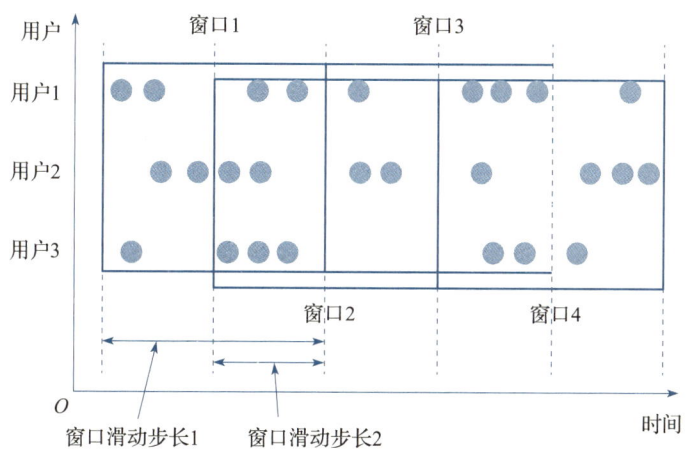

图 3-14　时间窗口下用户维度聚合特征计算

除了实时计算引擎原生的能力外，工业生产的实际业务在落地应用过程中，往往还会结合业务数据库、名单服务、规则表达式引擎、模型服务等，通过在实时计算引擎内部自定义运算节点的方式，拓展近线风控能力。

### 3.3.3　离线风控

离线风控因为可以拿到比在线和近线更全面的数据，所以具有更强的召回能力，但是为了累积样本数据，同时也需要等待更长的时间。因此离线风控适合对风险召回要求高，但是对风控决策结果的产出延迟不敏感的业务场景。

离线风控系统主要由数据采集和存储与大规模批量计算两大部分构成。

1. 数据采集和存储

数据采集和储存是指实时采集或离线同步服务器中的日志信息，将其写入消息队列主题中，通过消费者接口订阅将数据消费至分布式存储，如 HDFS（Hadoop 分布式文件系统）、S3（简单存储服务）或 OSS（运行支撑系统）等。

2. 大规模批量计算

离线的大规模批量计算是指通过分布式计算引擎（如 Hadoop、Spark、MaxCompute 等）以批量方式读取分布式存储数据，通过窗口聚合计算、维表 Join 等、离线批量模型推理等方式得到风控判定结果，如图 3-15 所示。

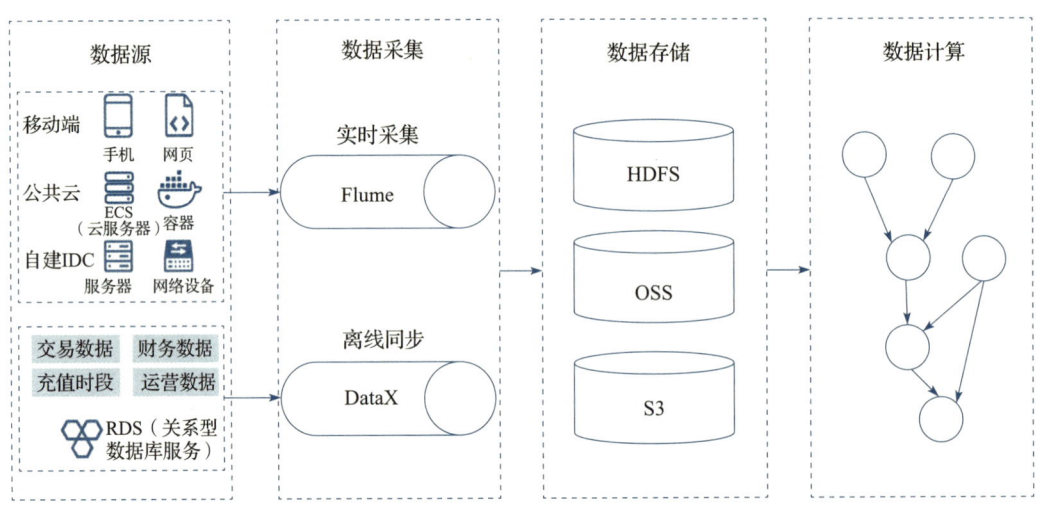

图 3-15　离线风控数据采集和计算

离线也和近线类似地具备内嵌规则表达式引擎、模型离线推理等能力。可以看到，就风控业务而言，不管是在线、近线还是离线风控，每层的技术模块都不存在严格意义的场景限定。真实的风控业务一定是打破界限、多种技术交叠复用来构建立体的防御体系，从而帮助业务持续地稳定提升安全感。

## 3.4　风控 MLOps

随着互联网广告与营销业务的发展和风险对抗的不断升级演变，传统的规则引擎方式在应对人工智能时代的新风险上显得越来越力不从心。与此同时，大数据和机器学习给风控从业者提供了更为强大的支撑,依托于此,我们可以有效防御风险并给予黑灰产打击。为了更高效、可持续、规模化、自动化地和黑灰产对抗,需要一套围绕人工智能底座持续迭代并服务于风控业务的系统,这就是风控 MLOps。

### 3.4.1 什么是风控 MLOps

在互联网领域,MLOps 并非一个新鲜词汇,它是一种将机器学习(ML)与运维(Ops)相结合的方法。广告与营销风控业务应用 MLOps 旨在通过标准化、自动化流程提高风险控制的效率,促进风险识别模型的敏捷迭代、交付,同时增强了风控后链路效果的持续跟踪,并通过后链路反馈不断促进风控模型的迭代升级。具体来看,MLOps 对于广告与营销风控业务的作用体现在以下几个方面。

1)高效风控模型开发与迭代。MLOps 通过自动化流程,加速了风控模型的开发和迭代。基于标准化的 MLOps 平台,风控团队可以更快地响应来自黑灰产的风险对抗和变种,持续改进模型,以更快的速度形成线上生产可用的风险拦截能力。

2)实时效果监测与反馈。MLOps 系统能够实时监测模型在生产环境中的表现,包括风控业务效果层面指标、风控系统层面监控。一旦模型开始出现性能下降或误报率上升,系统会自动发出警报,使风控运营和技术能够及时采取应对措施。

3)自动化风险决策与响应。基于 MLOps 的自动化决策系统可以快速响应风险事件,包括通过模型识别自动封禁恶意账户、暂停同人关联套利广告主 BP(Business Proposal,商业提案)后台广告推广活动、预警潜在违规行为等。

### 3.4.2 风控 MLOps 流水线

图 3-16 展示了一个经典的风控 MLOps 流水线,风控 MLOps 是一个包含多个环节的完整系统。借助 MLOps,我们可以将机器学习模型有效地集成到广告与营销业务的各种风险对抗场景中,同时保障风控模型的高效运营、管理和持续迭代交付。

对于广告与营销风控业务而言,风控 MLOps 的基本流程可以归纳为以下几个阶段。

1)风险业务分析。为了能够将业务风险和风控系统能力连接起来,我们首先需要对业务风险进行分析。比如,识别风险来源,是源自广告主,还是真人众包的刷手,或者是渠道引流的媒体端。充分理解业务才能定义和表达管控诉求,这是风控 MLOps 的业务起点。

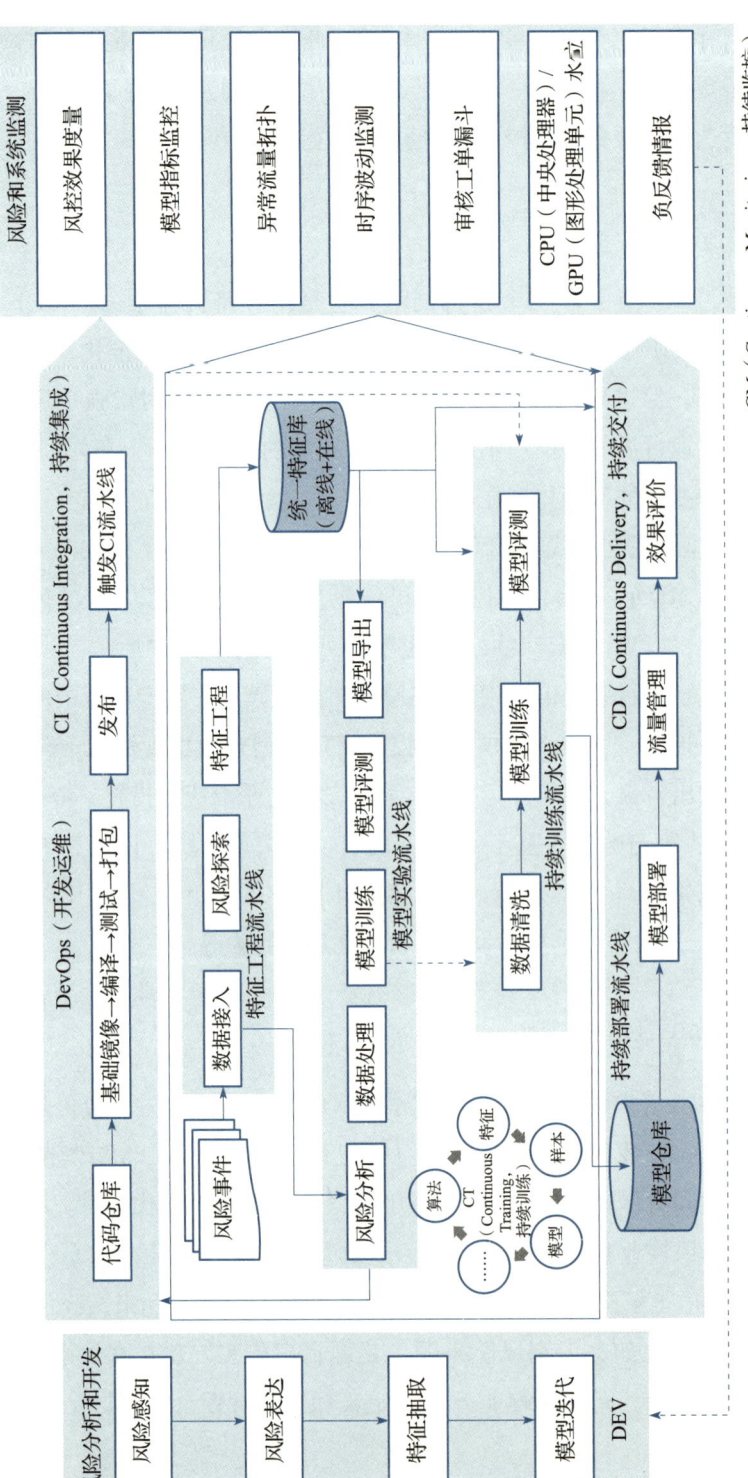

图3-16 风控MLOps流水线

2）风险事件接入。在分析并理解业务后，通过在线 API、实时消息订阅、离线批量表等方式对接需要管控的风险事件。风险事件可以来自多个渠道，如用户广告曝光日志、点击日志、活动参与日志等。在这个阶段，风控 MLOps 系统需要建立一套 SOP，从流量接入的入口规范化风险事件。

3）特征工程。一般来讲，广告投放引擎、广告点击服务器等业务侧传入的原始风险事件是非结构化或半结构化的，无法直接被风控算法模型使用，所以需要经过 MLOps 特征工程处理，包括最基本的对数据进行清洗、去重、去噪、归一化和标准化，以及根据不同业务特点进行复杂计算加工衍生特征。比如，恶意点击用户行为风控业务需要通过复杂的 IO 密集型窗口聚合计算获得用户上下文点击统计特征，广告主营销内容风控业务需要使用 GPU 计算密集型的深度学习模型提取创意主图、推广文案等的内容特征。特征工程中，最重要的一点是需要保障离线和在线的特征一致性，业界有诸如 Feast、Tecton、Feathr 等的解决方案。

4）模型训练。经过 MLOps 特征工程的精细化处理，风控数据科学家和算法工程师得以利用这些准备好的数据来训练和优化风控模型。当然，不同的业务场景面临着不同的挑战，模型开发也并非一成不变，在这个阶段会根据 MLOps 前序过程的业务分析、特征工程按需选择对应的风控模型。比如：对于流量反作弊场景使用经典的基于概率统计的模型；对于刷单薅羊毛业务场景使用图关联算法，如标签传播、连通分量等；对于广告创意 Logo 品牌侵权使用 YOLO 等目标检测模型。与此同时，为了确保模型的最佳效果，我们需要进行多次训练和调优，不断迭代和优化模型参数。这个环节是风控 MLOps 的核心部分，它将前期的业务分析、风险事件接入和特征工程工作成果转化为可实际生产环境应用且可持续迭代交付线上的模型，为业务风险控制提供有力的支持。

5）模型评测。模型评测是介于离线模型训练和在线模型推理之间的关键步骤。为了确保应用的在线生产环境风控模型的可靠性和鲁棒性，离线训练好的模型需要进行全面的指标评测，只有达到评测准入的标准的模型，才能进入 MLOps 流水线的下一个模型部署阶段。模型评测通常包括风控模型效果和效率两个方面，风控模型效果一般通过业务沉淀风险数据集上风险召回的准确率、召回率、AUC、F1-Score 等指标进行度量；风控模型效率度量包括模型推理的 QPS（每秒查询率）、Latency（延迟）、GPU/CPU 利用率等维度。通过离线风控模型评测，风控业务团队可以有效地把模型部署到生产前的异常情况中进行提前识别处理，确保线上交付风控模型稳定可靠。

6）模型部署。经过离线模型开发、模型评测任务后，风控模型已经具备发布到生产环境中的条件。模型部署就是将离线风控算法实验得到的模型借助分布式文件导出和分发工具部署到在线生产集群的过程。关于模型部署，业界有很多成熟的解决方案，如 Tensorflow Serving、PyTorch TorchServe 等。风控业务由于其面临风险的多样性和对抗性，往往会采用多种不同的模型框架（如 TensorFlow、XGBoost、Scikit-Learn、PyTorch 和 ONNX 等），在模型部署阶段就要求我们设计的系统更加具有通用性，基于一套统一的风险识别模型标准对外提供 RPC（远程过程调用）或者 REST API 服务。Kubernetes 社区开源的 KServe 便是 MLOps 流水线中解决此类问题的一种相对完善的解决方案。

7）实时监测。部署到生产环境中的模型，风控 MLOps 流水线需要进行实时效果监测。一方面包括业务层面对于风险的召回率、准确性，同时还需要考虑风险召回后对应下游人工审核模块流入的审核工单量，这将直接影响营销平台的人工审核预算成本；另一方面需要监测系统层面的指标变化，如广告计划维度流量的分布变化、模型 GPU/CPU 水位变化等，从而实时识别异常攻击流量的波动，以秒级甚至毫秒级时延发现作弊风险，也能够及时发现因为营销平台大促活动、分布式攻击等引起的模型容量不足等系统问题。

8）模型持续更新与迭代。通过风控 MLOps 流水线的实时风控业务效果和系统流量指标监测，风控系统得以获得更多的模型上线的后链路反馈信息，让风控技术和运营感知线上风控模型的短板在何处。同时也由于广告与营销风控业务的对抗性，也需要不断改进和升级模型，以适应新的风险对抗和持续变种。可见，MLOps 提供了完整的模型后链路反馈到模型再生产的持续更新和迭代能力，帮助风控系统能够不断应对新作弊风险和挑战。

## 3.5 本章小结

本章从相对宏观的角度介绍了互联网广告与营销风控的立体思路，业务整体上划分为流量反作弊和内容风控两大部分。

首先，从风险发生的时间轴来看，可以分为事前的风险感知、事中的风险监测洞察和策略模型拦截，以及事后的分析和处置这三个阶段。事前阶段通过业务风险评估、规则制定和宣导、准入限制和前置校验等方式拦截潜在风险，并为后续的风控策略提供数据支持。事中阶段通过实时监测、行为分析、异常检测等方式发现和阻断黑灰产行为。事后阶段对已发生的风险事件进行归类、分析、溯源，采取相应的处置措施，总结经验教训，形成闭环的风控管理，并促进模型和策略的再迭代。

其次，从风控系统的拦截时效性和召回能力视角又可以分为在线、近线和离线互补的三层系统性防御能力。在线风控系统能毫秒级响应并阻断实时风险，近线风控系统可以实现分钟级对潜在风险进行预警和拦截，而离线风控系统则通过小时级或天级别批量大数据分析、复杂异常检测算法来进一步扩大风险召回。

最后，在人工智能和大数据时代，为了更高效、可持续、规模化、自动化地对抗黑灰产，构建风控 MLOps 显得尤为重要。MLOps 是一种将机器学习与运维相结合的方法，旨在通过标准化、自动化的流程来提高风控效率。它涵盖了开发运维（DevOps）、持续集成（CI）、持续交付（CD）、持续训练（CT）以及持续监控（CM）等多个模块，共同构建出一个完整且高效的面向人工智能的风控系统。

# 第 4 章

# 异常检测技术概述

通过前面 3 章的介绍,相信读者朋友已经对广告与营销领域的风控业务问题背景、基础知识、黑灰产业链以及系统立体防御思路有了一定了解。从本章开始,将由浅入深继续探究广告与营销领域的风控核心技术原理和应用。

风控的本质是在保障一定精准的前提下,从一批输入样本集合里召回异常数据并做相应处置。其中,营销行为反作弊算法包括基于规则的异常检测算法、基于概率统计的异常检测算法、基于近邻的异常检测算法、基于图和序列的异常检测算法以及高维空间异常检测算法;营销内容风控算法主要依靠传统的计算机视觉(Computer Vision, CV)、自然语言处理(Natural Language Processing, NLP)和语音识别(Automatic Speech Recognition, ASR)等机器学习技术来识别和控制风险。

本章作为后续风控技术的概述,帮助读者从宏观上对广告与营销风控的技术思路建立基础的认知,为后续章节的深入介绍做铺垫。

## 4.1 什么是异常检测

异常检测(Anomaly Detection,或 Outlier Detection)指对业务数据集中不符合常态分布或预期模式的数据进行识别的过程,其中异常(Outlier)也被称为离群值、新奇、噪声、偏差和例外,将正常类型(Normal Class)和离群值(Outliers)检测区分出来的过程如图 4-1 所示。

根据异常检测算法中样本数据标签的有无和检测识别应用方式的不同，异常检测算法可分为有监督异常检测、半监督异常检测和无监督异常检测三大类。

### 4.1.1 有监督异常检测

有监督异常检测方法需要一个已经被标记正常与异常的数据集，并涉及训练分类器，典型的方式如 LR、XGBoost 等。

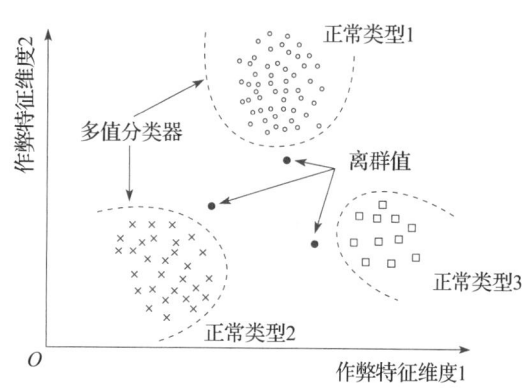

图 4-1 异常检测示意图

在实际应用中，有监督异常检测方法虽然在某些场景下表现出色，但其面临的挑战也不可忽视。首先，学习一个合理的决策边界对于有效区分正常和异常样本至关重要。然而，在面对训练集中未出现的异常情况时，有监督模型可能无法准确捕捉这些新型异常，因为它们未被显式地训练过。

另外需要注意的是，不同于学术研究，在工业生产环境中，大规模标注样本的需求使得有监督异常检测方法在实际应用中成本高昂，获取足够数量的标注样本可能需要耗费大量时间和资源，不符合实际效益。这在风控领域更为显著，因为异常情况的多样性和变化性导致需要不断更新标注数据。

### 4.1.2 半监督异常检测

半监督异常检测方法根据一个给定的正常训练数据集建立一个表示正常行为的模型，然后检测由学习模型生成的测试实例的可能性。常见的半监督异常检测算法如 LOF（Local Outlier Factor，局部异常因子）、AutoEncoder（自编码器）、One-Class SVM（单类支持向量机）、Isolation Forest（孤立森林）等。

在半监督异常检测中，LOF 算法通过度量每个数据点与其邻近点的相对密度来评估其异常性，从而适应不同密度区域的数据分布。AutoEncoder 则通过学习数据的压缩表示，尝试还原输入数据，将难以还原的实例视为异常。One-Class SVM 使用单一正类别训练模型，尽量将正常数据映射到高维空间中的一个小区域，从而在该区域之外的实例被认为是异常。Isolation Forest 则采用树结构逐步分割数据，通过异常点所需的分割次数来评估其异常性。

通过和有监督异常检测方法对比可以看出，半监督异常检测方法弥补了有监督异常检测方法对负样本标注的依赖性，但是对于正样本依然需要标注，无监督异常检测方法的提出解决了这个问题。

### 4.1.3 无监督异常检测

无监督异常检测方法在假设数据集中大多数实例都是正常的前提下，能通过寻找与其他数据最不匹配的实例来检测出未标记测试数据的异常，常用的方式如聚类、概率统计模型、基于相似近邻关系的异常检测、高维子空间异常检测等。

在工业生产界，异常检测面临的问题通常都是没有标签的，或者很难通过人工的方式打标。最典型的例子就是渠道异常流量识别，一天的日志量能够达到十亿甚至百亿级别，而单行日志能够提取出的特征则能达到上千列。根据笔者的从业经历，即使是一个有 3~5 年经验的反作弊从业者准确标注一条作弊样本也需要 30~60 秒不等，而面对上亿甚至百亿级别的流量样本标注，其时间和人力成本可想而知。因此，无监督异常检测算法是工业生产界更多实际采用的方式。

## 4.2 异常检测面临的问题和挑战

异常检测本身是一个和黑灰产持续对抗的过程，可以说是一个入门相对容易，但是精进深入不易的专业学科领域。从异常事件的角度看，面临的主要问题有异常的稀疏性、异常的多样性，以及其出于利益的衍生对抗性。从异常检测角度看，又面临着异常检测算法的鲁棒性以应对不同促销活动时间点的考验，还需要具备较强的可解释性来给业务方说明作弊过滤识别的命中原因，涉及媒体分成结算稍有过滤不慎可能还会有法律风险。另外，当线上一旦有突发风险出现，还必须兼具可控制性让线上系统能够及时止血，策略迭代后又必须给出合理的效果评价，这些工业生产界实实在在的问题都对异常检测提出了更高的要求和挑战。

### 4.2.1 异常的稀疏性

不同于搜索、推荐等正向业务，风控作为负向业务，天然就面临着作弊样本稀疏的问题，作弊样本相对于正常样本可以说是千里挑一甚至万里挑一的。如果只是观测大盘整体粒度来抽取特征和构建样本，则很难从大量正常样本中把异常点识别出来，即机器学习领域的"维度灾难"（Curse of Dimensionality）。

因此异常检测往往会通过一些分而治之的策略来划分子空间，从而把数据分布按照一定的分组条件（如相同类型的广告位置、用户地域、在营销平台注册的时间等）切分成一个个小数据簇，让异常点从大盘维度的稀疏分散得以在子空间维度内稠密聚集，进而被系统捕捉到，如图4-2所示。

对于内容类型风险而言，还需要通过信息爬虫、舆情态势感知等主动异常发掘方式来持续建设丰富的历史作弊样本库，提升异常检测系统对作

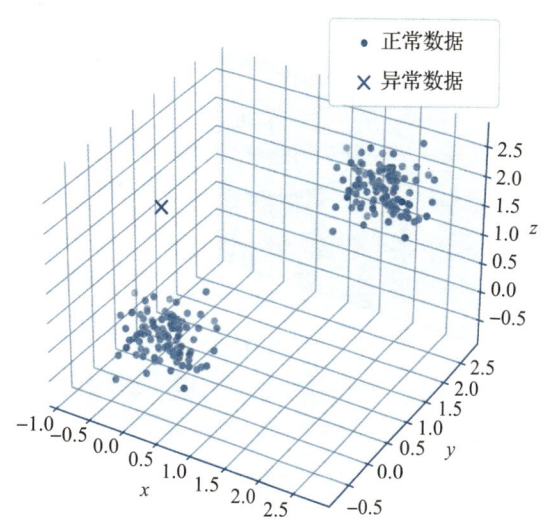

图 4-2　基于子空间划分的异常检测

弊的认知水平。否则，如果业务一直处于相对"和平"的状态，长期缺乏新的作弊样本，那么在风险突然来临时，过去在稀疏作弊样本条件下得到的模型或策略可能难以具备足够的泛化和适应能力。

### 4.2.2　异常的多样性

广告与营销业务场景玩法众多，各种营销活动推广都有潜在的作弊风险。接下来通过广告营销形式、营销活动参与方这两个视角来分析异常的多样性。

首先，从广告营销形式视角分析，在前面我们曾介绍过多种广告营销形式，它们都有各自的业务玩法和独有特点：搜索类广告可以通过搜索关键词定位到某个广告主或者某家店铺，导致特定商家存在被攻击的风险；而推荐展示类广告则具有信息变化性强的特点，容易被信息爬虫盯上；互动类广告的营销推广活动因为会让用户做一些小任务来赚取平台奖励，则会存在被薅羊毛的风险。

另外，我们还可以从营销活动的参与方视角来深入分析异常的多样性，如图4-3所示，包括消费者、广告主、营销平台、媒体渠道和代理商这五类常见的参与方，每一

类参与方都有着各自的利益出发点。比如：广告主作弊的目的是通过更少的预算、更具吸引力的创意内容获利；消费者希望借营销活动薅羊毛、囤券、做任务赚零花钱等；媒体渠道则想通过扩大作弊资源池、制造更多虚假流量的方式骗取分成等。

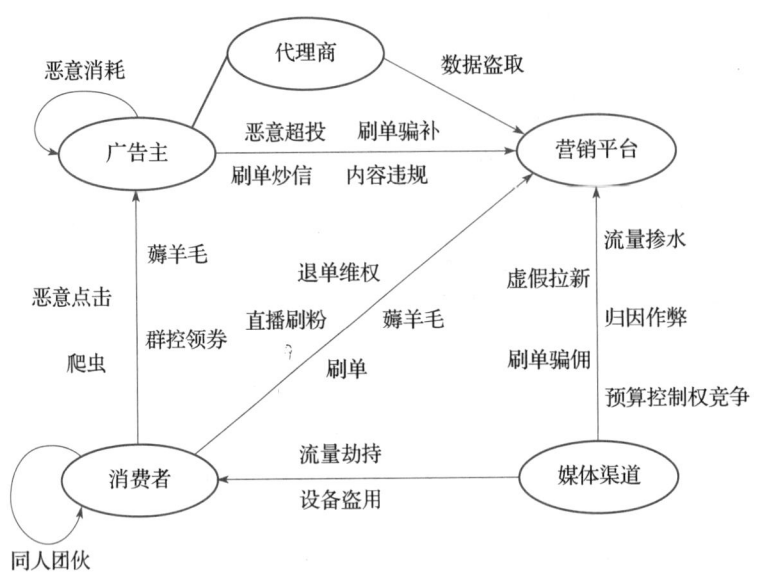

图 4-3　广告营销参与方视角的典型异常

- 从消费者到广告主视角，存在薅羊毛、恶意点击、爬虫、群控领券等作弊行为。
- 从广告主到营销平台视角，存在恶意超投、刷单骗补、刷单炒信、内容违规等作弊行为。同时由于广告主之间存在的竞争关系，还会有恶意消耗竞争对手广告预算的行为。而广告主的代理商则会通过技术手段，挖掘营销平台的数据漏洞，进行数据盗取等。
- 从消费者到营销平台视角，存在刷单、薅羊毛、直播刷粉、退单维权等作弊行为。而恶意消费者往往还存在着同人、团伙等社群关联。
- 从媒体渠道到消费者视角，存在流量劫持、设备盗用等作弊行为。
- 从媒体渠道到营销平台视角，存在流量掺水、虚假拉新、归因作弊、刷单骗佣等行为，近年来随着媒体侧强势崛起，也存在预算控制权的竞争。

以上介绍的几类异常仅仅是冰山一角，实际的线上业务应用面临的异常变种只会更多。从工业生产的经验来讲，不存在一种特定的异常检测的模型和策略可以覆盖所有的业务场景，这也非常符合软件工程领域"没有银弹"（No Silver Bullet）的理论观点。作为风控领域的从业者，一定不能因循守旧。只有丢掉抱残守缺的思想，打开思路，才能够让线上的异常检测识别模型和策略紧紧跟上业务的高速发展和异常的持续变化。

此外，由于业务玩法繁多、异常行为多样、数据质量参差不齐，以及标注困难等，我们很难获取完全准确和可靠的 Ground Truth（基准真实值）。这一情况使得风控模型的效果评价变得更加困难，因为我们无法像传统的有监督方法那样准确刻画风险。因此，对半监督和无监督异常检测方法的应用提出了更大的挑战。

### 4.2.3 异常的对抗性

在前文我们曾详细介绍过广告营销背后的利益链和作弊动机。从作弊者的视角出发，其发起流量或者内容作弊行为背后的目的是获利，异常检测拦截作弊行为势必会影响其利益攫取，从而引起对手更强烈的对抗，对作弊进行变种、寻找更多漏洞来制造攻击流量。如果风控系统不能通过抽象共同特点抓住作弊者的本质特征，而仅仅是针对单次作弊行为观测到的表象特征进行捕捉和刻画，那么一旦对抗形成，表象特征将很快失效并被作弊者轻易突破。作弊表象特征到本质特征抽象的思维模式，也是感性认知到理性认知的过程，如图 4-4 所示。

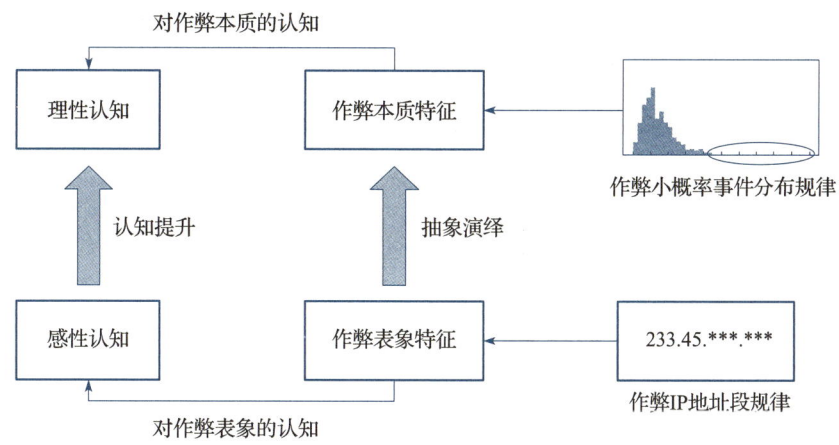

图 4-4　从表象特征到本质特征的认知提升过程

举个简单的例子，网络爬虫读者应该都比较熟悉，爬虫攻击是流量反作弊常见的一种异常行为。假设某次直播营销活动中，风控算法发现爬虫攻击行为的 User-Agent 字段存在异常，作弊者使用了市面上早已不流行的 Windows 2000 版本的 User-Agent，如果风控系统仅仅把 User-Agent 版本异常当作异常检测的特征，那么一旦爬虫攻击方感知到自己的爬虫行为被封禁，随机更换 User-Agent，此时线上基于表象特征的异常检测模型和策略将会失效。

可以看到，异常的对抗性对线上异常检测算法提出了极高的要求，不仅要解决眼下面临的攻击问题，同时还必须考虑到算法应对未来潜在风险变种对抗的泛化能力，牢牢抽象把握住作弊的本质特征，而不能仅仅被表象特征蒙蔽，如此方能从容应对时刻可能爆发的暗潮汹涌的对抗风险。

### 4.2.4 异常检测的鲁棒性

电商"618"、"双 11"、春节等特殊节日或大促节点、友商活动引起用户种草行为等都会造成较大的用户行为分布和大盘流量波动，线上风控模型或策略如果不考虑节促活动（比如过年期间"春联""灯笼"这类搜索词的点击量会聚集性突增），那么在此类节点到来的时候，将会存在较大的风控误判或漏判风险，给业务造成重大损失。

另外，当作弊者对特定营销业务常见的攻击手法发生变化时，比如在攻击资源侧的 IP、设备、User-Agent、HTTP-ACCEPT、跳转来源等做组合变换，在攻击频率上采用技术手段自适应调节。伪装正常用户浏览、点击、收藏、加购物车等行为轨迹变化，也会导致数据的分布发生变化，使得线上模型效果逐渐下降甚至有偏。

对于业务上发生的这种数据分布变化，业界通常称为概念漂移（Concept Drift）。简而言之，概念漂移指的是训练数据和测试数据的分布或关系随时间或环境的变化。当概念漂移发生时，风控模型在训练阶段学到的规律或关系可能不再适用于新的数据，可能导致模型效果下降，因为模型的预测假设不再符合实际情况，如图 4-5 所示。

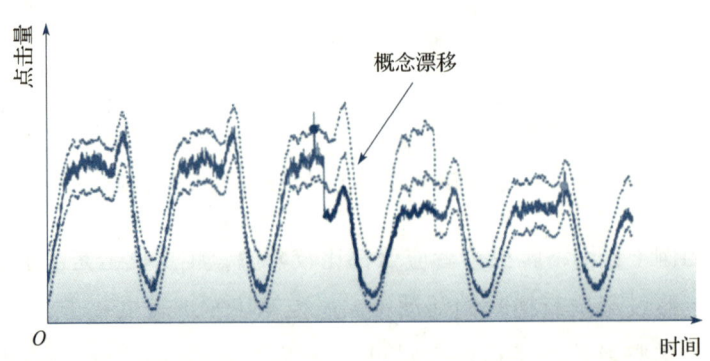

图 4-5　概念漂移

为了提升异常检测算法在特殊节日、大型促销活动期间的鲁棒性，风控算法一般采用集成学习的方式，通过多个互补的异常检测器来降低单一模型对特殊时期数据分布变化的敏感度，并对线上风控系统应用的特征分布情况做实时监测。同时，需要在算法调研过程中充分考虑并精心构造回归测试的样本集，包括封闭集合、开放集合，分别针对特殊时期或者历史作弊样本，以及大盘长周期进行算法效果回归测试，让算法在日常和节促活动阶段都能具有良好的精准和召回效果，从而保证异常检测的鲁棒性。

除此之外，在系统链路层面，异常检测还需要考虑上游特征的稳定性。特征生产的日志链路如果发生降级或者数据缺失，那么风控算法很可能会发生误召回或者漏召回。因此，特征的质量校验和阻断能力是提升线上异常检测鲁棒性的必备能力。

## 4.2.5 异常检测的可解释性

异常检测的根本是能够识别风险并控制风险，但是对于工业场景来说，仅做到识别和控制还远远不够。因为在一家商业化运转的公司，需要向业务方、合作方、渠道方解释清楚为什么一个点击流量或者一个图像内容被风控系统识别判定为异常。

在实际业务应用中，异常检测输入的字段一般有成百上千个。虽然异常检测器会根据复杂的字段利用各种策略、算法检出异常，但是对于业务而言，理解成本是巨大的，因此一种常见的做法是对高维异常检测的数据做降维处理。利用降维技术，可以在保留关键异常检测决策信息的基础上把高维度（百维或千维）的特征映射到一个低维度（2 维或 3 维）的人可观测、可理解的子空间中，通过降维依然能够区分出异常，如图 4-6 所示。

传统的柱状分布图、散点图、热力图等都是可用来提升异常检测可解释性的常见工具。另外也必须注意到，异常检测的可解释性不仅仅局限于检测结果的可视化。对于渠道引流反作弊场景，实际业务应用中通常还会和媒体渠道方反复撕扯，必须有实际的作弊现场举证才能给予作弊者强有力的回击。因此，针对劣质引擎渠道的监测和巡检，以及定期的现场捕捉是非常有必要的提升异常检测可解释性的手段。

除此以外，在法律合规方面，2021 年出台的《个人信息保护法》第二十四条规定，个人信息处理者利用个人信息进行自动化决策，应当保证决策的透明度和结果公平、公正，通过自动化决策方式作出对个人权益有重大影响的决定，个人有权要求个

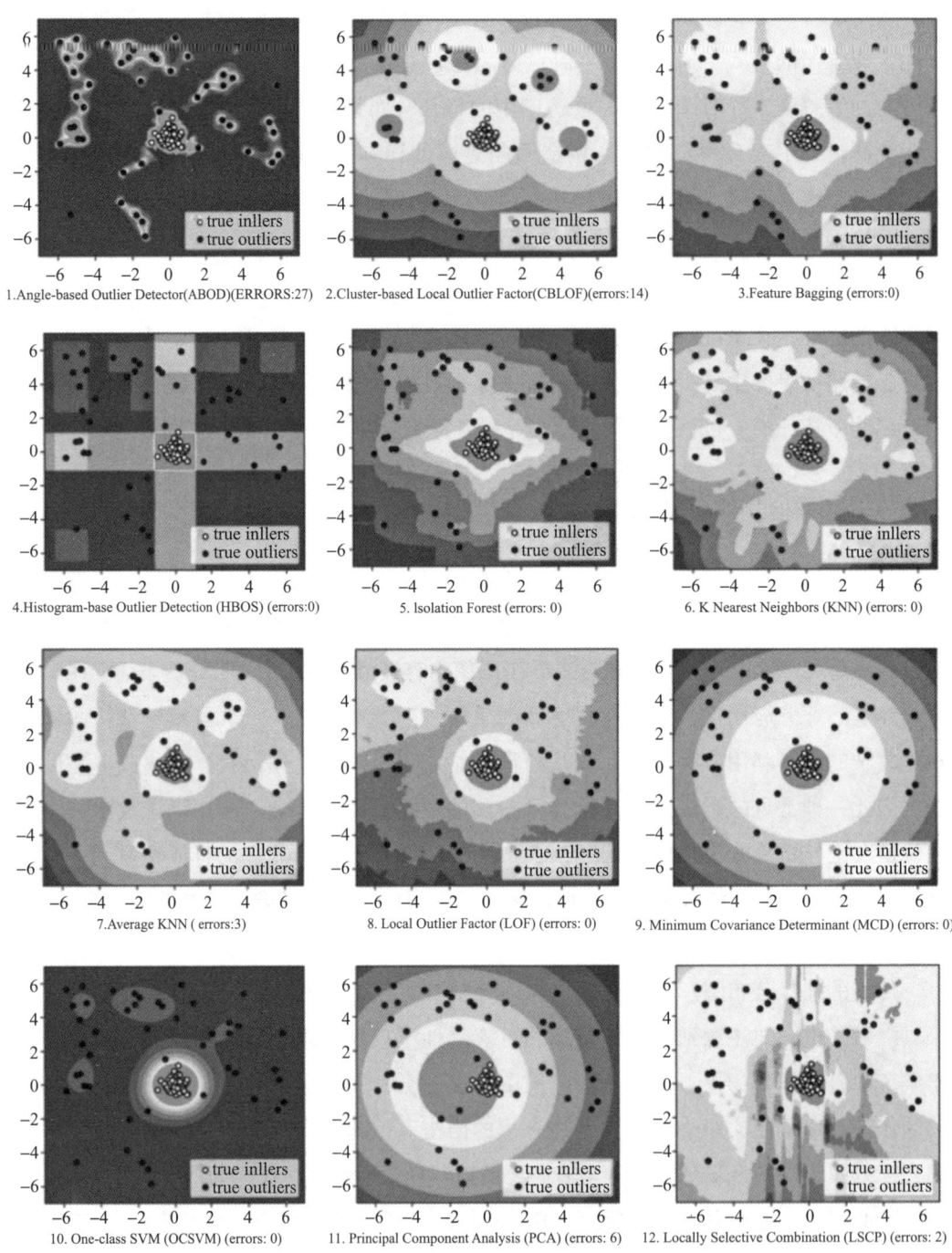

图 4-6 异常检测降维可视化

人信息处理者予以说明。这也进一步在法律和业务合规方面严格要求了风控业务的可解释性。

### 4.2.6 异常检测的可控制性

不同于学术研究，一个工业级生产可用的异常检测系统除了要应对异常稀疏、多样和持续对抗变种，以及对外透出可解释性的挑战外，还必须能够可控。因为线上的业务调整变化、日志传输出现脏数据、底层依赖计算服务的降级、下游业务要求阻断对数等都要求线上异常检测系统能够被按需控制。

根据"奥卡姆剃刀"（Ockham's Razor）原则，在能够做出同等异常检测结果判定的前提下，应该选择最简约的方案。在设计异常检测系统时，也会采用相对保守、可控制的简单模型。对于可解释性差、可控制性不强的复杂模型需谨慎应用。

## 4.3 基于规则的异常检测

基于规则的异常检测是最常见的异常检测方法。相较于算法模型，基于规则的异常检测具有迭代效率高、可解释性和可控制性强的突出特点。根据检测方式的不同，主要可分为静态基于名单的规则和动态基于窗口聚合的比例类以及速率类规则。

### 4.3.1 基于名单的规则

名单类规则顾名思义就是通过提前挖掘出来的名单做异常检测，具体地，可分为白名单、黑名单和灰名单三种实体类型，如图 4-7 所示。

1）白名单：是通过业务策略精选出来的高可信度的实体。比如在营销业务中，可以是根据开店时长、信誉等级、历史用户评价、商品所在类目、平台审核通过率等多维度

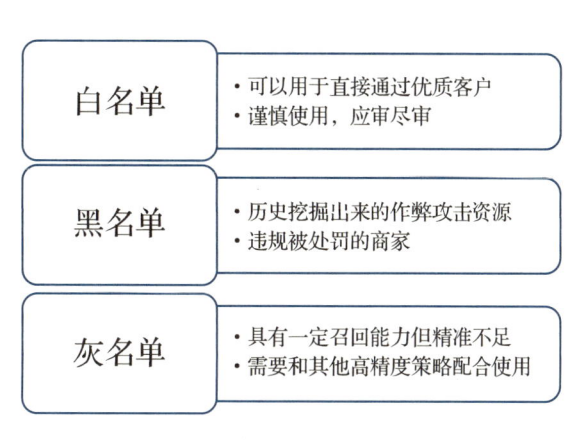

图 4-7 基于名单的异常检测

综合集成判定得到的一批优质商家。对于白名单中的实体，在异常检测时，可根据具体的业务风险等级配置，判断是否可以自动审核通过。考虑到营销风控业务本身的特殊性，要从海量样本中把极为稀疏的作弊行为抓出来，一般而言不会将白名单用于线上生产。只有在算力资源、人工审核成本等其他因素限制的情况下，才有可能折中在某些风险极低的场景应用，同时还需做好风险漏出时能够随时通过离线手段召回的提前预案。

2）黑名单：是历史上出现过作弊行为的实体，可以是作弊使用的攻击资源，比如黑 IP、黑 Cookie、黑账号等，或者是作弊的内容本身，比如黑商家恶意制作上传的色情低俗商品创意图链接或者某些监控要求屏蔽的特殊词汇名单等。对于黑名单中的实体，在异常检测时，可以根据业务需求自动予以流量过滤或者内容审核拒绝。营销推广活动中，常见的作弊如爬虫攻击、同一批账号薅羊毛等行为，都可以基于黑名单将作弊的 IP、浏览器 User-Agent、Cookie、账号等加入前置的过滤系统里，将风险尽可能拦截在事前阶段，最大限度地保障营销活动的正常推广，让广告主花的每一分钱都产生实实在在的价值。

3）灰名单：介于白名单和黑名单之间，游离于作弊对抗的焦灼地带，接近于黑名单但又不能被 100% 断定为异常，即其可以召回风险，但灰名单自身的精准却又不满足直接过滤的要求，直接应用的话会产生大量的误召回。因此，这类名单挖掘出来后，一般用于辅助决策特征，和其他高精准的线上规则配合使用。比如满足某个业务过滤规则，同时命中灰名单的请求可以直接做流量过滤或内容审核拒绝。

### 4.3.2　基于窗口聚合的规则

基于名单的异常检测仅能处理固定的名单，名单可以是风险运营手动添加的，或者是后链路系统自动挖掘并同步的，但无论是哪种名单生产的方式，都无法摆脱名单自身的局限性。单纯的风险名单无法深刻地刻画出高级作弊行为，业界一般采用基于窗口的上下文信息来构造特征并应用于异常检测规则，这种规则又可细分为窗口内的比例类规则和速率类规则。

1）比例类规则：这类规则假设正常的业务大盘在根据维度分组后的分布是基本稳定的，攻击事件的出现会让某些分组下的分布比例上涨。比如在营销推广活动中，某个 PC 广告位上的浏览器 User-Agent 的分布应该是相对均衡的，每天不会发生特别大的比例变化，但是当有爬虫攻击时，很可能就会采用某些固定的浏览器 User-Agent 发起攻击，那么在这个广告位的分组下，作弊的 User-Agent 占比就会较正常情况发生突增，从而被异常检测规则识别。

2）速率类规则：背后的原理假设是正常的用户在真实营销活动中发生的行为（如浏览店铺、点击商品详情页、收藏、加入购物车等）在一定时间约束下的数量是有限的，真实的人的行为不可能像机器那样快。比如，在某个汽车销售的活动页 10 秒内出现大量的重复点击流量，或者某个平时每分钟只有个位数流量的广告主被一波突然来的点击攻击，导致广告主被攻击下线，都可以基于时间窗口的速率类规则防控。此外，用于风控前端拦截的 Web 应用防火墙（Web Application Firewall，WAF）也具有针对 IP 的速率规则限制能力，如果单位时间内 IP 访问次数超过阈值则被 WAF 拦截。

## 4.4 基于模型的异常检测

基于规则的异常检测的优点是架构简单、应用成本低、针对紧急风险应急效率高，同时具备非常强的可解释性。但是其缺点也很明显，总的来说，有以下几点。

- 泛化性差。风控规则一般都是由有经验的风险运营配置的，但是应急时却很少会考虑布控的泛化性，导致见 A 防 A，难以应对持续高强度对抗的风险变种。
- 维护成本高。随着业务持续发展，各种广告类型层出不穷，搜索、推荐、互动等类广告都各自维护上百条的风控规则，对业务而言维护成本是不可接受的。在实际业务中，经常会出现规则"敢上不敢下"的处境。
- 进化能力弱。因为大多数风控规则都是针对某个或者某类风险定制开发的，同时由于跨风控领域知识的不共享，以及需要依赖人工维护，导致规则无法持续进化。
- 无法处理高维数据。由于人的认知能力限制，能够控制的维度一般不会超过两位数。当作弊复杂，需要在高维空间搜索时，简单规则的表达和处理能力远远不够。

正是由于这些，风控从业者在面对快速发展的业务、持续对抗的风险中，才会选择探索基于规则的异常检测之外的一条路。通过算法模型的方式提升风控策略的泛化性和进化性，降低运维成本，同时能够利用机器大数据算力充分挖掘高维空间内的稀疏作弊。

广告与营销风控领域，常用的基于模型的风控方法包括：基于概率统计的异常检测、基于近邻的异常检测、基于图的异常检测、基于序列的异常检测，以及多媒体上的 CV、NLP、ASR 等内容风控方法。后续章节将会对这些方法的原理和应用展开深入介绍。

## 4.5  本章小结

本章从异常和异常检测的基本概念出发，向读者介绍了广告与营销风控领域面临的困难和挑战。不同于正向搜索、推荐、广告服务，风控业务本身面临着作弊稀疏且出于攫取利益的目的容易形成对抗的问题，但是风控系统的设计又必须具备鲁棒性和泛化性，需要透过现象看本质，使用本质特征来解决作弊风险，同时还需要对业务透出模型的解释性，当问题发生时，还需要有控制和阻断能力，防止风险蔓延。

此外，本章还简单阐述了传统基于规则的异常检测方法，包括基于名单的规则和基于窗口聚合的规则。然后通过分析规则方式的优劣势，进一步引申出基于模型的异常检测方法，作为后续章节的铺垫。

# 第 5 章

# 基于概率统计的异常检测

基于概率统计的异常检测是一种常见的风控方法,其基本原理是通过学习数据的概率分布和无监督算法,首先了解正常行为的大盘概率分布,其次通过拟合优度(Goodness of Fit)比较模型预测值与实际观测值之间的差异,以便识别潜在的异常行为。这种方法通常避免引入深度学习模型,而专注于概率统计和无监督算法,以实现对异常的有效检测。其优势在于良好的可解释性和可控制性,使其在风控领域得到广泛应用。

## 5.1 异常检测中的概率知识

异常检测离不开概率知识,本节围绕异常检测中使用的基础数据概率知识展开。

### 5.1.1 抛硬币问题

日常生活中,人们常用抛硬币的方式来做选择,如图 5-1 所示。比如,足球比赛开赛前的场地挑边,裁判员会通过抛硬币的方式来决定场地和发球权。甚至我们熟知的诺贝尔奖,在多个候选人得票完全相同的情况下,最终获奖者也要求用抛硬币的方式来决定。可见,抛硬币问题是人们认为能够保证公平或者具有相同获胜概率的一种方式。

图 5-1 抛硬币问题

从抽象上来看，抛硬币问题其实是一个只有 1 和 0 两种可能结果（1 代表"成功"，0 代表"失败"）的单次随机试验，我们可以把硬币带有人头的一面朝上当作成功，否则为失败。那么对于一次随机试验而言，如果成功的概率为 $p$，那么失败的概率为 $1-p$，其期望为 $p$，标准差为 $\sqrt{p(1-p)}$，符合这种规律的随机试验被称为伯努利试验。

在广告与营销流量反作弊场景，同一个广告主下，每个独立时间、地点、用户发起的页面点击行为，都可以被视为单次伯努利试验。比如，我们可以把一次点击事件根据广告主维度做分组，然后观察这个分组下的点击。基于从打开营销活动页面浏览到点击事件发生的时间间隔做划分，假设取 10 秒作为划分阈值，则时间间隔小于或等于 10 秒的点击事件的观测结果是 1，而时间间隔大于 10 秒的点击的观测结果为 0。显然通过这样构造出来的点击事件只会有 1 和 0 两种结果，同时各个点击事件之间是相互独立的，和抛硬币问题类似，也是一个伯努利试验过程。

### 5.1.2 独立同分布

通过 5.1.1 节可以看到，每次抛硬币的结果都是相互独立的，且遵循相同的分布。在风控领域，这种独立同分布的概念同样被广泛应用。

独立同分布（Independent Identically Distribution，IID）是统计学中的一个基本概念，它涉及数据的两个重要性质：独立性和同分布性。独立性指的是数据点之间互不干扰，即一个数据点的出现不受其他数据点的影响。同分布性则是指所有的数据点都遵循同一个概率分布。

一般而言，我们认为风控业务中正常的样本数据是符合独立同分布假设的。在符合独立同分布的假设前提下，我们可以基于历史正常数据建立概率统计模型，如正态分布、泊松分布等。这些模型能帮助我们理解数据的正常行为模式，通过无监督的方式对广告与营销业务数据进行异常检测。

### 5.1.3 离散概率分布

所谓"离散"，是指随机变量只能取有限个或者可列举无穷多个值。前面的抛硬币问题，每个单次的抛硬币试验就是离散化的（结果取值只有 0 或 1）。常见的离散分布有伯努利分布、二项式分布、泊松分布、几何分布和多项式分布等。离散概率分布有两个重要函数：

1) 概率质量函数（Probability Mass Function，PMF）。它是离散随机变量 $X$ 在各特定取值上的概率 $P(x)$，其总和为 1。

2) 累积分布函数（Cumulative Distribution Function，CDF）。其定义为 $F(x) = P(X \leqslant x)$，是单调递增的，且满足 $F(-\infty)=0$ 和 $F(+\infty)=1$。对离散概率分布而言，它是所有小于或等于 $x$ 的值出现的概率之和。

对离散概率函数有初步了解后，我们继续顺着前面抛硬币问题展开具体的离散概率分布。

1. 伯努利分布

伯努利分布（Bernoulli Distribution），又称两点分布或者 0-1 分布，是一个离散型概率分布。若伯努利试验成功，则伯努利随机变量取值为 1；若伯努利试验失败，则伯努利随机变量取值为 0。记其成功概率为 $p(0 \leqslant p \leqslant 1)$，则失败概率为 $q=1-p$。

- 伯努利分布的概率质量函数为

$$f_X(x) = p^x(1-p)^{1-x} = \begin{cases} p, & x=1 \\ q, & x=0 \end{cases}$$

- 伯努利分布的期望为

$$E[X] = \sum_{i=0}^{1} x_i f_X(x) = 0 + p = p$$

- 伯努利分布的方差为

$$\mathrm{Var}[X] = \sum_{i=0}^{1}(x_i - E[X])^2 f_X(x) = (0-p)^2(1-p) + (1-p)^2 p = p(1-p) = pq$$

2. 二项式分布

前面介绍了单次伯努利试验的伯努利分布，而在概率论和统计学中，二项式分布（Binomial Distribution）是 $n$ 个独立的伯努利试验中成功的次数的离散概率分布。二项式分布的概率质量函数如图 5-2 所示。

若随机变量 $X$ 服从参数为 $n$ 和 $p$ 的二项式分布，可记为 $X \sim b(n,p)$ 或 $X \sim B(n,p)$。$n$ 次伯努利试验中有 $k$ 次成功的概率可以由概率质量函数得出：

$$f(k,n,p) = P(X=k) = \binom{n}{k} p^k (1-p)^{n-k}$$

式中，$k$ 的取值为 0，1，2，…，$n$；$\binom{n}{k} = \dfrac{n!}{k!(n-k)!}$ 为二项式系数，在组合数学领域又可

记作 C(n,k) 或 $C_n^k$。二项式分布的概率质量函数的物理含义是，对于 n 次伯努利试验，我们希望有 k 次成功 $p^k$ 和 n-k 次失败 $(1-p)^{(n-k)}$。实际上，这 k 次成功可以出现在 n 次伯努利试验的任意位置，把 k 次成功放置在 n 次试验中共有 C(n,k) 种不同的方法。

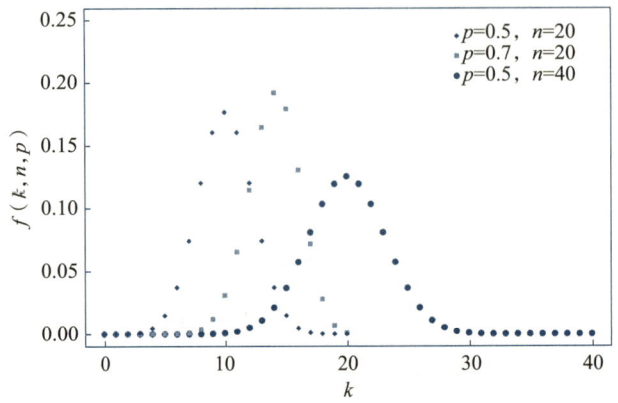

图 5-2　二项式分布的概率质量函数

二项式分布的累积分布函数为

$$F(x;n,p)=P(X\leq x)=\sum_{i=0}^{[x]}\binom{n}{i}p^i(1-p)^{n-i}$$

式中，[x] 是小于或等于 x 的最大整数。上面公式的物理含义是，n 次伯努利试验中，所有小于或等于 x 的成功次数 i 对应的概率求和。二项式分布的累积分布函数如图 5-3 所示，无论是 p=0.5 还是 p=0.7，在 n=20 的时候累积分布函数都为 1，代表所有可能的情况概率之和。

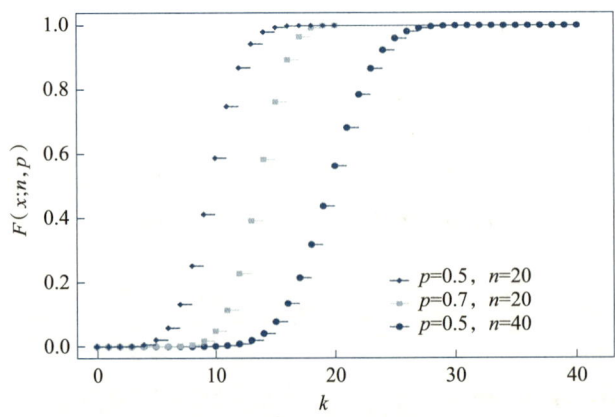

图 5-3　二项式分布的累积分布函数

根据前面抛硬币问题和伯努利试验我们知道，此类试验有两个可能的结果：1 和 0。前者发生的概率为 $p$，而后者发生的概率为 $1-p$，则该试验的期望值 $\mu=1\times p+0\times(1-p)=p$。该试验的方差也可以类似地计算：$\sigma^2=(1-p)^2p+(0-p)^2(1-p)=p(1-p)$。

二项式分布是 $n$ 次独立的伯努利试验的和。它的期望值和方差分别等于每次单独试验的期望值和方差的和：

$$\mu_n=\sum_{k=1}^{n}\mu=np,\quad \sigma_n^2=\sum_{k=1}^{n}\sigma^2=np(1-p)$$

### 3. 泊松分布

前面介绍的二项式分布的概率质量函数受 $n$ 和 $p$ 两个参数影响。当伯努利试验成功的概率 $p$ 极小，同时伯努利试验的次数 $n$ 足够大时，可以使用泊松分布（Poisson Distribution）刻画，且只需要一个表征单位时间（或单位面积）内随机事件平均发生次数的参数 $\lambda$，其中 $\lambda=np$。若 $X$ 服从参数为 $\lambda$ 的泊松分布，可记作 $X \sim \mathrm{Pois}(\lambda)$，泊松分布的期望和方差相同，都为 $\lambda$。

和伯努利分布、二项式分布一样，泊松分布也是一种统计与概率学中常见到的离散概率分布，由法国数学家西莫恩·德尼·泊松在 1838 年时发表。泊松分布适合于给定一个已知平均值的情况下描述单位时间内小概率随机事件发生的次数的概率分布。

在广告与营销反作弊业务中，可用于刻画某个营销活动场景下单位时间内受到的某些资源侧发起的广告点击次数。举个例子，根据业务日常的流量观察，可以统计到某营销活动搜索广告位下每个独立用户账号和 IP 的用户设备资源组合一天平均点击次数为 $\lambda=1$ 次，那么此广告主 1 天内广告点击次数为 10 次的概率就可以通过泊松分布近似得到。我们可以把单位时间（1 天）切分成 $n$ 个极小的格子，按照 1 秒（实际情况可能会更小）间隔划分，则 $n=86\,400$，如图 5-4 所示，则每秒内每个独立用户账号和 IP 组合在当前搜索广告位下点击发生的概率 $p=\lambda/n=1/86\,400$。

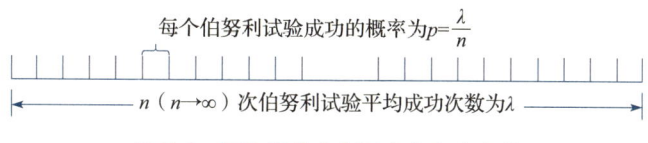

图 5-4 用泊松分布刻画广告点击事件

二项式分布的伯努利试验中，如果试验次数 $n$ 非常大，二项式分布的概率 $p$ 非常小，且乘积 $\lambda=np$ 比较适中，则事件出现的次数的概率可以用泊松分布来逼近。事实上,二项式分布可以看作泊松分布在离散时间上的对应物,我们可以根据二项式分布的概率质量函数在 $n$ 趋于无穷大的情况下来计算泊松分布的概率质量函数。

回顾一下,二项式分布的概率质量函数为

$$f(k,n,p) = P(X=k) = \binom{n}{k} p^k (1-p)^{n-k}$$

令 $p = \lambda/n$,那么在 $n$ 趋于无穷大的情况下则有

$$\lim_{n \to \infty} P(X=k) = \lim_{n \to \infty} \binom{n}{k} p^k (1-p)^{n-k}$$

$$= \lim_{n \to \infty} \frac{n!}{(n-k)!k!} \left(\frac{\lambda}{n}\right)^k \left(1-\frac{\lambda}{n}\right)^{n-k}$$

$$= \lim_{n \to \infty} \underbrace{\left[\frac{n!}{n^k(n-k)!}\right]}_{F} \left(\frac{\lambda^k}{k!}\right) \underbrace{\left(1-\frac{\lambda}{n}\right)^n}_{\to \exp(-\lambda)} \left(1-\frac{\lambda}{n}\right)^{-k}$$

$$= \lim_{n \to \infty} \underbrace{\left[\left(1-\frac{1}{n}\right)\left(1-\frac{2}{n}\right) \cdots \left(1-\frac{k-1}{n}\right)\right]}_{\to 1} \left(\frac{\lambda^k}{k!}\right) \underbrace{\left(1-\frac{\lambda}{n}\right)^n}_{\to \exp(-\lambda)} \left(1-\frac{\lambda}{n}\right)^{-k}$$

$$= \left(\frac{\lambda^k}{k!}\right) \exp(-\lambda)$$

因此可以得到泊松分布的概率质量函数为

$$P(X=k) = \frac{e^{-\lambda} \lambda^k}{k!}$$

式中,泊松分布的参数 $\lambda$ 是单位时间(或单位面积)内随机事件的平均发生次数。泊松分布的概率质量函数如图 5-5 所示。

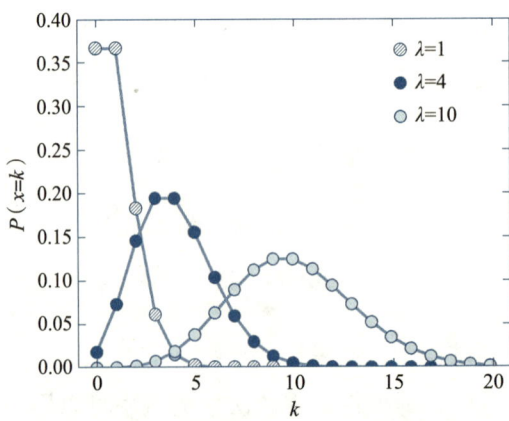

图 5-5 泊松分布的概率质量函数

泊松分布的概率质量函数横轴上是 0，5，10，15，20 等事件的离散值（表示事件的发生次数），纵轴上是事件在给定一个已知平均值下的发生概率。泊松分布可以对小概率事件进行建模，这种分布有时也被称为小数定律（Law of Small Numbers），因为事件不经常发生，但仍有很多机会让它发生。

从图 5-5 中可以看到，泊松分布的 $\lambda$ 值越小其分布越偏左，当 $\lambda$ 增大时泊松分布趋向于对称，基于概率统计学的中心极限定理，可近似为连续型的正态分布。在风控领域，符合正态分布的数据可以利用 $3\sigma$、Z-score（Z 分数，也称为标准分数）等经典方法做异常检测。

### 5.1.4 连续概率分布

和离线概率分布相对应，连续分布描述连续随机变量的可能值的概率。连续随机变量是具有一组无限且不可计数的可能值（称为范围）的随机变量。连续随机变量 $X$ 的概率被定义为其概率密度函数（Probability Density Function，PDF）曲线下的面积。因此，只有值范围才能具有非零的概率。连续随机变量等于某个值的概率始终为零。

经典的连续概率分布有均匀分布、指数分布、正态分布等。

#### 1. 均匀分布

如果连续型随机变量 $X$ 具有如下的概率密度函数，则称 $X$ 服从 $[a,b]$ 上的均匀分布（Uniform Distribution），记作 $X \sim U[a,b]$。

均匀分布的概率密度函数如图 5-6 所示，在 $[a,b]$ 区间内，每个随机变量 $X$ 发生的概率是均等的。

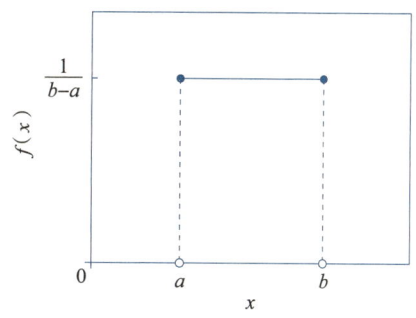

图 5-6 均匀分布的概率密度函数

均匀分布的概率密度函数如下：

$$f(x) = \begin{cases} \dfrac{1}{b-a}, & a \leq x \leq b \\ 0, & 其他 \end{cases}$$

#### 2. 指数分布

在概率论和统计学中，指数分布（Exponential Distribution）是一种连续概率分布。指数分布可以用来表示独立随机事件发生的时间间隔，比如旅客进入机场的时间间隔、电话打进客服中心的时间间隔。在流量反作弊场景，则可用于描述广告点击之间的时间间隔。

若随机变量 $X$ 服从参数为 $\lambda$ 的指数分布，则记作 $X \sim \text{Exp}(\lambda)$。指数分布的概率密度函数如下：

$$f(x) = \begin{cases} \lambda e^{-\lambda x}, & x > 0 \\ 0, & x \leq 0 \end{cases}$$

式中，参数 $\lambda$ 常被称为率参数（Rate Parameter），即每单位时间发生该事件的次数。指数分布的区间是 $[0, \infty)$。指数分布的期望和方差分别为 $1/\lambda$ 和 $1/\lambda^2$。指数分布的概率密度函数如图 5-7 所示。

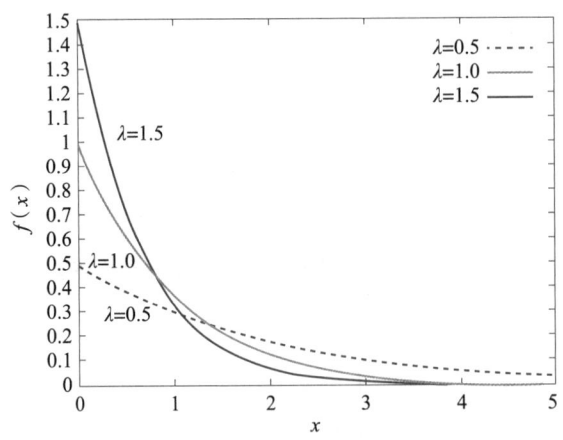

图 5-7 指数分布的概率密度函数

3. 正态分布

正态分布（Normal Distribution），又称高斯分布（Gaussian Distribution），是一个非常常见的连续概率分布。正态分布在统计学上十分重要，经常用在自然和社会科学中来代表一个不明的随机变量。若随机变量 $X$ 服从一个位置参数为均值 $\mu$、尺度参数为标准差 $\sigma$ 的正态分布，记作：

$$X \sim \mathcal{N}(\mu, \sigma^2)$$

正态分布的概率密度函数如图 5-8 所示，以均值所在位置呈对称钟形分布。

对应的正态分布概率密度函数为：

$$f(x) = \frac{1}{\sigma\sqrt{2\pi}} e^{-\frac{1}{2}\left(\frac{x-\mu}{\sigma}\right)^2}$$

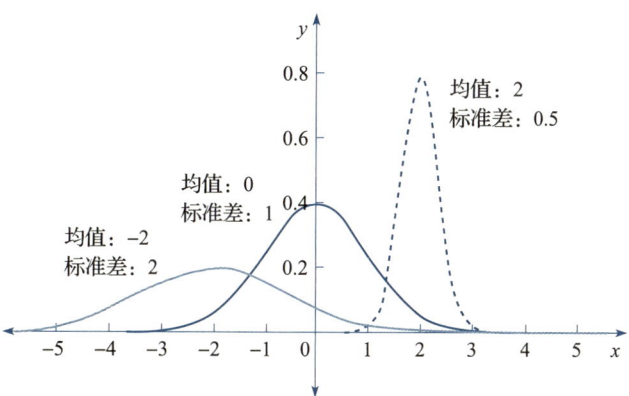

图 5-8　正态分布的概率密度函数

在前面离散概率分布的二项式分布和泊松分布部分我们曾介绍过,当伯努利试验的次数 $n$ 无限大的时候,基于中心极限定理(Central Limit Theorem,CLT),大量相互独立随机变量的均值经适当标准化后依分布收敛于正态分布。其中:

- 参数为 $n$ 和 $p$ 的二项式分布,在 $n$ 较大且 $p$ 接近于 0.5 的时候近似于正态分布,近似正态分布的平均数 $\mu=np$ 且方差 $\sigma^2=np(1-p)$,如图 5-9 所示。

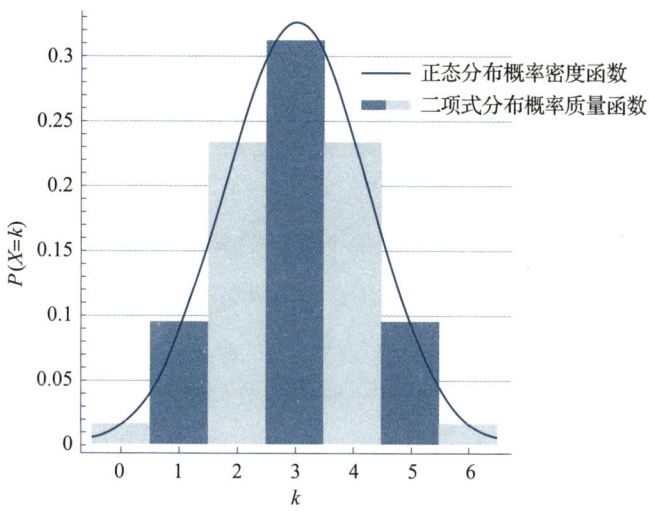

图 5-9　二项式分布和正态分布

- 参数为 $\lambda$ 的泊松分布,当取样样本数很大时将近似正态分布,平均数 $\mu=\lambda$ 且方差 $\sigma^2=\lambda$。

在异常检测实际应用场景中，通常会构造出一组数据，使其具有近似于正态分布的概率分布（根据中心极限定理），如果数据分布服从正态分布，则

- 约 68.3% 数值分布在距离平均值有 1 个标准差之内的范围。
- 约 95.4% 数值分布在距离平均值有 2 个标准差之内的范围。
- 约 99.7% 数值分布在距离平均值有 3 个标准差之内的范围。

上面的经验被称为"68-95-99.7 法则"或"$3\sigma$ 经验法则"（Three Sigma Rule of Thumb），如图 5-10 所示。

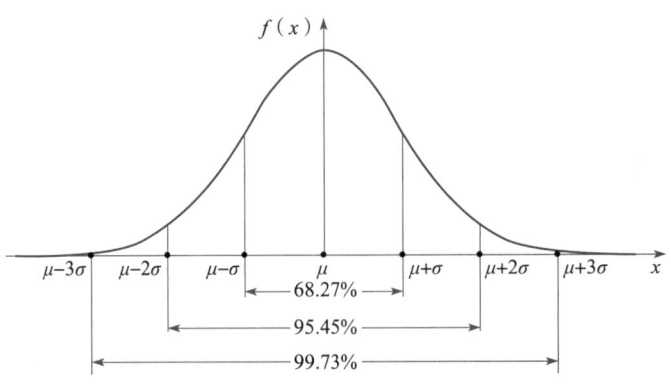

图 5-10　正态分布 $3\sigma$ 经验法则

$3\sigma$ 经验法则说明，如果一个观测事件符合正态分布，那么其成功发生次数超过 3 个标准差的概率小于 0.3%，在异常检测中可认为是一个小概率事件，因此通常可以用来做异常判定。

当然，在实际的工业生产环境中，单个维度的异常判定可以在一定程度上召回风险，但是难以保障持续的高精准，因此还会和集成策略综合应用。

除了 $3\sigma$ 经验法则，当异常检测的输入数据符合正态分布时，还可以基于 Z 分数来做异常检测。以标准差为尺子去度量某一原始分数偏离平均数的距离，这段距离含有多少个标准差，Z 分数就是多少，从而确定这一数据在全体数据中的位置。这一过程被称为标准化。转化的公式为

$$Z = \frac{x-\mu}{\sigma}$$

式中，变量 $x$ 是度量的实际观测值；$\mu$ 是平均值；$\sigma$ 是标准差。下面我们通过一个营销场景实际的例子来说明 Z 分数异常检测的用法。

某新能源汽车品牌厂商为了推广其新款电动车，在短视频 App 渠道投放了信息流广告。根据长时间的流量观察的统计，发现此汽车品牌厂投放的广告天级别点击数量逼近于一个均值为 666、标准差为 219 的正态分布，如图 5-11 所示。

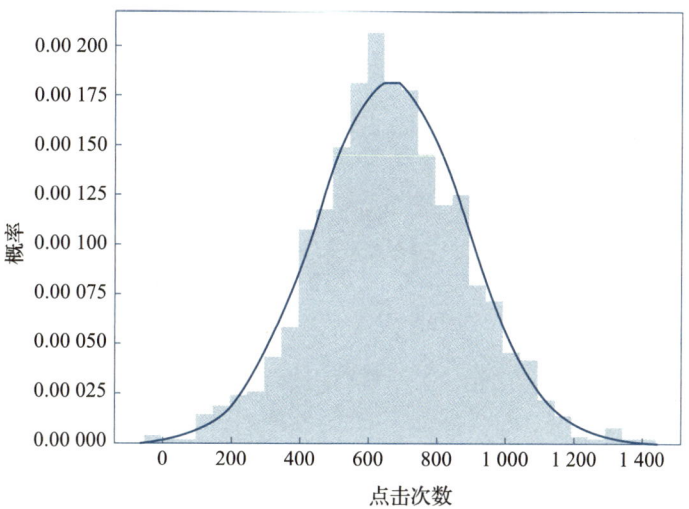

图 5-11　某汽车营销广告天级别点击次数分布

近期广告主发现点击流量有波动，这 30 天内广告主投放的广告点击数量分别为：676，523，516，647，698，538，547，624，532，1500，674，503，588，522，693，646，594，657，694，673，689，1400，548，540，678，537，644，637，640，632。

根据前面介绍的正态分布和 Z 分数异常检测算法，我们可以基于历史正常大盘算得的均值和标准差计算出最近 30 天的点击数量对应的 Z 分数值。一般来说，当 Z 分数大于 3 时认为观测值异常，则通过 Z 分数对近 30 天的广告点击次数做异常检测，如代码清单 5-1 所示，能够找出 1500 和 1400 两个异常值，这也符合图 5-11 中正态分布最右侧点击次数大于 1400 的事件发生概率非常小的统计分布事实。

代码清单 5-1　使用 Z 分数检测正态分布中的异常数据

```
#! /usr/bin/python
import numpy as np

data = [676, 523, 516, 647, 698, 538, 547, 624, 532, 1500, 674, 503, 588, 522, 693,
    646, 594, 657, 694, 673, 689, 1400, 548, 540, 678, 537, 644, 637, 640, 632]

threshold = 3
```

```
outliers = []
mean = 666

std = 219
for i in data:

    # 计算 Z-score
    zscore = (i-mean)/std
    # 当 Z-score 大于阈值时认为异常
    if zscore > threshold:
        outliers.Append(i)

# 输出 outliers in dataset are [1500, 1400]
print('outliers in dataset are', outliers)
```

## 5.2 拟合优度

5.1 节中介绍了异常检测中常用的统计概率分布，基于概率分布的异常检测通常会事先学习一个正常的大盘分布，然后再通过事件的观测值统计去拟合正常的大盘分布。这里所说的异常检测分布拟合，就是分析现有观测变量的分布形态，检查其分布能够与事先计算好的期望分布很好地匹配上。

概率统计模型的拟合优度（Goodness of Fit）描述了它与一组观测值的拟合程度，通常概括了观测值与所讨论模型下的预期值之间的差异。在异常检测领域，拟合优度可以用来比较预期的流量点击和实际流量点击之间的差异，进而得到流量异常分。

异常检测领域常见的拟合优度检测方法有卡方检验、G 检验和 K-S 检验等。

### 5.2.1 卡方检验

卡方检验（Chi-squared Test）是一种应用于分类（比如抛硬币，结果类型为正、反两种；掷骰子，结果类型有 6 种）数据集的统计假设检验，适合样本量较大的分布统计分析，用于评估观察到的数据集和期望数据集之间的差异偶然出现的可能性有多大。

卡方检验的公式为

$$\mathcal{X}^2 = \sum_{i=1}^{n} \frac{(O_i - E_i)^2}{E_i} = N \sum_{i=1}^{n} \frac{(O_i/N - p_i)^2}{p_i}$$

式中，$N$ 代表总观测次数；$n$ 代表待检验数据集总的类型数量；$O_i$ 代表第 $i$ 类型事件发生的观测值（Observed Count）；$E_i$ 代表第 $i$ 类型事件期望值（Expected Count），可以用 $Np_i$ 来表示，即总观测次数 $N$ 乘以第 $i$ 类型事件预期的发生概率 $p$。

卡方检验的结果值 $\chi^2$ 代表了观测值距离期望值之间的偏离程度，在超过一定范围后，值越大说明偏差越大，对应的事件发生的概率也就越低。其概率密度分布函数如图 5-12 所示。

在分类统计检验中，有一个经典的卡方分布表，$n$ 个类型的卡方检验可以用自由度为 $n-1$ 的卡方分布表查表得到分布概率。表 5-1 是卡方检验在自由度为 $k$ 条件下的上尾临界值概率分布表。在实际异常检测应用过程中，通常已知卡方

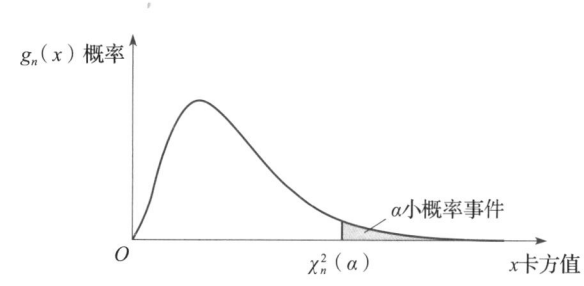

图 5-12　卡方值和对应概率分布

检验自由度 $k=n-1$，然后根据观测值和期望值求得卡方检验结果 $\chi^2$，最后通过查表的方式得到对应卡方检验值的概率，如果概率极小（比如低于 0.001），则认为发生了异常。

表 5-1　卡方分布表

| 自由度 $k$ | $P$（概率） | | | | | | | | | | |
|---|---|---|---|---|---|---|---|---|---|---|---|
| | 0.95 | 0.90 | 0.80 | 0.70 | 0.50 | 0.30 | 0.20 | 0.10 | 0.05 | 0.01 | 0.001 |
| 1 | 0.004 | 0.02 | 0.06 | 0.15 | 0.46 | 1.07 | 1.64 | 2.71 | 3.84 | 6.64 | 10.83 |
| 2 | 0.10 | 0.21 | 0.45 | 0.71 | 1.39 | 2.41 | 3.22 | 4.60 | 5.99 | 9.21 | 13.82 |
| 3 | 0.35 | 0.58 | 1.01 | 1.42 | 2.37 | 3.66 | 4.64 | 6.25 | 7.82 | 11.34 | 16.27 |
| 4 | 0.71 | 1.06 | 1.65 | 2.20 | 3.36 | 4.88 | 5.99 | 7.78 | 9.49 | 13.28 | 18.47 |
| 5 | 1.14 | 1.61 | 2.34 | 3.00 | 4.35 | 6.06 | 7.29 | 9.24 | 11.07 | 15.09 | 20.52 |
| 6 | 1.63 | 2.20 | 3.07 | 3.83 | 5.35 | 7.23 | 8.56 | 10.64 | 12.59 | 16.81 | 22.46 |
| 7 | 2.17 | 2.83 | 3.82 | 4.67 | 6.35 | 8.38 | 9.80 | 12.02 | 14.07 | 18.48 | 24.32 |
| 8 | 2.73 | 3.49 | 4.59 | 5.53 | 7.34 | 9.52 | 11.03 | 13.36 | 15.51 | 20.09 | 26.12 |
| 9 | 3.32 | 4.17 | 5.38 | 6.39 | 8.34 | 10.66 | 12.24 | 14.68 | 16.92 | 21.67 | 27.88 |
| 10 | 3.94 | 4.86 | 6.18 | 7.27 | 9.34 | 11.78 | 13.44 | 15.99 | 18.31 | 23.21 | 29.59 |

自由度为5最接近的卡方值

下面举例来说明如何通过卡方检验做异常检测。我们将一个 6 面的骰子掷 600 次，它以 1、2、3、4、5、6 面朝上落地的次数分别为 97、150、93、90、80、90，分布如图 5-13 所示。那么这个试验观测到的结果数据分布是否合理就可以借助卡方检验来得到结果。

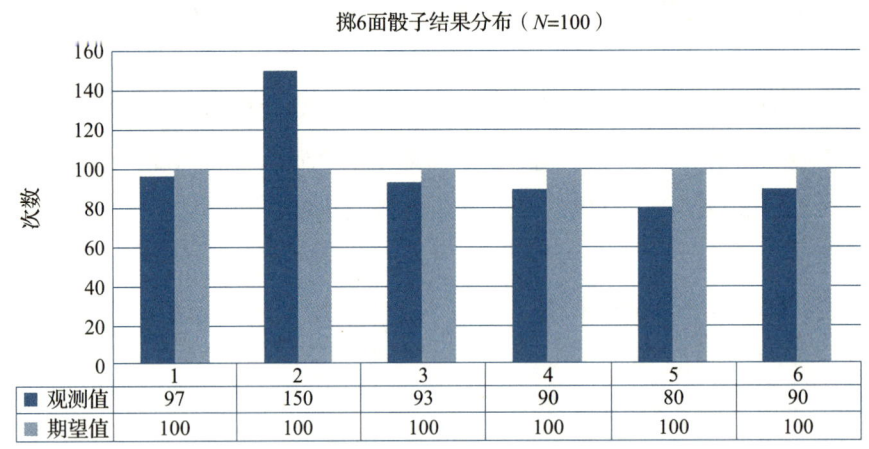

图 5-13　掷骰子结果分布

6个面的骰子，每面朝上的概率是等频的1/6（约为16.7%），则掷1000次每面朝上的期望值为100次。把每个面朝上的观测值和期望值制作成表格（见表5-2）。

表 5-2　卡方检验异常检测

| $i$ | $O_i$ | $E_i$ | $O_i - E_i$ | $(O_i - E_i)^2$ |
| --- | --- | --- | --- | --- |
| 1 | 97 | 100 | −3 | 9 |
| 2 | 150 | 100 | 50 | 2 500 |
| 3 | 93 | 100 | −7 | 49 |
| 4 | 90 | 100 | −10 | 100 |
| 5 | 80 | 100 | −20 | 400 |
| 6 | 90 | 100 | −10 | 1 |
| 和 | | | | 3 059 |

代入上面的卡方检验公式得到卡方检验值为30.59，查询前面的卡方检验表格（见表5-1）可知这是一个极低的概率，则可以认为有异常发生。

## 5.2.2　G检验

G检验（G-test）也称为似然比检验、对数似然比检验，在样本量充分的前提下，可用于检验是否每个类别的观察值数量都符合理论预期值，G检验可以认为是卡方检验的另一种替代方式。

G检验的公式为

$$G = 2\sum_{i=1}^{n} O_i \ln \frac{O_i}{E_i}$$

式中，$G$ 代表 G 检验值；$O_i$ 代表观测值；$E_i$ 代表期望值。

如图 5-14 所示，以营销流量点击反作弊应用举例，假设某营销活动页面的搜索词对应活动点击次数按照 1 小时粒度划分，通过对过去 1 个月时间跨度做统计，我们可以得到每个小时段的点击数量期望值 $E_1$，$E_2$，$E_3$，…，$E_{24}$。对于作弊检测应用的时间段，我们可以把点击流量划分到 24 小时的分桶内，进而得到每个小时分桶内的点击数量 $O_1$，$O_2$，$O_3$，…，$O_{24}$，然后套用 G 检验的公式，即可得到一个观测点击量和期望点击量之间的分布差异度量值 $G$。$G$ 越大代表观测的点击分布和期望的点击分布差异越大，从而捕获出作弊点击流量。

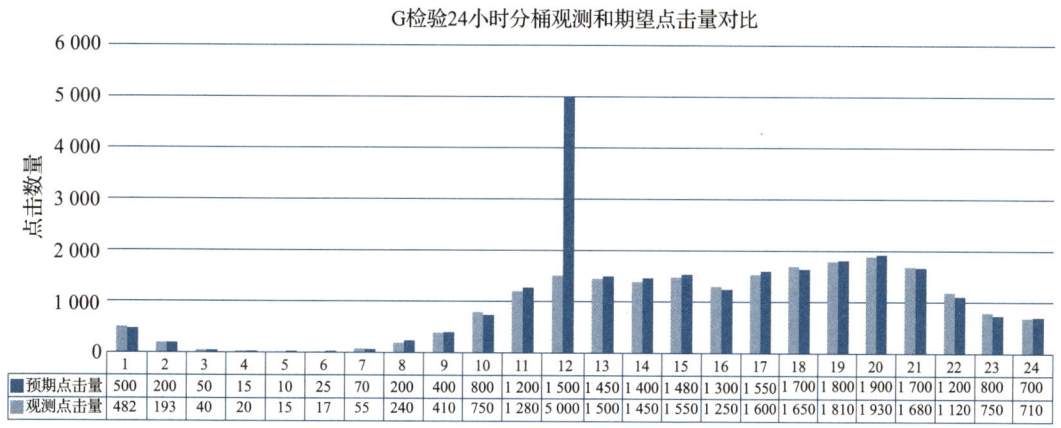

图 5-14　按小时分桶的观测和预期活动点击数量分布

给定如图 5-14 所示的 24 小时分桶预期点击量和观测点击量，可以计算出观察时间内的 G 检验值约等于 12 194。根据对此业务正常情况历史数据的观测，G 检验值范围在几百以内都是合理的。图 5-14 中的这组数据因为 12 点的点击量出现明显的波动，导致 G 检验值超过 10 000，此数值可以作为异常数据的度量。G 检验过程如代码清单 5-2 所示。

**代码清单 5-2　G 检验识别异常点击流量**

```
import math

# 每小时期望点击数量
```

```python
e_cnt_list = [500, 200, 50, 15, 10, 25, 70, 200, 400, 800, 1200, 1500, 1450, 1400,
    1480, 1300, 1550, 1700, 1800, 1900, 1700, 1200, 800, 700]
# 每小时观测点击数量
o_cnt_list = [482, 193, 40, 20, 15, 17, 55, 240, 410, 750, 1280, 5000, 1500, 1450,
    1550, 1250, 1600, 1650, 1810, 1930, 1680, 1120, 750, 710]

# G 检验方法
def g_test(o_cnt_list, e_cnt_list):
    g_test_val = 0.0
    n = len(o_cnt_list)
    for i in range(0, n):
        e_cnt_i = e_cnt_list[i]
        o_cnt_i = o_cnt_list[i]
        g_test_val = g_test_val + o_cnt_i * math.log(o_cnt_i / e_cnt_i)
    return 2 * g_test_val

if __name__ == '__main__':
    g_test_result = g_test(o_cnt_list, e_cnt_list)
    # G-test value is:  12194.296218525405
    print("G-test value is: ", g_test_result)
```

### 5.2.3 K-S 检验

Kolmogorov-Smirnov 检验（简称 K-S 检验）是一种用于评估一个样本分布是否符合理论分布或两个样本是否来自同一分布的非参数检验方法。它的核心思想是比较观察到的累积分布函数与理论累积分布函数或两个样本之间的累积分布函数的差异。

K-S 检验的计算公式如下：

$$D_n = \max_{1 \leq i \leq n} | \hat{F}_n(x_i) - F(x_i) |$$

式中，$n$ 是样本容量；$\hat{F}_n(x_i)$ 是经验分布函数；$F(x_i)$ 是理论分布函数。

K-S 检验通过计算统计量 $D$，即最大差异值，来判断样本数据与理论分布或两个样本之间的一致性。如果统计量 $D$ 的值较小，则表明观察到的数据与理论分布或两个样本之间的差异较小，可以认为它们的拟合优度较好。

K-S 检验用于累积分布函数（CDF）的分布检验如图 5-15 所示。实际风控业务应用中，我们可以通过对观测值和期望值进行对比来发现异常；另外，也可以基于 K-S 检验来验证构造的数据是否符合某种分布假设，比如检查目标分布是否符合正态分布。

总结来说，相比于卡方检验，K-S 检验是一种非参数方法，不需要数据存在特定分布假设，因此更加灵活。与 G 检验相比，K-S 检验更加注重整体数据分布的拟合情况，

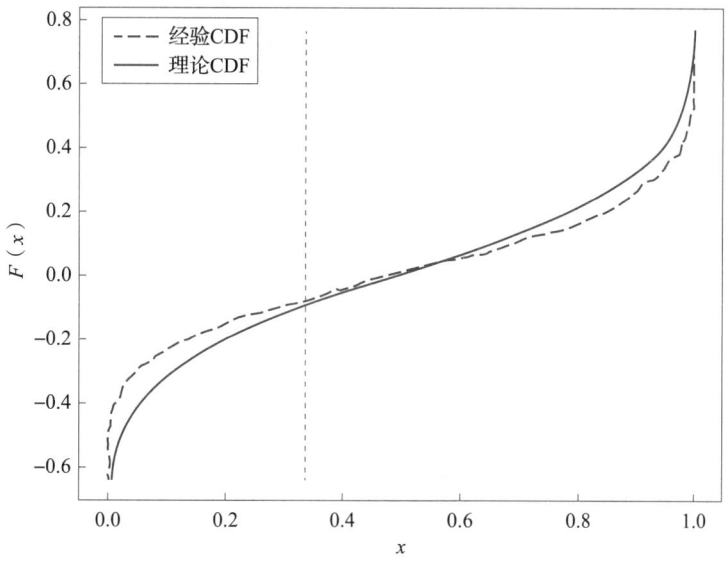

图 5-15 K-S 检验用于累积分布函数的分布检验

而 G 检验更加关注期望样本和观测样本之间的相对数据大小关系。在实际生产使用过程中，我们可以根据数据分布情况，结合具体的异常检验需求来做选择。

## 5.3 极值分析和尾概率约束

概率分布中的极值称为分布尾，极值分析的统计方法量化了分布尾部的概率。对于实际的异常检测应用场景来说，大盘分布尾部的概率值非常低，尾概率不等式约束了这些极值的合理概率取值范围。如果超过不等式的约束，则认为是异常极值。

业界使用的分布尾概率不等式一般可分为弱约束性不等式和强约束性不等式两类，前者以马尔可夫不等式和切比雪夫不等式为代表，后者则以霍夫丁不等式和切尔诺夫界为代表。

### 5.3.1 马尔可夫不等式

马尔可夫不等式（Markov's Inequality），也称马尔科夫不等式。马尔可夫不等式是概率统计学中最基本的不等式，其把概率与数学期望关联，给出了非负数随机变量的累积分布函数一个宽泛但仍有用的界，相当于随机变量的函数大于或等于某正数的概率的上界约束。

其定义形式如下，若随机变量 $X$ 只取非负值，那么以下不等式成立：

$$P(X \geq a) \leq \frac{E[X]}{a}$$

图 5-16 展示了马尔可夫不等式对于变量 $X>a$ 的概率上界约束。根据马尔可夫不等式可得，变量 $X>a$ 的概率上界不会超过 $E[X]/a$，即图中右侧阴影区域。

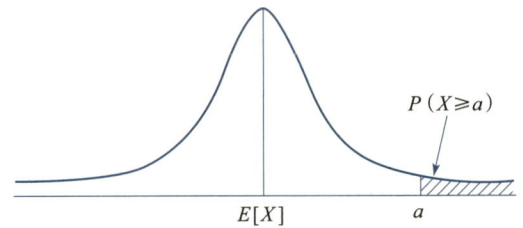

图 5-16　马尔可夫不等式约束右侧阴影区域的概率上界

在营销风控实际的应用中，如图 5-17 所示，观测到某营销活动广告位关键词"电磁炉"的点击量非常高，单日达到了 50 000 次，那么这是否是异常事件？

图 5-17　某电商活动期间搜索词"电磁炉"点击量出现波动

我们按照概率统计的方式来分析，通常会将待检测数据集事先计算好某些维度的统计期望 $E[X]$。比如，根据过去 6 个月此营销活动广告位搜索词"电磁炉"统计，得到每天的期望点击量 $E[X]=1000$，然后将检测数据的观测值 $a=50\,000$ 带入马尔可夫不等式中，那么根据马尔可夫不等式则有 $P(X>50\,000) \leq 1000/50\,000$，即 $P(X>50\,000) \leq 0.02$。这说明当前营销活动广告位搜索词点击量大于 50 000 次的概率不可能超过 2%，这是个非常小概率的事件，可以作为异常判定的一种依据。

另外要注意的是，不同于学术研究，在营销风控的实际生产应用中，还必须考虑到每天营销活动的大盘流量是波动的，所以期望 $E[X]$ 也会根据大盘流量的个数而动态调整。如果在电商平台的"618""双11"等大促活动期间,整个营销活动平台整体的广告位搜索词其实都会上涨,那么这时候我们如果还按照过去 6 个月日常周期计算出来的期望值显然不合理。比如,搜索词"电磁炉"点击量从日常的平均 1000 次上涨到了"618"的 50 000 次,但是在活动期间,几乎所有搜索词点击量都涨了几十倍,那这个事件就不能被认为是异常事件。

在这种情况下,我们可以借助符合独立同分布的随机变量二项式分布特性来计算期望。比如,根据过去 6 个月的点击日志,统计到搜索词"电磁炉"在大盘日志中出现的概率为 0.0001,日常大盘日志量均值为 1000 万,则搜索词"电磁炉"的日常点击数量期望值 $E = np = 10\,000\,000 \times 0.0001 = 1000$;在"双11"大促活动期间,整体大盘日志量上涨 30 倍到 3 亿,则搜索词"电磁炉"的大促期间点击数量期望值 $E = np = 300\,000\,000 \times 0.0001 = 30\,000$。此时再次将检测数据的观测值 $a = 50\,000$ 代入马尔可夫不等式中,那么根据马尔可夫不等式则有 $P(X > 50\,000) \leq 30\,000/50\,000$,即 $P(X > 50\,000) \leq 0.60$,说明大促期间搜索词"电磁炉"点击量大于 50 000 的概率最大可达到 60%,那么就不能通过这个维度简单认为这是一个明显的异常事件了。

### 5.3.2 切比雪夫不等式

通过马尔可夫不等式的定义可以观察到,马尔可夫不等式仅能对非负数随机变量约束其上尾分布极值,而实际数据中不太可能仅有非负数,且就分布而言,会出现双端极值(上尾和下尾),那么马尔可夫不等式就不适用了。这种情况可以借助切比雪夫不等式实现任意随机变量的双端极值尾概率约束,从而判定是否异常。

在概率和统计学中,切比雪夫不等式(Chebyshev's Inequality)显示了随机变量的"几乎所有"值都会"接近"平均。切比雪夫不等式对任何分布形状的数据都适用。可表示为:对于符合期望为 $E(X)$,标准差为 $\text{Var}(X)$ 的分布,在任意变量 $b > 0$ 时有

$$P(|X - E(X)| \geq b) \leq \frac{\text{Var}(X)}{b^2}$$

另一种表示方法是和 $k$ 倍标准差的分布差距概率的约束。切比雪夫不等式定义了任意随机变量 $X$ 和其所在分布均值 $\mu$ 的差距大于 $k$ 倍标准差 $\sigma$ 的概率不会超过 $\frac{1}{k^2}$,如下所示:

$$P(|X-\mu| \geq k\sigma) \leq \frac{1}{k^2}$$

基于上面的不等式定义，当 $k$ 分别取 2、3、4 时，我们可以得到：

- 与均值 $\mu$ 相差 2 个标准差 $\sigma$ 以上的值，其数量不超过 1/4。
- 与均值 $\mu$ 相差 3 个标准差 $\sigma$ 以上的值，其数量不超过 1/9。
- 与均值 $\mu$ 相差 4 个标准差 $\sigma$ 以上的值，其数量不超过 1/16。

图 5-18 展示了符合正态分布数据的 $3\sigma$ 经验法则和符合任意分布的切比雪夫不等式对于分布极值概率的约束。如果数据符合正态分布，那么随机变量 $X$ 的取值和均值之间的差距大于 3 倍标准差的概率最大不会超过 0.3%，这是一个非常小的概率。但是在实际生产业务场景中，数据分布往往是有偏的。如果数据不符合正态分布，而仅有均值 $\mu$ 和标准差 $\sigma$ 约束，那么根据切比雪夫不等式可得，对于任意随机变量 $X$，其取值和均值之间的差距大于 3 倍标准差的概率不会超过 1/9，约等于 11.12%。可以看到这个值要比正态分布的 $3\sigma$ 约束尾部极值概率宽松得多，这也是切比雪夫不等式被称为弱约束不等式的原因。

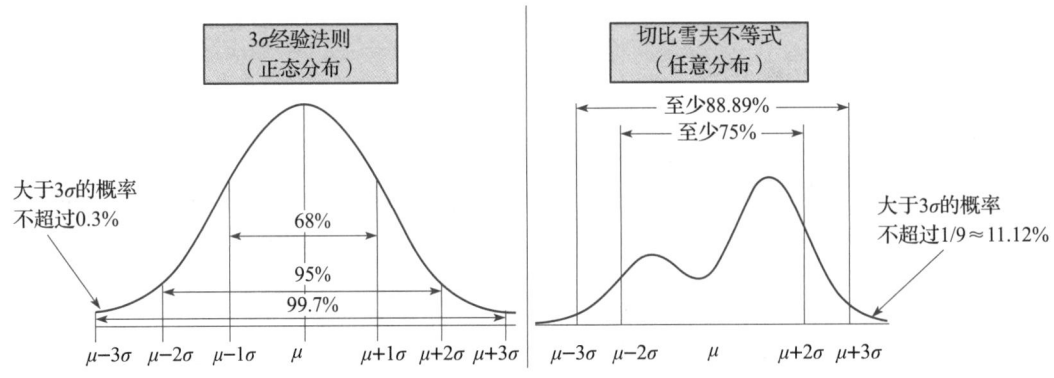

图 5-18 正态分布 $3\sigma$ 经验法则和切比雪夫不等式

基于上面介绍的切比雪夫不等式的定义和特征，我们可以发现，使用切比雪夫不等式作为统计分布异常检测的极值分析方法，在识别异常时的判定阈值是相对保守的，只有当极值概率特别大的时候才能捕获异常，这代表着策略具备较高的精准度。但另外也说明基于切比雪夫不等式做异常检测的召回能力相对有限。

在营销风控实际业务应用中，通过使用切比雪夫不等式做分布尾的极值分析可以用于小型业务冷启动阶段的高精准度自动生成的防御性风控策略。

### 5.3.3 切尔诺夫界

回顾一下 5.1.1 节的抛硬币问题，在营销风控实际应用中，我们可以把活动的曝光、点击等行为按照某些维度（如搜索词、广告位、店铺名称、媒体渠道 ID 等）划分成组，然后在每个组内定义伯努利随机试验（如访问某搜索广告位页面的用户 Cookie 是否是在最近 24 小时内生成的，仅存在是和否两种结果）。这样在有 $n$ 条流量行为日志的分组内，就形成了 $n$ 次伯努利试验，从而构成二项式分布。

前面介绍的马尔可夫不等式和切比雪夫不等式都是针对无任何多余限制条件的随机变量 $X$ 做分布尾的极值异常检测，如果应用到营销流量反作弊实际业务场景中，其给出的分布尾约束概率会过于宽泛，导致召回不足。我们需要一个在给定二项式分布条件下更严格的分布尾概率约束的方法，切尔诺夫界便可以适用于此。

在概率和统计学中，切尔诺夫界给出了独立随机变量之和的尾部分布的指数递减边界。切尔诺夫界的加法形式称为"切尔诺夫-霍夫丁定理"。假设 $X_1, \cdots, X_n$ 是独立同分布的随机变量，取值在 $[0,1]$ 之间。令 $p = E[X]$ 且 $\varepsilon > 0$，则有：

$$P\left(\frac{1}{n}\sum X_i \geq p+\varepsilon\right) \leq \left(\left(\frac{p}{p+\varepsilon}\right)^{p+\varepsilon}\left(\frac{1-p}{1-p-\varepsilon}\right)^{1-p-\varepsilon}\right)^n = e^{-D(p+\varepsilon\|p)n}$$

$$P\left(\frac{1}{n}\sum X_i \leq p-\varepsilon\right) \leq \left(\left(\frac{p}{p-\varepsilon}\right)^{p-\varepsilon}\left(\frac{1-p}{1-p+\varepsilon}\right)^{1-p+\varepsilon}\right)^n = e^{-D(p-\varepsilon\|p)n}$$

其中，$D(x\|y)$ 代表变量 $x$ 相对于变量 $y$ 的 K-L 散度：

$$D(x\|y) = x\ln\frac{x}{y} + (1-x)\ln\frac{1-x}{1-y}$$

另外，在二项式分布中，导出累积概率函数对应分布上界的概率为

$$F(k,n,p) \leq \exp\left(-nD\left(\frac{k}{n}\middle\| p\right)\right)$$

我们把上面的切尔诺夫界尾概率约束绘制成图，如图 5-19 所示。令公式中 $n = 1000$，即进行 1000 次伯努利试验，$p = 0.5$，即试验成功的概率为 0.5，那么根据切尔诺夫界公式可得，进行 1000 次伯努利试验 $X \sim B(n=1000, p=0.5)$，当观测的试验成功次数为二项式分布的期望 $E = np = 500$ 时，其概率最大值为 1，这也非常符合二项式分布的试验规律；当观测的试验成功次数为 539 时，其概率应不超过 0.0476，且距离期望值越远，切尔诺夫值越小，这个值可以用作异常分布的表征。

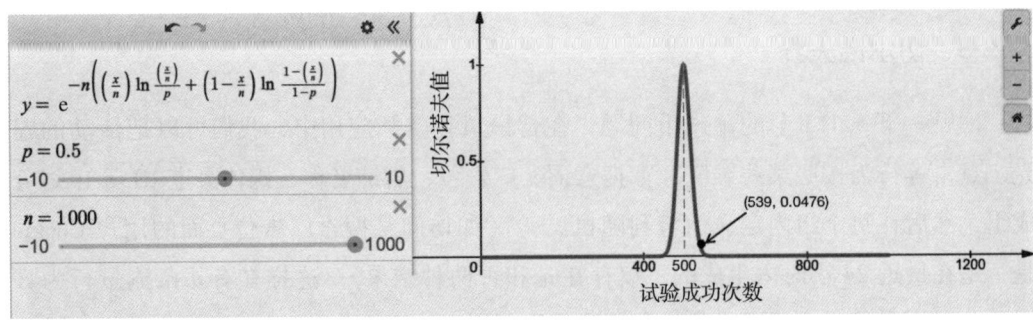

图 5-19 二项式分布的切尔诺夫界

相比于前面提到的马尔可夫不等式和切比雪夫不等式，切尔诺夫界多考虑了二项式分布的条件约束，因此得到的 $P(X>t)$ 的尾分布概率会更加严格。切尔诺夫界可以用来计算某个观测值在二项式分布中发生的最大概率，当构造的独立同分布事件发生的可能性极低时，切尔诺夫值会出现波动，从而发现异常。

需要注意的是，只要观测试验成功次数偏离期望一点，切尔诺夫值就会出现比较大的下降，尤其是试验次数 $n$ 比较大时，其分布变化梯度是非常陡峭的。在实际业务应用中，一定要精心构造二项式分布并选择合理范围的伯努利试验次数，否则切尔诺夫值的抖动会影响线上业务模型的过滤效果。

可以看到二项式分布的试验次数 $n$ 较大时，切尔诺夫值波动会比较大，容易产生误判，那么有没有更好的概率约束方法呢？下面介绍的中心极限定理便可以解决这个问题。

### 5.3.4 中心极限定理

前面介绍的马尔可夫不等式、切比雪夫不等式和切尔诺夫界都是针对离散随机变量进行分布尾极值分析的方法，通过中心极限定理我们可以在构造出的伯努利试验次数非常大的情况下，将其近似于连续概率的正态分布，并可应用正态分布的特性做异常检测。

中心极限定理（Central Limit Theorem，CLT）是概率论中的一组定理。中心极限定理指出，随着随机变量数量 $N$ 的增加，许多具有有限方差的独立的且相同分布的随机变量的总和将趋于正态分布。这一定理是数理统计学和误差分析的理论基础，指出了大量随机变量之和近似服从正态分布的条件，伯努利分布、二项式分布和泊松分布都符合这一定理。因此在异常检测中可以先构造大量独立同分布的伯努利试验，再通过中心极限定理近似逼近的方式使用3σ经验法则、Z分数等识别异常。

图 5-20 展现了 10 000 次抛硬币的伯努利试验，在每次抽样的样本数为 200（抛掷 200 次硬币）的情况下，出现正面朝上的概率统计分布，非常直观地能够看出，其分布形态逼近于正态分布。

在使用中心极限定理将离线概率分布近似成连续概率分布后，关于连续概率分布的异常检测方法，在 5.1.4 节连续概率分布部分已经详细介绍，读者可查阅具体的应用方法，本节不再赘述。

另外需要注意的是，在营销风控工业生产实际应用过程中，数据分布往往不是那么理想的，不是随便拿一份数据简单做一下数据清洗和转化就行。通常构造一个能够逼近于正态分布的数据集需要根据具体业务情况精雕细琢，在某些场景下，还

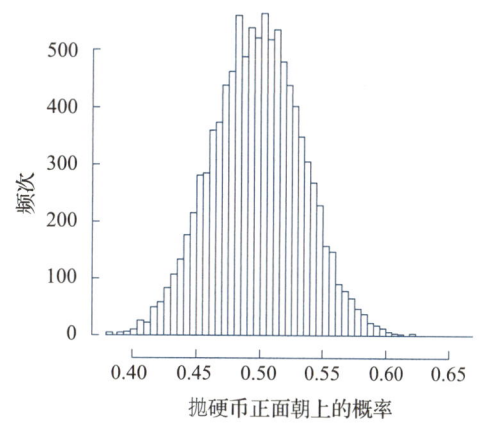

图 5-20　10 000 次抛硬币正面朝上的概率分布逼近于正态分布

需要视业务方要求来决定是否可以接受一定的精度损失，这些在实际应用中都需要和业务结合得更加紧密方可取得更好的风控效果。

## 5.4　多维随机变量异常检测

前三节我们介绍了基于单维变量的离散概率分布和连续概率分布的基本异常检测算法。通过对营销活动构建伯努利试验，我们可以得到二项式分布，基于拟合优度检验、分布极值分析等技术可以得到单维度变量的异常分。进一步，当伯努利试验次数 $n$ 很大时，利用中心极限定理，可以用连续的正态分布来逼近二项式分布，使用3σ经验法则或 Z 分数能够度量单维正态分布的异常分。

但是在实际的工业生产营销活动应用中，风控从业者面临的数据通常不会仅仅是单维度的，如果不考虑数据之间的相关性，只是粗犷地划分维度组合，然后计算每个维度的异常分，最后简单用求和等方式得到多维变量异常分，这将在一定程度上影响

算法效果。尤其是选择的维度如果不是相互独立的，而是存在相关性的情况，异常检测的算法效果折损会更加严重。

另外，真实的业务数据构建出优雅的正态分布钟形曲线是不容易的，因此直接使用正态分布假设去做异常检测往往需要营销业务方接受一些精度损失的折中，但是当业务不能容忍损失的时候，简单的正态分布假设就不适用了。

通过上面的分析可以发现，我们需要一种在多维变量的真实业务数据集下，综合考量各个维度独立的分布以及它们之间分布相关性的异常检测方法。

本节将分别介绍两种针对多维变量分布的异常检测方法：COPOD 和 ECOD。它们基于经验累积分布函数（Empirical Cumulative Distribution Function，ECDF）构造多维变量的联合概率分布，在多维空间里计算分布尾概率，作为异常点的表征。

## 5.4.1 COPOD

COPOD（Copula-Based Outlier Detection）是一种基于概率统计的无监督异常检测方法，发表于 ICDM' 20。与传统的异常检测算法相比，COPOD 具有以下优势。

- 不需要超参数。这得益于 COPOD 使用经验累积分布函数，不用传统机器学习模型训练，因此就不涉及任何超参数调节工作。
- 算法效果卓越。论文在经典的 30 个数据集合上对比了 COPOD 和另外 9 种流行异常检测算法，在保持良好的召回和精准的前提下，COPOD 执行性能基准也排名靠前。
- 可解释性强。COPOD 可以对多维异常分布的每个独立维度进行异常值量化解释，从而让风控从业者可以分阶段提升每个独立维度的数据质量。回顾 4.2 节异常检测面临的问题和挑战，便能知道可解释性这一点对于实际工业生产场景风控应用来讲有多么重要。

COPOD 算法建立在多维变量的边缘分布和联合分布的基础概率关系上，通过 Copula 函数可以将多维变量各自的边缘分布和它们之间的联合分布连接起来，从而可以在多维空间做联合分布尾的极值概率分析进而发现异常。

针对 COPOD 算法，下面分别从多维变量的联合分布和边缘分布、Copula 函数、COPOD 算法核心思路、COPOD 异常检测应用 4 个方面展开介绍。

1. 多维变量的联合分布和边缘分布

联合分布（Joint Distribution）是指在概率论和统计学中，对定义在相同样本空间

的两个随机变量 $X$ 和 $Y$，其联合分布是同时对于 $X$ 和 $Y$ 的概率分布。以二维情形为例，设 $(X,Y)$ 是二维随机变量，$x$ 和 $y$ 是任意实数，下面的二元函数被称为二维随机变量 $(X,Y)$ 的分布函数，或称为 $X$ 和 $Y$ 的联合分布函数。

$$F_{XY}(x,y) = P(X \leq x \cap Y \leq y) = P(X \leq x, Y \leq y)$$

如图 5-21 所示，我们可以将二维随机变量 $(X,Y)$ 看成平面上随机点的坐标，二维联合分布函数 $F(x,y)$ 在 $(x,y)$ 处的函数值就是随机点 $(X,Y)$ 落在以 $(x,y)$ 为顶点的左下方的无穷矩形区域内的概率。

通过图 5-21 可以发现，其实二维随机变量的联合概率分布计算的是 $P(X \leq x, Y \leq y)$，但是在实际的异常检测应用中，我们需要计算的是多维随机变量分布下的分布尾概率，即 $P(X>x, Y>y)$。这个概率可以通过 $1-F(x,\infty)-F(\infty,y)+F(x,y)$ 计算得到，直观的理解是用一个大的无穷矩形减去两个小的无穷矩形，但是在这个过程中多减了一个重合部分的面积，要将它加回来，如图 5-22 所示。

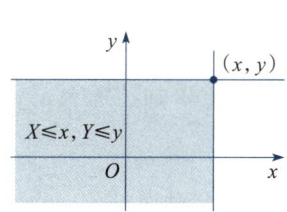

图 5-21 二维随机变量的联合概率分布

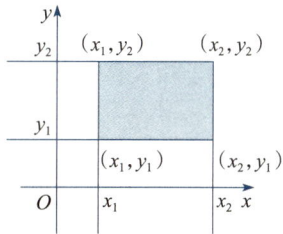

图 5-22 二维随机变量的联合分布尾概率

联合分布表示的是同时考虑多维随机变量的分布概率。在多维随机变量分布下，我们也可以只关注某个子空间的分布情况，这就是边缘分布。

边缘分布（Marginal Distribution）也称边际分布，是指在概率论和统计学的多维随机变量中，只包含其中部分变量的概率分布。

假设存在一个概率分布函数 $P$，跟两个变量 $x$ 和 $y$ 相关，其可表示为

$$P(x,y)$$

那么关于其中一个特定变量 $x$ 的边缘分布为给定其他变量的条件概率分布：

$$P(x) = \sum_y P(x,y) = \sum_y P(x|y)P(y)$$

通过上面的公式，我们可以发现，在这个不考虑变量 $y$，关于变量 $x$ 的边缘分布中，我们得到只关于一个变量的概率分布，而不再考虑另一变量的影响，实际上相当于对联合分布进行了多维空间的数据降维操作，如图 5-23 所示。

### 2. Copula 函数

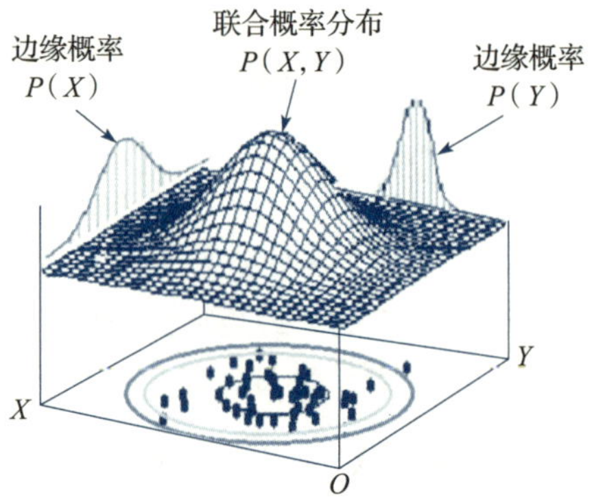

Copula 这个单词来自拉丁语，意思是"连接"或者"关联结构"。在概率和统计学中，Copula 函数描述的是随机变量间的相关性。实际上，Copula 函数是一类将联合分布函数与它们各自的边缘分布函数连接在一起的函数，因此也有人将它称为连接函数。Copula 函数最初应用在金融领域，作为投行的风险建模工具，后来逐渐被应用到风控领域。

图 5-23 双变量的边缘分布

根据 Sklar 定理，对于 $N$ 个随机变量的联合分布，可以将其分解为这 $N$ 个变量各自的边缘分布和一个描述变量之间相关结构的 Copula 函数，从而将变量的随机性和耦合性分离开来。其中，随机变量各自的随机性由边缘分布进行描述，随机变量之间的耦合特性由 Copula 函数进行描述。换句话说，一个联合分布关于相关性的性质，完全由其 Copula 函数决定。

Copula 函数使得多维随机变量的异常检测只需要关注各个独立变量的边缘分布，然后基于 Copula 函数把各个维度连接起来即可。

如果已知二维联合分布函数 $H$，边缘分布 $F$ 和 $G$，那么对应的 Copula 函数可以表示为

$$C(u,v) = H(F^{-1}(u), G^{-1}(v))$$

式中，$F^{-1}(u)$ 代表 $F(u)$ 的反函数，或称为累积分布函数的逆变换、逆累积分布函数。

COPOD 使用基于拟合经验累积分布函数的非参数方法，称为经验 Copula。

如图 5-24 所示，经验累积分布函数（ECDF）是对累积分布函数（CDF）的估算，该累积分布函数是在所有 $n$ 个数据点上都跳跃 $1/n$ 的阶跃函数（Step Function）。根据概率论中的格利汶科定理（Glivenko Cantelli Theorem），当样本容量 $n \to \infty$ 时，经验分布函数以概率 1 一致收敛于总体的分布函数。根据大数定律可知，

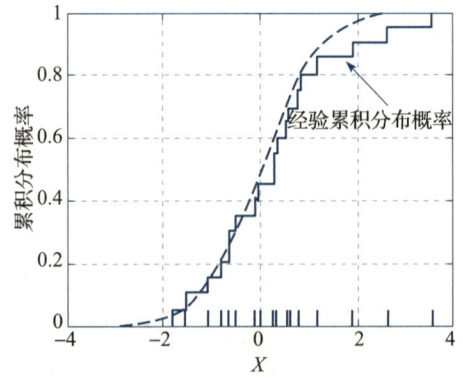

图 5-24 经验累积分布函数

事件发生的频率依概率收敛到这个事件发生的概率，因此可用事件 $\{X\leq x\}$ 发生的频率来估计 $P\{X\leq x\}$，即可用经验累积分布函数来估计总体的理论分布 $F(x)=P\{X\leq x\}$。

之所以称为"经验"累积分布函数，是因为其背后的计算方式是基于实际样本观测的而非源于分布理论假设。如果使用 CDF 计算累积分布概率，那么通常需要复杂的微积分方程。而使用 ECDF 我们仅需要基于观测样本的统计概率即可表示 $n$ 个样本中值小于给定元素 $x$ 的概率，下面来介绍经验累积分布的计算公式。

令 $X$ 为具有 $n$ 个观测值的 $d$ 维数据集。我们使用 $X(j,i)$ 来表示第 $j$ 个维度的第 $i$ 个观察值。其经验累积分布函数（ECDF）定义为

$$\hat{F}_n(x) = P((-\infty, x]) = \frac{1}{n}\sum_{i=1}^{n} I(X_i \leq x)$$

式中，$I(x)$ 是一个指示函数。如果 $X(i)\leq x$，则指示函数取值为 1，否则取值为 0。因此，经验累积分布函数可以表示 $n$ 个样本中小于给定元素 $x$ 的数量占比概率。反过来看，这个值如果特别大，比如 0.9998，说明有 99.98% 的数据都小于当前观测值，那么当前观测值的出现就是一个小概率事件，在给定维度上能够反映出异常。经验累积分布函数的实现如代码清单 5-3 所示。

**代码清单 5-3　经验累积分布函数**

```python
class ECDF:
    def __init__(self, observations):
        self.observations = observations

    def __call__(self, x):
        counter = 0
        for obs in self.observations:
            # 如果样本中观测值小于或等于给定的 x, 则计数加一
            if obs <= x:
                counter += 1
        return counter / len(self.observations)

if __name__ == '__main__':
    samples = [3, 3, 1, 4]
    ecdf = ECDF(samples)
    print(ecdf(0)) # 0, 因为样本中没有值小于或等于给定值 0, 所以概率为 0
    print(ecdf(1)) # 0.25, 因为样本中 1 小于或等于给定值 1, 占比为 1/4, 即 0.25
    print(ecdf(2)) # 0.25, 因为样本中 1 小于或等于给定值 2, 占比为 1/4, 即 0.25
    print(ecdf(3)) # 0.75, 因为样本中[3, 3, 1]小于或等于给定值 3, 占比为 3/4, 即 0.75
    print(ecdf(4)) # 1, 因为样本中所有值都小于或等于给定值 4, 所以概率为 1
    print(ecdf(5)) # 1, 因为样本中所有值都小于或等于给定值 5, 所以概率为 1
```

代码清单 5-3 所示的这种 ECDF 的计算方式只是最简单的示例，可以看到，对于每个给定值 $x$，每次都需要遍历样本集，可见其时间复杂度为 $O(n)$。在实际的应用中，我们会把样本集先进行排序，然后按照等差数列的方式给每个值一个预期的概率，最后通过在已经排好序的数组中查找即可得到给定值 $x$ 的经验累积分布概率。这种情况下，时间复杂度可以优化到 $O(\log n)$，核心代码如代码清单 5-4 所示。

代码清单 5-4　优化版经验累积分布函数

```
class ECDF():
    def __init__(self, x):
        x.sort()                                    # 先对观测样本从小到大排序
        n_obs = len(x)                              # 观测样本数量
        y = np.linspace(1. / n_obs, 1, n_obs)       # 对每个观测划分概率等差数列
        _x = np.asarray(x)
        _y = np.asarray(y)
        self.x = np.r_[-np.inf, _x]
        self.y = np.r_[0., _y]

    def __call__(self, time):
        position = np.searchsorted(self.x, time, "right") - 1
                                                    # 查找指定值 time 在样本集应该放置的位置
        return self.y[position]                     # 获取对应位置的经验累积分布概率
```

### 3. COPOD 算法核心思路

COPOD 算法原理如下：

**Inputs**：input data $X$

**Outputs**：outlier scores $O(X)$

1：**for** each dimension $d$ **do**

2：Compute left tail ECDFs：$\hat{F}_d(x) = \dfrac{1}{n}\sum_{1}^{n} \mathbb{I}(X_i \leq x)$

3：Compute right tail ECDFs：$\hat{\bar{F}}_d(x) = \dfrac{1}{n}\sum_{1}^{n} \mathbb{I}(-X_i \leq -x)$

4：Compute the skewness coefficient according to Equation 11.

5：**end for**

6：**for** each $i$ in $1,\cdots,n$ **do**

7：Compute empirical copula observations

8：$\hat{U}_{d,i} = \hat{F}_d(x_i)$

9: $\hat{V}_{d,i} = \hat{\bar{F}}_d(x_i)$

10: $\hat{W}_{d,i} = \hat{U}_{d,i}$ if $b_d < 0$ otherwise $\hat{V}_{d,i}$

11: Calculate tail probabilities of $X_i$ as follows:

12: $p_l = -\sum_{j=1}^{d} \log(\hat{U}_{j,i})$

13: $p_r = -\sum_{j=1}^{d} \log(\hat{V}_{j,i})$

14: $p_s = -\sum_{j=1}^{d} \log(\hat{W}_{j,i})$

15: Outlier Score $O(x_i) = \max\{p_l, p_r, p_s\}$

16: **end for**

17: **Return** $O(X) = [O(x_1), \cdots, O(x_d)]^T$

对于一个 $d$ 维、$n$ 个观测值的数据集 $X = [X_{1,i}, \cdots, X_{d,i}], i = 1, \cdots, n$ 原始输入，COPOD 异常检测算法主要分为 3 个阶段。

1）第一步，对于 $d$ 维中的每一维度：

- 计算左尾的经验累积分布函数；
- 计算右尾的经验累积分布函数；
- 计算偏度系数。

2）第二步，基于第一步得到的经验累积分布函数，对于 $n$ 行中的每一个观测值：

- 计算左尾经验 Copula；
- 计算右尾经验 Copula；
- 计算校正偏度的经验 Copula。

3）第三步，基于第二步的经验 Copula 计算异常分，对于 $n$ 行中的每一个观测值：

- 对左尾经验 Copula 的负对数求和；
- 对右尾经验 Copula 的负对数求和；
- 对校正偏度的经验 Copula 的负对数求和。

最后，每行样本的异常打分为第三步中 3 个求和结果的最大值，较高的异常分数表明数据实例存在的概率相对较低，因为它是位于多维数据分布的尾部极值。实际业务应用过程中，可以通过为 COPOD 异常打分结果划定阈值的方式，或取 Top-k 值、Top-k 分位点的方式来判定最终是否有异常点。

COPOD 虽然全称叫 "Copula-Based Outlier Detection"，但是在实践中没有用一个明

确的 Copula 函数来构建各个维度之间的相关性，采用左尾、右尾和校正偏度的 ECDF 负对数求和取最大值，这背后其实是作者对于效果和效率的折中考量。

#### 4. COPOD 异常检测应用

下面基于 PyOD 异常检测工具包来说明 COPOD 算法的应用，代码清单 5-5 展示了 COPOD 异常检测的核心算法。

**代码清单 5-5　COPOD 异常检测的核心算法**

```
import seaborn as sns
from matplotlib import pyplot as plt

from pyod.models.copod import COPOD
from pyod.utils.data import evaluate_print
from pyod.utils.data import generate_data
from pyod.utils.example import visualize

if __name__ == "__main__":
    # 异常值比例
    contamination = 0.1
    # 训练集数量
    n_train = 200
    # 评测集数量
    n_test = 100

    # 生成样本数据
    X_train, X_test, y_train, y_test = \
        generate_data(n_train=n_train,
                n_test=n_test,
                n_features=2,
                contamination=contamination,
                random_state=40)

    # 初始化模型
    clf_name = 'COPOD'
    clf = COPOD()
    clf.fit(X_train)

    y_train_pred = clf.labels_
    y_train_scores = clf.decision_scores_
    print(y_train_pred)
    print(y_train_scores)
    evaluate_print(clf_name, y_train, y_train_scores)

    # 评测集模型预估
    y_test_pred = clf.predict(X_test)
```

```
y_test_scores = clf.decision_function(X_test)
print(y_test_pred)
print(y_test_scores)
evaluate_print(clf_name, y_test, y_test_scores)

# 绘制 COPOD 打分值分布图
sns.distplot(y_test_scores[y_test == 0], label="inlier scores")
sns.distplot(y_test_scores[y_test == 1], label="outlier scores")
plt.legend()
plt.xlabel("Outlier score")

# 训练集和评测集结果可视化
visualize(clf_name, X_train, y_train, X_test, y_test, y_train_pred,
          y_test_pred, show_figure=True, save_figure=False)
```

首先，我们使用 PyOD 异常检测开源工具包的 generate_data 函数生成一个包含 200 个训练样本和 100 个评测样本的合成数据集。正常样本由多元高斯分布生成，异常样本使用均匀分布生成。训练数据集和评测数据集都有二维特征，10% 的行被标记为异常，同时在生产数据中添加了一些随机噪声，使其更难完全分离正常点和异常点。

其次，初始化 COPOD 模型，让其基于训练集拟合，然后输入评测集，COPOD 模型可以同时输出预测结果（0 代表正常，1 代表异常）和异常打分值。

最后，基于开源 Seaborn 和 Matplotlib 等画图工具包绘制出 COPOD 的异常分值分布浓度可视化结果，如图 5-25 所示，以及对应的训练数据集和评测数据集的结果降维可视化，如图 5-26 所示。

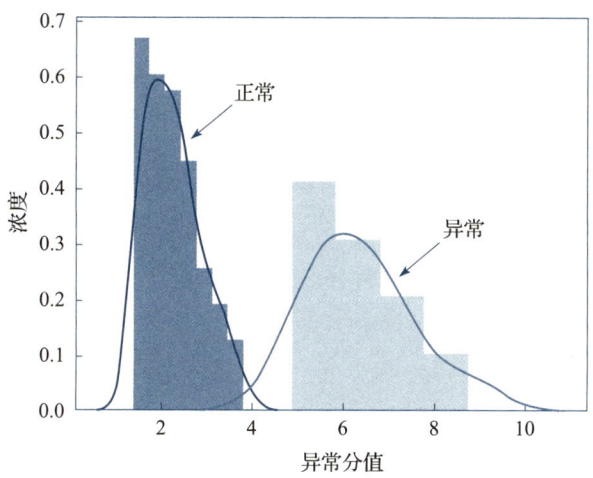

图 5-25　COPOD 异常分值分布浓度

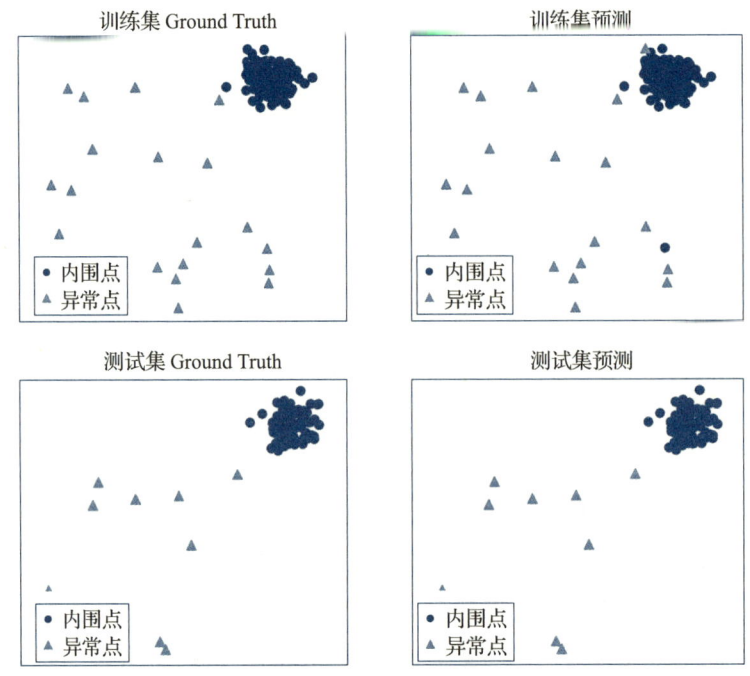

图 5-26 训练数据集和评测数据集的结果降维可视化

具体地，在广告与营销风控场景，假设我们存在多维随机变量（如观测推荐场景广告主一天内的独立 IP 点击次数、营销活动词维度相同 IP 和 User-Agent 组合的搜索次数、互动广告位维度访问用户的注册时长等），已经对上述每一个独立的变量维度打异常分（如通过卡方检验、G 检验、Z 分数、切尔诺夫界等）。

此时可以利用 COPOD 做多个维度的联合分布异常检测，只需要把 $d$ 维 $n$ 行的样本输入给 COPOD 的 decision_function 即可得到联合分布的异常分，最后使用卡阈值或取 Top-k 的方式判定是否为异常。

另一个简化的方式是，事前根据历史统计特征分布，制造出一张多维数据联合分布的概率分布表。然后在实际应用过程中，计算得到各个维度单独的累积分布概率后，通过查表的方式即可到联合分布的异常分。

### 5.4.2 ECOD

ECOD（Empirical-Cumulative-distribution-based Outlier Detection）是一种基于概率统计的无监督异常检测算法，使用数据分布的相关信息来确定数据不太可能出现（低密度）的位置，以此来识别离群点，ECOD 可以被认为是 COPOD 的进阶版本。

具体来说，ECOD 分别为数据的每个变量估计一个经验累积分布函数（ECDF）。为了生成观察值的异常打分，ECOD 使用单变量 ECDF 计算每个变量的尾部概率，然后将它们相乘。此计算在对数空间中完成，同时考虑每个维度的左右分布尾。

## 5.5 集成决策方法

在实际广告与营销风控业务应用中，单个模型或策略在针对特定作弊问题上可能具有较高的召回率，即能够有效地识别出作弊行为。然而，同一个业务内的作弊行为往往具有多样性和对抗性，针对特定作弊调研的策略通常难以使整体准确率得到可靠的保障，可能导致误召回的情况，即将正常行为错误地标记为异常从而过滤掉这部分流量，这会导致平台在广告主结算阶段少收费，导致平台利益受损。

为了解决这个问题，异常检测需要集成决策技术。集成多个异常检测模型或策略可以综合预测结果来提高整体的准确性。通过集成，可以平衡各个模型或策略之间的优势与劣势，减少误召回的风险。

集成决策技术能够综合多个模型或策略的预测结果，通过投票、平均或堆叠等方式，生成最终的异常检测结果。这样可以在保持高召回率的同时，降低误召回的概率，提高整体的准确性。此外，集成技术还能够增强异常检测系统的鲁棒性。当某个单独的模型或策略出现问题时，其他集成的模型或策略可以提供备用的检测能力，确保系统的稳定性和可靠性。

下面介绍几种常见的异常检测集成技术，包括 Bagging、Boosting 和 Stacking。

### 5.5.1 Bagging

Bagging 是一种基于自助采样的集成学习方法。它通过随机有放回地从原始训练集中抽取样本来构建多个独立的基分类器。每个基分类器使用不同的训练子集进行训练，并通过投票或平均来集成它们的预测结果。Bagging 方法可以降低过拟合风险，并提高模型的稳定性和泛化能力。

Bagging 方法的核心思路是，将所有基础模型视为并行的且平等对待，每个基础模型都只有一票的权重。通过民主投票的方式，将基础模型的预测结果结合起来得到最终的结果。Bagging方法通常能够降低结果的方差，使得集成模型更加稳定可靠。

我们熟知的随机森林方法就是一种典型的基于 Bagging 集成方法的算法。它通过构建多个决策树，并在每个决策树的训练过程中引入随机性，来实现模型的集成。具体而言，随机森林中的每个决策树都是基于随机选择的样本和特征进行构建的。在预测阶段，随机森林通过对所有决策树的预测结果进行投票或平均来得到最终的集成结果。

Bagging 集成方法如图 5-27 所示。

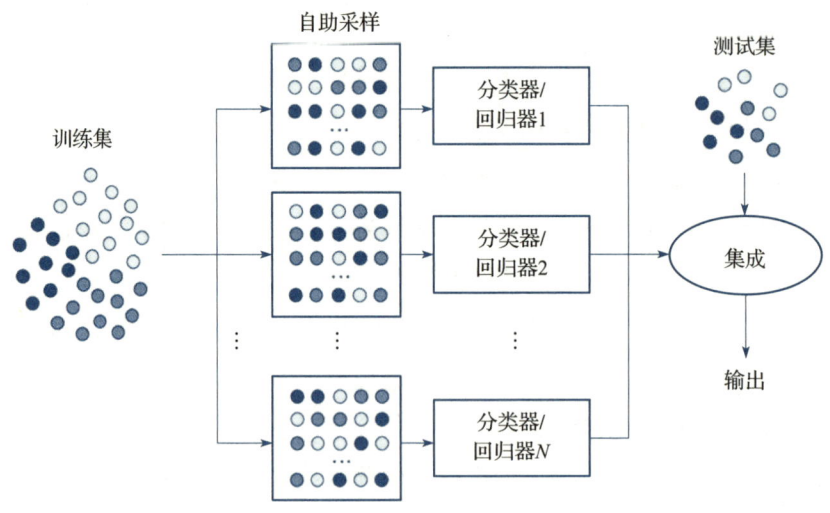

图 5-27　Bagging 集成方法

## 5.5.2　Boosting

Boosting 是一种迭代的集成学习方法，通过逐步训练一系列弱分类器，并根据前一轮分类器的结果对样本权重进行调整，使得后续分类器更关注先前分类错误的样本。Boosting 方法通过组合多个弱分类器，生成一个强分类器。

有别于 Bagging 集成方法，Boosting 方法通过迭代的方式提高模型性能。在每一轮迭代中，Boosting 会优先选择那些在前一轮迭代中分类错误的样本，并赋予这些样本更高的权重。这样，Boosting 集成模型会聚焦于难以分类的样本，提高整体模型的准确性。相比之下，Bagging 通过并行训练独立的基础模型，并将它们的预测结果进行平均化来减小模型的方差，从而提高模型的稳定性。最终的预测结果是基于所有基础模型的综合投票得出的。因此，Boosting 通过迭代强化难以分类的样本，提高整体性能；而 Bagging 通过平等对待所有模型，减小方差，增加稳定性。

Boosting 集成方法如图 5-28 所示。

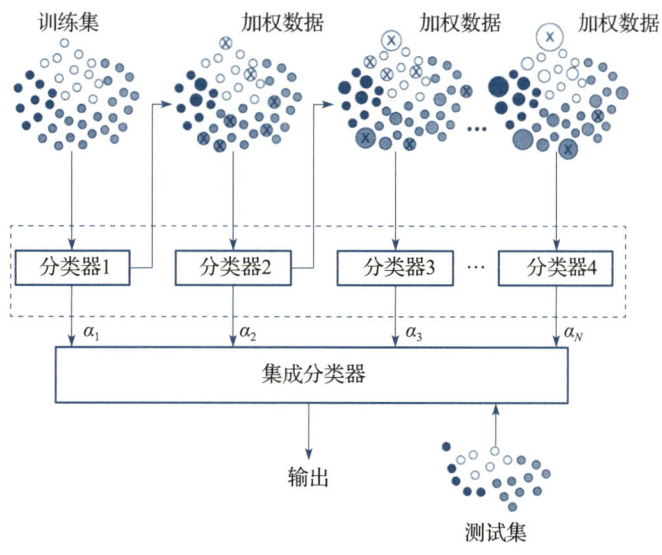

图 5-28　Boosting 集成方法

### 5.5.3　Stacking

Stacking 是一种将多个基分类器的预测结果作为输入，通过训练一个元分类器来获得最终集成预测的方法。Stacking 方法通过将不同的分类器组合在一起，把它们的预测结果作为新的特征输入到元分类器中，从而提高整体的预测性能。

Stacking 的训练过程分为两个阶段：训练基分类器和训练元分类器。在训练基分类器阶段，使用交叉验证来生成基分类器的预测结果，以尽可能地捕捉数据的不同特征。然后，将这些基分类器的预测结果作为新的特征，与原始特征一起训练元分类器。通过这种方式，元分类器能够从基分类器的多样化预测中学习到更全面的模式和关联性，进而提高整体的预测能力。最终，在预测阶段，先使用基分类器生成预测结果，再将这些结果输入到元分类器中，得到最终的集成预测结果。

Stacking 集成方法如图 5-29 所示。

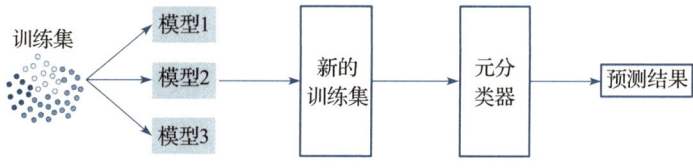

图 5-29　Stacking 集成方法

Stacking 的优点在于它能够利用不同模型的优势，将它们的预测结果进行有效整合，从而提高模型的鲁棒性和准确性。但必须注意的是，这种方式在利用多种模型堆叠提升效果的同时也带来了更大的线上系统复杂度，在实际生产业务应用中需要更加谨慎，不但要考虑模型上线，还需要考虑未来各种基分类器、元分类器的持续迭代问题。

## 5.6　本章小结

基于概率统计的异常检测方法，可以说是流量反作弊业务场景中最常见的一种风险识别的方法，因为其并不需要复杂的模型参与，因此具有非常高效的执行性能和很强的可解释性，在实际业务中得到广泛应用。

本章以经典的"抛硬币"问题作为引子，向读者介绍了离散型和连续型概率统计基础知识，以及二项式分布、泊松分布、正态分布等数学概率分布和流量反作弊业务之间的关系。然后在统计概率分布的基础上，分别通过卡方检验、G 检验和 K-S 检验来说明如何对历史营销业务统计数据和实际生产观测数据分布做拟合优度校验和尾部分布的概率极值分析，并以此来发现作弊风险。最后介绍了多维随机变量和多个异常检测器通过集成策略提供高精度的风险检测器做最终风控业务决策的思路。

# 第 6 章

# 基于近邻的异常检测

基于近邻的异常检测算法原理是利用每个点周围的局部邻域信息建立连接关系从而识别异常,这些算法可以划分为基于密度和基于距离的两大类异常检测算法。

基于密度的异常检测算法的核心原理是,正常数据被认为容易出现在高密度区域,而离群点将会在低密度区域被检测到,这类算法的代表是局部异常因子算法。基于距离的异常检测算法的核心原理是,离群数据点的 K 近邻距离远大于正常数据点的距离,这类算法的典型代表是 K 近邻(K Nearest Neighbors,KNN)算法。

## 6.1 LOF

### 6.1.1 算法原理

局部异常因子(LOF)是 Markus M. Breunig 等人于 2000 年在 SIGMOD 上提出的一种无监督异常检测算法,通过测量一个给定数据点相对于其邻居的局部偏差来寻找异常数据点。

所谓的局部异常因子是基于局部密度的异常检测,其局部性是由 $k$ 个最近的邻居给出的,与邻居之间的距离被用来估计密度。通过对比一个观测点的局部密度和其邻居的局部密度,我们可以识别出密度相似的一片区域。如果某些点的局部密度大大低于其周围邻居的局部密度,那么这些观测点就大概率为异常点。LOF算法基本原理如图6-1所示,图中 $B$、$C$、$D$ 三个点相互之间的距离相对更近,也就是密度更大,而点 $A$ 距离其他点的距离明显过远,这代表着点 $A$ 的局部密度小,而且远小于其邻居的局部密度,所以说明 $A$ 是异常点。

LOF算法的关键步骤为计算K近邻距离、可达距离,然后得到局部可达密度,最后得到观测点的局部异常因子。

### 1. K近邻距离

观测点 $A$ 与其第 $k$ 个最近的邻居之间的距离,记作 k-distance($A$)。考虑到某些邻居之间的距离是相等的,距离点 $A$ 最近的 $k$ 个邻居数量可能会大于 $k$,这个邻居集合记作 $N_k(A)$。

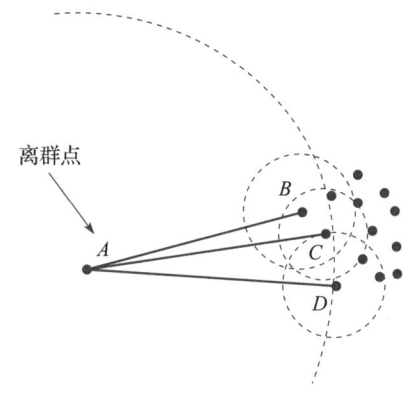

图6-1 LOF算法基本原理

### 2. 可达距离

点 $A$ 和点 $B$ 之间的可达距离(Reachability Distance)定义为点 $A$ 到点 $B$ 之间的距离和点 $B$ 的K近邻距离之间的最大值,即

$$\text{reachability-distance}_k(A,B) = \max(k\text{-}d(B), d(A,B))$$

图6-2展示了在给定 $k=3$ 的情况下,点 $A$ 到点 $B$ 和点 $C$ 的可达距离。根据上述公式可得,点 $A$ 到点 $B$ 和点 $C$ 的可达距离是相等的。

### 3. 局部可达密度

局部可达密度(Local Reachability Density)是点 $A$ 与其第 $k$ 近邻居集 $N_k(A)$ 内所有点的平均可达距离的倒数,即

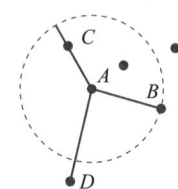

图6-2 给定 $k=3$ 时点 $A$ 到 $B$ 和 $C$ 的可达距离相等

$$\text{lrd}_k(A) = 1 \Big/ \left( \frac{\sum_{B \in N_k(A)} \text{reachability-distance}_k(A,B)}{|N_k(A)|} \right)$$

通过上面局部可达密度的公式可知,如果观测点 $A$ 和其邻居的可达距离越远,其局部可达密度就越小。

### 4. 局部异常因子

局部异常因子是在局部可达密度的基础上，针对观测点 $A$，使用其 K 近邻的平均局部可达密度除以自身的局部可达密度，即

$$\text{LOF}_k(A) = \frac{\sum\limits_{B \in N_k(A)} \frac{\text{lrd}_k(B)}{\text{lrd}_k(A)}}{N_k(A)}$$

图 6-3 展示了基于 ELKI 算法工具包可视化的二维数据局部异常因子，大于 1 的值是明显的离群点。

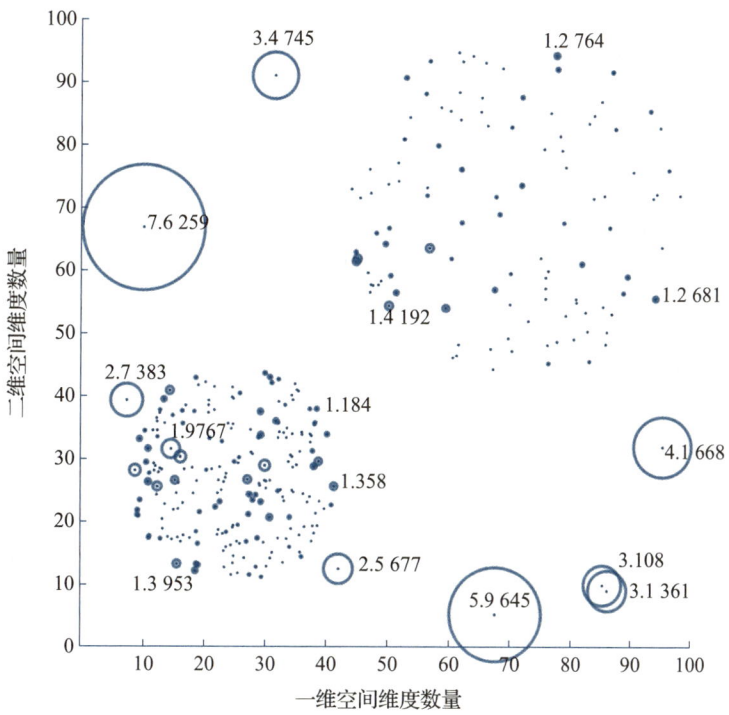

图 6-3　二维数据局部异常因子（LOF）可视化

由 LOF 定义公式可知：

- 如果 LOF 的值在 1 附近，表示观测点 $A$ 与它的邻居分布密度相当，因此观测点 $A$ 不是一个离群点。
- 如果 LOF 的值小于 1，表示观测点的局部可达密度比其 K 近邻还要大，说明分布更密集，因此观测点不是一个离群点。

- 如果 LOF 的值远大于 1，表示观测点 A 的 K 近邻的平均局部可达密度比点 A 的局部可达密度要大得多，那么可以说明观测点 A 是一个离群点。

综上，我们可以看到 LOF 算法是一种相对是比较简单的基于近邻距离算得的局部密度异常检测算法。基于 K 近邻的平均局部可达密度除以观测点自身的局部可达密度得到的商作为局部异常因子度量值。

但是我们也必须清醒地认识到，在营销活动反作弊的工业生产实际应用中，待检查数据集的分布并非完美的。比如，我们算得 LOF 值等于 2，可能在搜索广告的广告主维度能够代表异常，但是在搜索词和 User-Agent 的组合场景中就是正常值。因此不能一概而论，而是需要针对具体的业务场景灵活应用设置阈值，或者把 LOF 当作基检测器，基于 5.5 节介绍的集成决策方法，采用多维度 Feature Bagging 等方式做集成。

## 6.1.2 刷单骗补应用案例

在前文我们曾介绍商家视角的营销作弊动机，互联网电商平台为了增加平台订单量和 GMV（Gross Merchandise Volume，商品交易总额），在某些节促时间点会推出高额补贴促进商家推广和消费者购物。这里面隐含两层补贴，一是面向商家的，二是面向用户的。某些不法商家为了攫取利益，会利用平台机制漏洞，联合众包买手进行刷单骗补。

某营销平台家电商品类目下，大部分商家的单日成交量都在 100 单左右（样例使用统计类型特征，实际应用可用订单量的变化率），从商品上架到成交的时间间隔在 1 分钟左右。作弊商家为了达到在平台规定活动时间周期内最大化骗补的目的，往往会在短时间内冲交易额和订单量，代码清单 6-1 通过 LOF 算法来识别出这部分异常交易行为。

代码清单 6-1 通过 LOF 算法识别异常交易行为

```
import numpy as np
import matplotlib.pyplot as plt
from sklearn.neighbors import LocalOutlierFactor

# 商家单日成交数量
customer_transaction_num = np.random.rand(100) * 100
print(customer_transaction_num)
# 成品成交时间间隔
item_transaction_time_delta = np.random.rand(100) * 60
```

```python
print(item_transaction_time_delta)

X_inliers = np.stack(
    [customer_transaction_num,item_transaction_time_delta],
    axis=1)
print("X_inliers: ", X_inliers)

# 异常商品成交数据
X_outliers = np.array([[200, 10], [190, 4], [180, 5], [170, 3]])
X = np.r_[X_inliers, X_outliers]
print("Outliers: ", X)

n_outliers = len(X_outliers)
ground_truth = np.ones(len(X), dtype=int)
ground_truth[-n_outliers:] = -1

# 拟合 LOF 模型
clf = LocalOutlierFactor(n_neighbors=10, contamination="auto")
y_pred = clf.fit_predict(X)
n_errors = (y_pred != ground_truth).sum()
X_scores = clf.negative_outlier_factor_

plt.title("Local Outlier Factor (LOF)")
plt.scatter(X[:, 0], X[:, 1], color="k", s=5.0, label="Data points")
# plot circles with radius proportional to the outlier scores
radius = (X_scores.max() - X_scores) / (X_scores.max() - X_scores.min())
plt.scatter(
    X[:, 0],
    X[:, 1],
    s=1000 * radius,
    edgecolors="r",
    facecolors="none",
    label="Outlier scores",
)
plt.axis("tight")
plt.xlim((0, 200))
plt.ylim((0, 100))
plt.xlabel("prediction errors: %d" % (n_errors))
legend = plt.legend(loc="upper left")
legend.legendHandles[0]._sizes = [10]
legend.legendHandles[1]._sizes = [20]
plt.show()
```

经过 LOF 模型，商品交易异常检测的可视化结果如图 6-4 所示。可以观察到，在图像的右下方分布着 4 个明显的离群点，这 4 个点代表着 4 种可疑的商品交易行为，每次商家商品成交额和从商品上架到商品成交的时间间隔分别为［200 次，10 秒］、［190

次、4秒]、[180次、5秒]、[170、3秒]，这几笔交易行为的成交笔数大，成交时间间隔短，距离其K近邻的可达距离远，因此出现了局部可达密度低且局部异常因子远大于1的情况。根据LOF算法原理，局部异常因子远大于1大概率为异常。

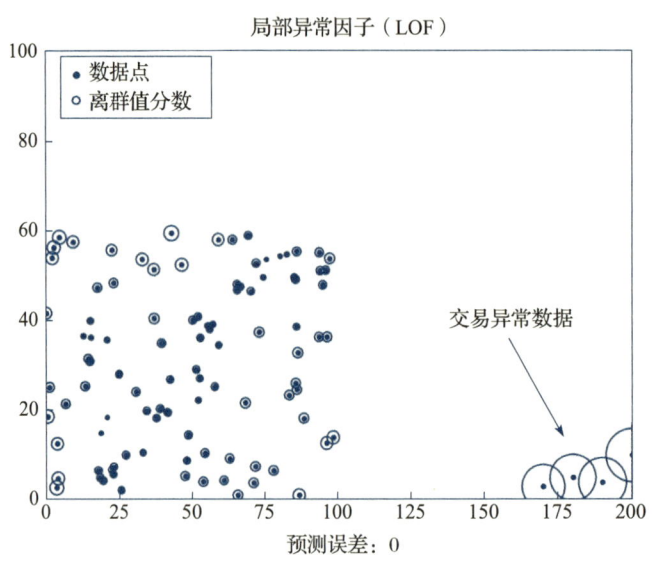

图6-4 LOF商品刷单异常检测

## 6.2 KNN

K近邻算法（KNN）是一种非参数化的方法，最早由Evelyn Fix和Joseph Hodges于1951年提出。KNN算法可以用于分类和回归，在风控领域，常使用KNN分类做异常检测应用，其算法假设是相似的观测点彼此在空间上距离接近，而异常点通常是孤立的观测值，离大部分正常观测点的空间距离更远。

### 6.2.1 K近邻分类

KNN算法的一般流程为：给定一个训练数据集，对新的输入实例，在训练数据集中找到与该实例距离最近的$k$个邻居实例，这$k$个实例多数属于某个类（相当于一种投票机制），就把该输入实例分类到这个类中。

如图6-5所示，有两类不同的样本数据（对应营销活动的正常点击和作弊点击），分别由蓝色正方形和蓝色三角形表示，而图6-5中正中间的淡蓝色圆形表示的数据则是待分类的数据。也就是说，如果给定一条点击日志，如何判定该日志是正常用户行为，还是作弊点击行为？

KNN 的分类结果和 $k$ 值的选取有关，下面来看 KNN 算法是如何做分类识别的。

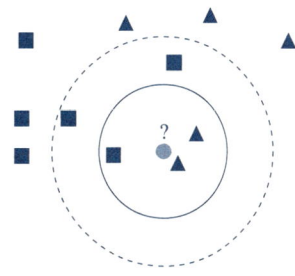

图 6-5　KNN 分类示意图

- 如果设置 $k=3$，中间淡蓝色圆点距离最近的 3 个邻居点是 2 个三角形和 1 个正方形，那么根据多数表决规则，判定淡蓝色的这个待分类圆点属于三角形一类。

- 如果设置 $k=5$，中间淡蓝色圆点距离最近的 5 个邻居点是 2 个三角形和 3 个正方形，那么根据多数表决规则，判定淡蓝色的这个待分类圆点属于正方形一类。

### 6.2.2　K 近邻距离度量

在风控实际业务应用领域，使用 KNN 算法时，为了确定样本集合中哪些数据点和大盘中的正常样本距离过远，需要计算待检测点与其他数据点之间的高维向量空间距离，然后通过距离度量形成决策边界，进而可将数据划分到不同的区域中。下面来看高维向量空间里，如何计算数据之间的距离度量。

#### 1. 欧氏距离

欧氏距离（Euclidean Distance，又称欧几里得距离）是最常见的两点之间或多点之间的距离表示法，它定义于 $n$ 维的欧几里得空间中，点 $x=(x_1,\cdots,x_n)$ 和 $y=(y_1,\cdots,y_n)$ 之间的距离为

$$d(x,y)=\sqrt{(x_1-y_1)^2+(x_2-y_2)^2+\cdots+(x_n-y_n)^2}$$

流量反作弊业务中，我们通常在发现业务问题后，会先对数据做聚类分析，目的是通过分簇的方式找到作弊的聚集性规律，此时就可以基于欧氏距离度量每个作弊点击特征和质心在高维向量空间中的距离来判定作弊点击属于哪个簇。

#### 2. 曼哈顿距离

曼哈顿距离（Manhattan Distance）是另一种典型的向量空间距离度量方法，它测量两点之间的绝对值，也称为方格线距离或城市区块距离（就像出租车在街区走横纵交替的街道），也就是在欧几里得空间的固定直角坐标系上的两点所形成的线段对轴产

生的投影的距离总和。例如在平面上，坐标 $(x_1, y_1)$ 的点 $P_1$ 与坐标 $(x_2, y_2)$ 的点 $P_2$ 的曼哈顿距离为

$$d(x, y) = |x_1 - x_2| + |y_1 - y_2|$$

内容风控业务场景中，风险运营在收到上级监管部门下发的管控要求后（比如有明星代言翻车，禁止投放类似广告）需要对一个特定风险实体（视频、音频、图像、文本）有相似风险拦截的能力，风控系统提供向量检索技术，可基于曼哈顿距离度量两个创意、商品的 Embedding 向量来表示之间的相似度，以此实现相似风险的泛化召回业务目标。

### 3. 切比雪夫距离

切比雪夫距离（Chebyshev Distance）是向量空间中的一种度量方法，两个点之间的距离定义为其各个坐标数值差之间的最大值。以坐标 $(x_1, y_1)$ 的点 $P_1$ 和坐标 $(x_2, y_2)$ 的点 $P_2$ 为例，其切比雪夫距离为

$$D_{\text{Chess}} = \max(|x_2 - x_1|, |y_2 - y_1|)$$

基于切比雪夫距离的特性，风控业务中在生成风险实体的 Embedding 向量表示后，可以通过 t-SNE 降维可视化的方式，选择切比雪夫距离作为 Embedding 度量的方法。对比 $n$ 维向量的每一维，取 $n$ 维中最大距离差作为两个风险实体的相似评价，最后在二维或者三维稠密空间洞察作弊。

### 4. 闵氏距离

闵氏距离（Minkowski Distance）也称闵可夫斯基距离，是欧氏距离、曼哈顿距离以及切比雪夫距离的一种广义形式。下面公式中的参数 $p$ 允许创建其他距离度量。两个 $n$ 维变量 $x = (x_1, \cdots, x_n)$ 和 $y = (y_1, \cdots, y_n)$ 之间的闵氏距离定义为

$$D(x, y) = \left( \sum_{i=1}^{n} |x_i - y_i|^p \right)^{1/p}$$

当闵氏距离公式中 $p=1$ 时代表曼哈顿距离，在 $p=2$ 时代表欧氏距离，在 $p$ 取无穷时的极限情况下，可以得到切比雪夫距离。

$$\lim_{p \to \infty} \left( \sum_{i=1}^{n} |x_i - y_i|^p \right)^{1/p} = \max_{i=1}^{n} |x_i - y_i|$$

如图 6-6 所示，前面介绍的 3 类向量空间度量方法（欧式距离、曼哈顿距离、切比雪夫距离）都可以规约为闵氏距离，这类向量空间距离度量方法的特点是简单直接，但是其缺点也比较明显。

- 闵氏距离与特征参数的量纲有关，有不同量纲作弊表征的特征参数的闵氏距离可能是无意义的。比如营销活动中，用户注册时长通常以天为单位，每增加一天就是 86 400 秒，而页面曝光和页面点击之间的时间间隔以秒为单位，通常是 10 以内的数字，两者一起计算时，点击间隔这个特征的作用就容易被忽略掉。
- 闵氏距离没有考虑特征参数间的相关性，如果作弊表征特征之间不是相互独立的，那么闵氏距离的计算结果可能会出现偏差。比如营销活动中，7 天内广告主 ID 下的用户点击数量和同一个广告主创建的广告计划的 7 天内曝光量是正相关的，两者一起算时，会让闵氏距离差异放大。

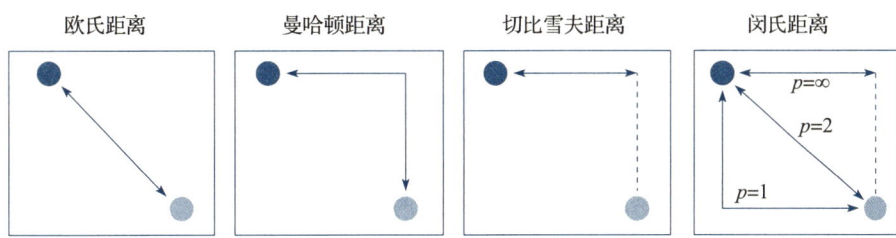

图 6-6 向量空间距离度量方法

### 5. 马氏距离

马氏距离（Mahalanobis Distance）也称马哈拉诺比斯距离，是另一种向量空间距离的度量方法，可以看作欧氏距离的一种修正，修正了欧氏距离中各个维度尺度不一致且相关的问题，而且是与尺度无关的。对于一个均值为 $\boldsymbol{\mu}$，协方差矩阵为 $\boldsymbol{\Sigma}$ 的多维随机变量 $\boldsymbol{x}$，其马氏距离定义为

$$D(\boldsymbol{x}) = \sqrt{(\boldsymbol{x}-\boldsymbol{\mu})^{\mathrm{T}} \boldsymbol{\Sigma}^{-1} (\boldsymbol{x}-\boldsymbol{\mu})}$$

根据马氏距离的定义公式，如果协方差矩阵是单位向量，也就是各维度独立同分布，马氏距离就变成了欧氏距离。从物理含义上来讲，马氏距离就是在规范化的主成分空间中的欧氏距离。所谓规范化的主成分空间就是利用主成分分析（Principal Components Analysis，PCA）对一些数据进行主成分分解，再对所有主成分分解轴做归一化，形成新的坐标轴。由这些坐标轴构成的空间就是规范化的主成分空间。

在风控业务领域，从风险样本数据分布形态的角度看，主成分分析就是把椭球分布的样本改变到另一个空间里，使其成为球状分布。而马氏距离就是在样本呈球状分布的空间里面所求得的欧氏距离。通过考虑样本整体数据分布的相关性规律，基于主成分分解和归一化形成新的坐标轴，马氏距离能够让高维向量空间的距离度量更加准确。如图6-7所示，输入的待检测风险样本的特征之间具有相关性时，使用马氏距离做高维向量空间的异常距离度量，要比简单使用欧氏距离度量召回更多的异常样本。

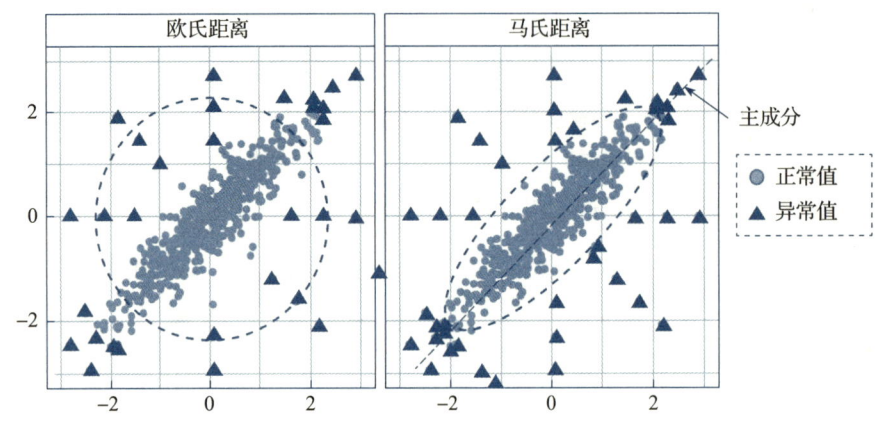

图6-7 马氏距离和欧式距离异常召回对比

#### 6. 汉明距离

汉明距离（Hamming Distance）是两个等长字符串对应位置的不同字符的个数，通常与布尔或字符串向量一起使用，识别向量不匹配的点。因此，它也被称为重叠度量。由于汉明距离的度量是0-1二元向量，因此可以按位运算，性能非常高。

以向量 $A = [1,0,1,1,0,0,1,0,0,1]$，向量 $B = [1,0,0,1,0,0,0,0,1,1]$ 为例，两个向量对应位置不同字符的个数为3，则它们之间的汉明距离为3，如图6-8所示。

在广告与营销风控的实际业务应用中，首先可以使用BERT、VGG、GoogleNet等深度学习表征算法提取文本或者图像的向量表示，其次通过卡阈值（比如0.5）的方式把浮点型数字转化成0-1的二元向量表示，最后基于汉明距离

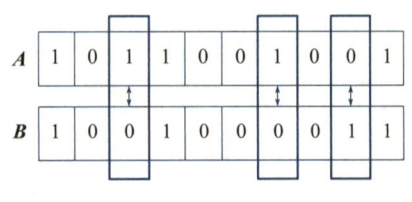

图6-8 汉明距离

高效地进行异或位运算得到文本或者图像相似度量，用于粗召回。这一技术在已知恶意标题、灌水评论，或者低俗不雅的广告创意标题、商品主图、副图等历史黑样本的情况下，可以有效地过滤相似图文风险，如图6-9所示。

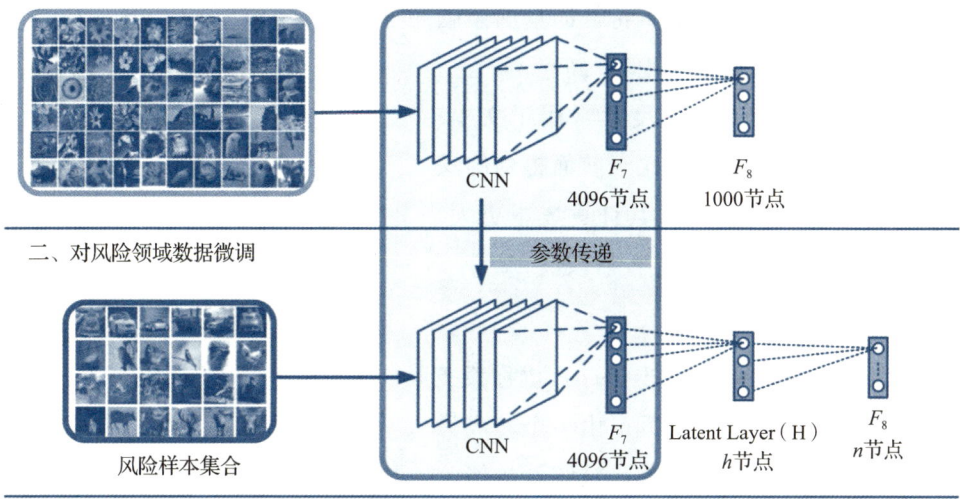

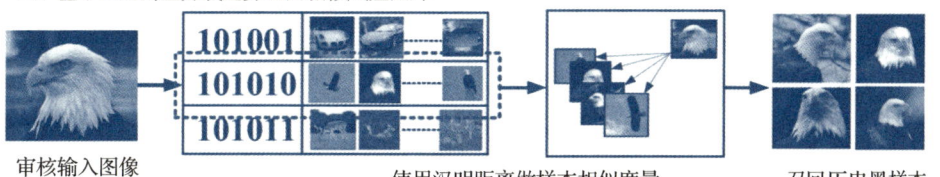

图 6-9　汉明距离在相似内容风险图像召回中的应用

### 7. 余弦相似度

余弦相似度（Cosine Similarity）通过度量两个向量的夹角的余弦值来评估它们之间的相似性。0 度角的余弦值是 1，而其他任何角度的余弦值都不大于 1，并且其最小值是 -1。两个向量之间的角度的余弦值确定两个向量是否大致指向相同的方向。

给定两个向量 $A$ 和 $B$，其余弦相似性 $\theta$ 由点积和向量长度给出，如下所示：

$$\text{similarity} = \cos(\theta) = \frac{A \cdot B}{\|A\| \cdot \|B\|} = \frac{\sum_{i=1}^{n} A_i \cdot B_i}{\sqrt{\sum_{i=1}^{n}(A_i)^2} \cdot \sqrt{\sum_{i=1}^{n}(B_i)^2}}$$

两个向量的余弦相似度取值范围为 [-1,1]。-1 意味着两个向量指向的方向正好截然相反，1 表示它们的指向是完全相同的，0 通常表示它们之间是独立的，而在这之间的值则表示中间的相似性或相异性。

如图 6-10 所示，欧氏距离只关注样本风险集合中具体数值特征的绝对差异，从个体向量不同维度的数值大小分布中体现差异。而余弦相似度是基于数据分布方向的度量，和大小无关，只要样本中特征向量的余弦夹角小，即代表它们之间的相似度高。

在风控领域，余弦相似度通常用于文本、图像等特征的相似度量，相比于前面提到的汉明距离异或位运算的方式，其计算成本更大，可以用于相似风险的精召回匹配阶段。

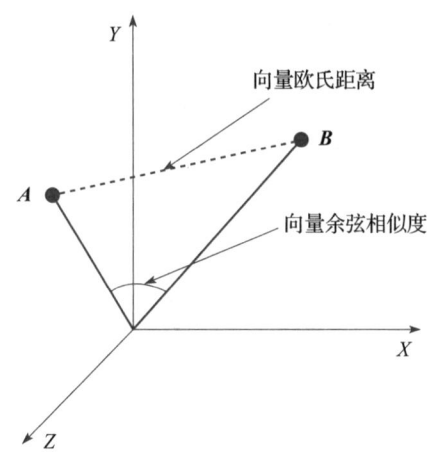

图 6-10　向量欧氏距离和余弦相似度

### 8. 编辑距离

编辑距离（Levenshtein Distance）也称莱文斯坦距离，是指两个字串之间，由一个转成另一个所需的最少编辑操作次数。被统计的修改操作有字符的插入、删除、替换。如图 6-11 所示，营销创意标题"看电影加我微信"变种为"看电影+我 V 信"的编辑距离为 2。

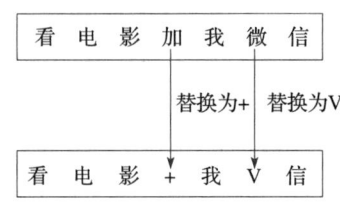

图 6-11　字符串编辑距离

在风控领域，编辑距离可以用来衡量风险文本字符串之间的相似度。风控本身是一个具有强对抗属性的业务领域，有时算法在封闭的测试数据集合上表现很好，召回和精准指标都很优异，但是一上线可能依然会出现风险漏出的情况，因为作为对手，作弊者是有强利益驱动力的。以营销活动来讲，作弊者为了博取用户对其商品的眼球，通常会对竞价词、创意推广标题、文案介绍等进行夸大虚假宣传。为了突破线上风控系统拦截，作弊者对文本增加扰动信息，进行变种对抗，比如拆字、简体转繁体、增加表情字符、火星文、反转字符串等。

一方面，通过文本之间编辑距离的度量，可以识别变种词和风控历史敏感词库中已知黑词之间的相似度，从而捕获作弊变种对抗文本。

另一方面，风控系统也会采取主动拓词、生成对抗样本的方式，进行黑盒或者白盒攻击，自循环完成文本对抗能力的迭代升级，此时可以使用编辑距离评价对抗生成样本的效果。

#### 9. 杰卡德系数

杰卡德系数（Jaccard Index，也称雅卡尔指数）用于比较有限样本集之间的相似性与差异性。杰卡德系数值越大，样本相似度越高。给定两个集合 $A$ 和 $B$，杰卡德系数定义为 $A$ 和 $B$ 交集的大小与 $A$ 和 $B$ 并集的大小的比值，定义如下：

$$J(A,B) = \frac{|A \cap B|}{|A \cup B|} = \frac{|A \cap B|}{|A| + |B| - |A \cap B|}$$

在相似文本风险识别领域，杰卡德系数的分子交集就是两者中的相同词，并集就是所有非重复词的集合，待检查文本和黑样本词库的交集越大则说明和黑样本越接近。

最后，总结一下 KNN 算法作为风控实际业务应用潜在的问题：

1）维度诅咒。对于风控业务来说，异常数据一定是少部分的，如果我们直接用 KNN 算法做相似风险召回，很容易受到大量正常数据和特征的影响，导致区分度不够。随着数据量增大，本就稀疏且不平衡的作弊特征会被掩盖，导致陷入维度灾难。

2）容易过拟合。这个可想而知，因为潜在的维度灾难效应，也势必导致 KNN 算法更容易出现过拟合。为了避免过拟合，最直观的方式就是精简特征，一般会采取通过特征重要性分析精细化的特征筛选或主成分分析等方式做特征降维，但是真实风控业务中对于 KNN 算法的使用、$k$ 值的选择也直接影响模型的拟合情况。

3）计算成本高。从原理角度讲，KNN 本质上是一种惰性算法，会计算待查询点和样本中所有点之间的距离，因此与其他算法相比，它会占用更大的存储空间，也会更加消耗 CPU。对于工业生产业务而言，无论是从效率还是成本角度，往往都是不能接受的，因此会考虑一些近似的算法来逼近 KNN 的效果。

## 6.3 ANN

对于互联网营销平台而言，文本、图像、音频、视频、直播等内容风控是一个绕不开的话题，使用 KNN 求解相似风险召回问题成本过高，于是引入了求近似性解的方法。因此，实际的工业生产应用在大规模数据量条件下，检索实际要解决的是 ANN（Approximate Nearest Neighbor，近似最近邻居）的问题。

作为营销推广内容的生产和服务平台，线上有几千万甚至几亿级别的用户，他们不断地在平台发布商品信息、广告创意、商品评价、留言互动等，这些内容的形式有文字、视频、音频、直播流等，种类也千奇百怪，如家居用品、母婴用品、体育健身器材、医疗保健等。其中可能存在《广告法》所禁止的内容信息，这就要求线上风控系统必须能够对历史上已知的风险过目不忘，同时做到对同类型风险的相似度量和风险判断，否则面对如今从 UGC 到 AIGC 的井喷式内容生产增速，风控系统将疲于奔命。向量检索正是基于 ANN 算法实现的一种相似召回的技术，在广告和营销风控领域有着广泛的工业级应用。图 6-12 展示了内容风控中基于向量检索的相似人脸识别。

检索输入图像

检索面部属性

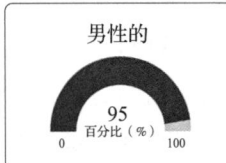
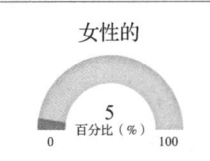
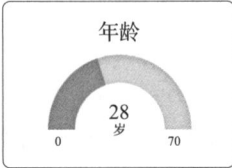

相似人脸结果

图 6-12　人脸向量检索

举例来说，各大营销品牌商家经常会签约明星艺人来为其商品代言，我们知道近年来明星"翻船"的事件非常频繁，一旦发生劣迹明星事件，监管部门会要求营销平台快速下架含有劣迹艺人的商品内容和广告内容。风控平台对于每类风险都有特定的样本库，对于要求管控的明星有数万张图像的特征，例如人脸特征等，并将其构建成索引库。当有新的商品或者广告创意内容送审时，先分析提取出该内容中的人脸特征，然后将该人脸特征发送到检索库中，从该历史上已提取的人脸特征索引库中，实时查询到最相似的特征 ID，然后根据相似度得分（参考 6.2.2 节 K 近邻距离度量）判定其风险程度，这就是典型的基于向量检索的风险召回。

在风控领域，向量检索很重要的应用就是对语音、文字、图像、视频、直播流这些用户所接触到的，也最为常见的非结构化数据的检索。传统的检索引擎只是对这些多媒体的名称和描述进行了索引，而并没有尝试对这些非结构数据的内容进行理解和建立索引，因此传统引擎的检索结果具有非常大的局限性。

随着深度学习技术的高速发展，数据和模型的能力使得我们可以快速且成本较低地对这些非结构化数据进行理解和表征，这样就使得对这些非结构化的数据内容进行直接检索成为可能。其中，很重要的一环就是向量检索。下面从向量表示方法和向量检索算法技术角度深入剖析下风控领域向量检索的算法原理。

## 6.3.1 风险向量表示方法

在互联网营销推广活动中，部分商家为了博取消费者眼球，会在推广商品的标题、介绍文案、商品主图、副图、创意等内容上做手脚。比如，对保健品功效做夸大虚假宣传，对违禁品的图片进行卡通化，并在原图上加入噪声信息、拆字、火星文变种等。

通过文本和图像的向量表示，可以把非结构化的多媒体数据转换成数字向量，进而在高维空间内进行多媒体内容相似检索，提升风控系统的泛化召回能力。

### 1. 文本向量表示方法

文本向量表示又称词向量模型、向量空间模型，即将文本表示成计算机可识别的实数向量。文本向量表示方法一般称为词嵌入（Word Embedding）方法，词嵌入这个说法很形象，就是把文本中的词嵌入到文本空间中，用一个向量来表示词。文本向量表示方法可分为离散式表示和分布式表示两大类。

典型的离散式文本向量表示方法有 One-Hot 编码、词袋模型（Bag of Word，BOW）和 TF-IDF，典型的分布式文本向量表示方法也从最初的 Word2Vec，逐渐发展到 ELMo、GPT 和 BERT。

（1）One-Hot 编码

One-Hot 编码是最简单的一种文本向量表示方法，中文翻译为"独热编码"，从原理角度看非常形象：将文本分词后的每个词表示成一个只有 0 和 1 的二元向量，且该表示向量的维度是词典的长度（有多少词，表示向量就有多少维）。在该表示向量中，当前词出现的位置的值标记为 1，其余的位置为 0。

图 6-13 展示了一个涉黄的风险标题 One-Hot 向量编码表示。

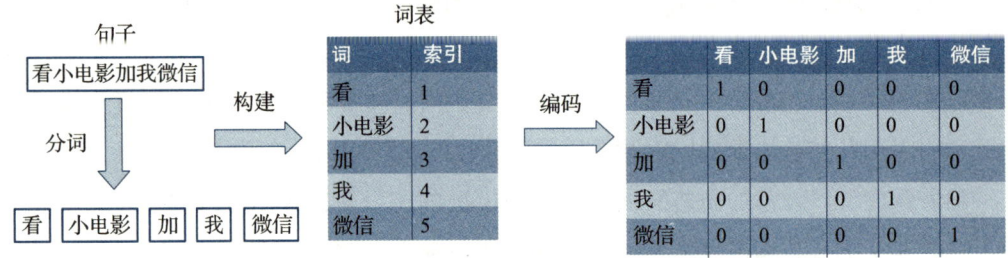

图 6-13　商品风险标题 One-Hot 编码

One-Hot 编码的优势是简单直接，仅需要分词和构建词表索引，然后对词表中的每个词通过类似"发牌"的方式在 $N$ 维的向量中赋予一个位置即可。这种方式的缺点也很明显。

首先，实际生产应用中，商家和消费者生产的文本内容是千变万化的，这种情况下，One-Hot 编码要应对的词表维度会非常大，产生维度灾难。

其次，我们可以发现，One-Hot 编码对于每个词而言，在 $N$ 维的向量空间内，仅有一个维度值为 1，其余维度值均为 0，导致数据过度稀疏，存储空间浪费严重。

最后，One-Hot 编码无法表达自然语言之间的语义相似性。比如"Iphone"和"Ipad"两个词，语义上都是电子产品，使用 One-Hot 的"独热"方式是无法表征出其中的相似程度的。

（2）词袋模型（Bag of Word）

词袋模型（Bag of Word）以 One-Hot 编码为基础，忽略词表中词的顺序和语法关系，通过词表中的每一个词在该文本中出现的频次来表示该词在文本中的重要程度，解决了 One-Hot 未能考虑词频的问题。

举例来说，有两个健康行业的广告主，在营销后台生成创意时，分别写了两个创意标题，分别为："灰指甲特效药，特效药回头客好评率 100%""减肥特效药，特效药全网好评率 100%"。根据语料中出现的句子分词，构建得到词袋字典：

{

"灰指甲"：1，

"特效药"：2，

"回头客"：3，

"好评"：4，

"率": 5,
　　"100%": 6,
　　"减肥": 7,
　　"全网": 8
　　}

词袋字典中 key 为词，value 为词的索引，共有 8 个单词，那么我们就可以使用一个 8 维的向量来表示每个文本。向量中对应词的值为文本中词出现的次数，默认为 0，出现一次就加 1，则上述广告主的创意标题的词袋模型表示如下。

"灰指甲特效药，特效药回头客好评率 100%"：[1, 2, 1, 1, 1, 1, 0, 0]。

"减肥特效药，特效药全网好评率 100%"：[0, 2, 0, 1, 1, 1, 1, 1]。

得到词袋表示向量后，可以通过 K 近邻距离度量方法，识别相似文本。比如，我们已知"灰指甲特效药，特效药回头客好评率 100%"是健康类广告主常用的夸大虚假宣传文案，那么通过向量表示和相似向量检索便可以召回"减肥特效药，特效药全网好评率 100%"这样的相似风险。

可以看到，词袋模型相比于 One-Hot 编码考虑了词频信息，但仅仅通过词的出现频次这个信息无法区分常用词（如："我""的""是"等）和关键词（如："减肥""牛皮癣""脚气膏"等）在文本中的重要程度。

（3）TF-IDF

TF-IDF（Term Frequency-Inverse Document Frequency，词频-逆文本频率）算法的出现，解决了以往文本向量表示算法无法区分常用词和关键词的问题。

TF-IDF 是一种统计方法，可用来评估某个词在给定文本语料库集合的某一文本中的重要程度。词的重要性随着它在文本中出现的次数成正比增加，但同时会随着它在语料库中出现的频率成反比下降。TF-IDF 的公式如下：

$$\text{TF-IDF}(t,d) = \text{TF}(t,d) \times \text{IDF}(t)$$

由公式可知，TF-IDF 由两部分组成。

1）TF（Term Frequency，词频）：指的是某个词在当前文本中出现的频率，频率高的词语要么是关键词（如："减肥""牛皮癣""脚气膏"等），要么是常用词（如："我""的""是"等）。

2）IDF（Inverse Document Frequency，逆文本频率）：文本频率是指含有某个词的文本在整个语料库中所占的比例，而逆文本频率是文本频率的倒数表示。IDF 是一种试图抑制噪声的加权，其作用是抑制常用词的重要性。

通过 TF-IDF 算法，可以有效区分出来高频词中真正的关键信息。比如，经过对某类商家的推广文案分词后统计发现，"减肥"一词大量出现，同时常用词"的"也大量出现，但是"减肥"所在的文本在整个营销推广文案语料库中出现的频次远远低于常用词"的"，也即其逆文本频率 IDF 值非常高，那么通过 TF-IDF 公式我们可知"减肥"是一个关键信息。

TF-IDF 在词袋模型的基础上对词出现的频次赋予 TF-IDF 权值，对词袋模型进行修正，进而表示该词在文档集合中的重要程度。但是和前面的 One-Hot 编码、词袋模型一样，TF-IDF 依然存在向量空间稀疏的问题。基于机器学习的分布式向量表示算法解决了这个问题。

（4）Word2Vec

Word2Vec 是分布式领域使用神经网络学习单词向量表示的最流行的技术之一。Word2Vec 的主要目的就是训练 Word Embedding 向量，它通常有 CBOW 和 Skip-gram 两个版本的语言模型。CBOW（Continuous Bag-of-Words Model，连续词袋模型）是给定上下文词，我们来预测中间目标词。Skip-gram 是给定一个词，我们来根据这个词预测它的上下文。可见，无论哪种方式都考虑了词与词之间的关系，这是相对于过去离散式表示方法的最大提升。

CBOW 和 Skip-gram 模型原理如图 6-14 所示。

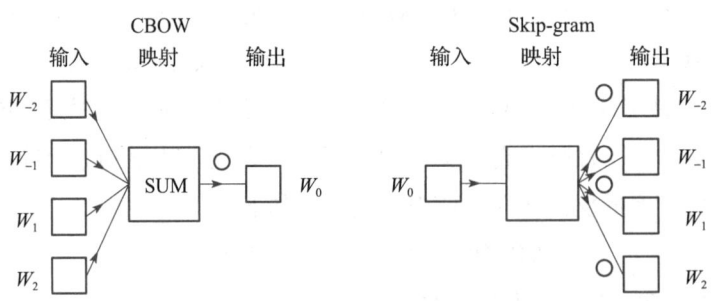

图 6-14 CBOW 和 Skip-gram 模型原理

如图 6-15 所示，与离散式表示方法（One-Hot 编码、词袋模型、TF-IDF）相比，Word2Vec 通过训练一个浅层的神经网络，将网络的参数当作词向量，其得到的向量不再是高维稀疏向量（维度完全取决于词表大小、空间爆炸），而是低维稠密向量（维度一般可选 128 维、256 维、512 维，和词表大小无关）。

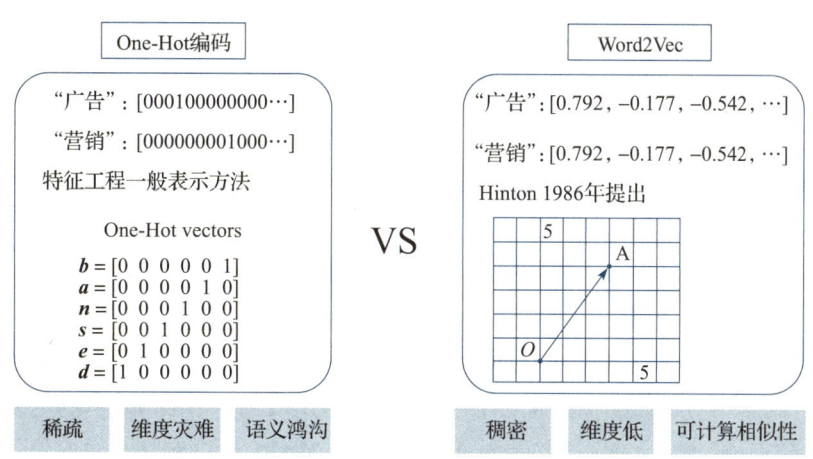

图 6-15　One-Hot 编码和 Word2Vec 对比

（5）BERT

BERT（Bidirectional Encoder Representations from Transformer）作为预训练 Mask Language Model（遮盖语言模型）的代表，在 2018 年被 Google 提出之后，逐渐在越来越多的风控文本向量表示应用场景中成为 Word2Vec 的替代者。

如图 6-16 所示，与 Word2Vec 相比，BERT 每个位置经过多次 Transformer 输出后的词向量更具有上下文语境信息，当同一个词在不同的语境中使用时，BERT 模型会产生不同的输出向量表示。而 Word2Vec 针对同一个词，不管在任何语境中，都只会产出一个输出向量表示。

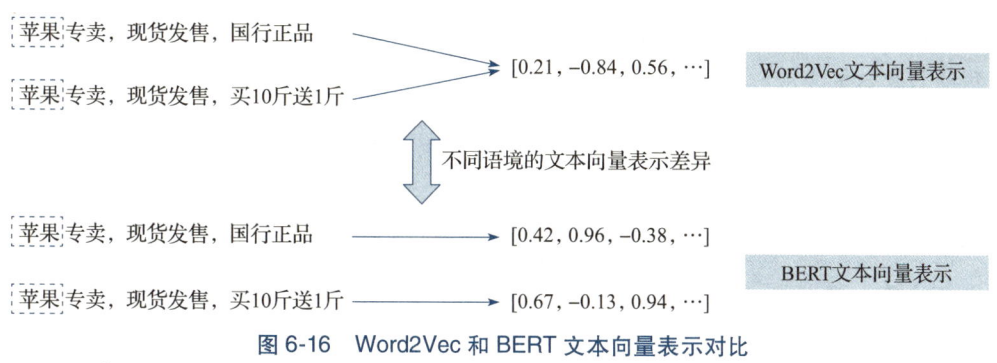

图 6-16　Word2Vec 和 BERT 文本向量表示对比

注：1 斤 = 0.5 千克。

广告与营销风控领域，需要面对的真实业务问题，往往不像学术界假设的那般理想。比如，图 6-16 中对比的"苹果"这个词，在互联网电商平台的标题、评论、底纹词等场景是非常常见的，而且其本身具有二义性，既能代表苹果品牌的电子产品（国行正品），又能代表水果，如果单纯使用 Word2Vec 模型是无法区分开来的。实际风控业务应用中，通常会对商家推广的类目和具体推广商品做限制，一种常见的广告创意风险行为就是类目错放。比如，明明没有苹果手机特许经销权的商家，却在制作苹果的推广创意文案，通过增加业务等上下文信息，可以有效表征出商家在语境中真实想表达的词义，从而通过历史黑文本做相似风险召回。

2. 图像向量表示方法

对于内容风控从业者来讲，其面临的一大主要风险来源就是图像内容违规。为了博取眼球，商家会对推广的商品图、创意图等添加违规内容，比如舆论热点事件、劣迹艺人、增高、减肥、丰胸、医疗器具、药品等"黑五类"产品。另外，从 UGC 到 AIGC，营销内容生产的速度已经远超过去，具体问题具体分析地为风险布控设防只能让风控从业者疲于奔命。

由于计算机所能够识别的图像像素层面表达的低层次信息与风控审核人员所理解的直观图像语义之间有很大的差距，因此，内容风控系统需要一种图像向量化表示方法，把审核人员能够理解的图像内容信息转化为计算机能够理解的数值信息。为了能够让风控系统对已知风险过目不忘，同时对日益增长的同类风险能够泛化召回，风控系统需要对图像内容做向量空间表示，然后通过相似向量检索召回相似风险图像，这是基于内容的图像检索（Content Based Image Retrieval，CBIR）技术在内容风控领域的典型应用。

主流图像向量表示方法大体可以分为传统表示方法和基于卷积神经网络（Convolutional Neural Networks，CNN）的表示方法，发展历程如图 6-17 所示。SIFT 和 VGG 分别是两种图像向量表示方法的代表。

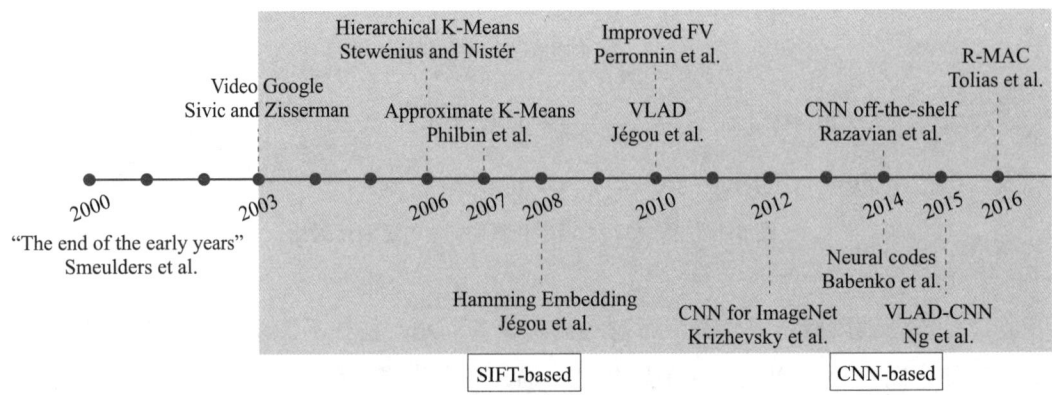

图 6-17　图像向量表示方法发展历程

（1）SIFT

SIFT（Scale Invariant Feature Transform，尺度不变特征转换）是一种计算机视觉特征提取算法，可用来检测与描述图像中的局部特征。它在空间尺度中寻找极值点，并提取出其位置、尺度、旋转不变量。SIFT算法的主要特点如下。

- 平移旋转保持不变性，尺度缩放保持不变性；
- 明暗度变化保持不变性，即场景亮度变化，该特征不变；
- SIFT 特征是图像的局部区域的特征；
- 对噪声不敏感，有一定的噪声容错能力；
- 信息量丰富，信息具有独特性，匹配准确；
- 简单场景也可以产生大量 SIFT 特征。

风控场景的强对抗属性，使得我们不得不面对作弊者不断地更换物料内容，比如给违规的推广商品图像做旋转、缩放、灰度变换等扰动信息。可见，SIFT 的这种尺度不变特性非常适用于图像内容的风险对抗场景。

图 6-18 展示了内容风控业务中对防脱发商品进行夸大虚假宣传的黑图像样本基于 SIFT 的关键信息提取表示过程。

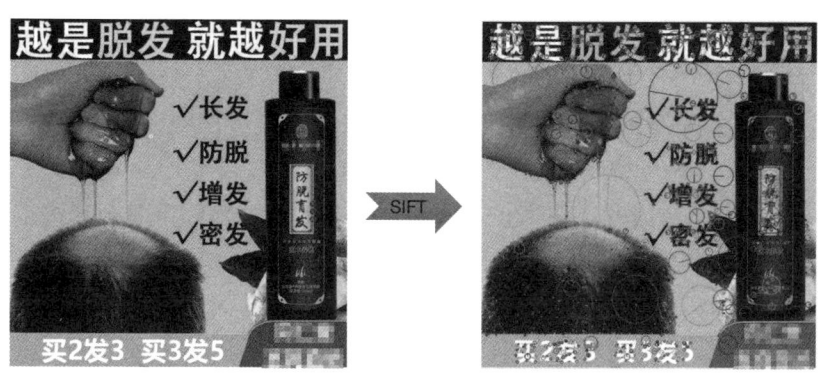

图 6-18　基于 SIFT 做商品广告图像特征检测

作为计算机视觉领域经典的算法，SIFT 在 OpenCV 中有良好的封装。代码清单 6-2 基于 OpenCV 的 SIFT 工具包来说明内容风控的风险图像如何通过 SIFT 检测关键点并表示成数值型特征向量。

代码清单 6-2　基于 SIFT 做商品广告图像特征检测和表示

```
import cv2 as cv
```

```
img = cv.imread('./resources/ugly_item.jpeg')
gray = cv.cvtColor(img, cv.COLOR_BGR2GRAY)
sift = cv.SIFT_create()
# 检测目标并计算特征表示矩阵
keypoint, descriptors = sift.detectAndCompute(gray,None)
# 得到 keypoint 个数 * 128 维度的描述点
print(descriptors.shape)
print(descriptors[0])
img = cv.drawKeypoints(gray, keypoint, img, flags = cv.DRAW_MATCHES_FLAGS_DRAW_
    RICH_KEYPOINTS)
cv.imwrite('./resources/sift_keypoints.jpeg', img)
```

通过 SIFT 提取的每一维图像特征是局部特征，我们需要对局部特征进行聚合，以作为图像的全局表示，因此基于 SIFT 的图像特征提取和表示算法通常会和特征嵌入映射方法结合一起用，目前常见的方法有 VLAD、BOW 和 Fisher Vector（FV）。

此外，需要注意的是，作为一个传统的图像表示算法，SIFT 的执行效率并不高效，而且比较消耗内存（每个关键点存储 128 维的描述子）。对于内容风控动辄数十亿级别的图像来说，其达到工业生产可用级别还有一定差距。

在实际内容风控应用中，出于效果和效率的权衡，通常会考虑基于 SIFT 改进的图像特征提取和表示算法。例如：SURF（Speeded-Up Robust Features，快速鲁棒特征）将 SIFT 的许多过程近似，或者把描述子的维度降低到 64 维，达到数倍的计算加速效果；PCA-SIFT 利用主成分分析降低描述子的维度，减少内存的使用并加快配对速度；BRIEF（Binary Robust Independent Elementary Features，二值鲁棒独立基本特征）通过优化的识别二进制值串的方式压缩存储空间，并能提供不错的检测和表示效果。这些需要风控从业者根据自身业务情况有的放矢地甄别和做技术选型。

（2）VGG

从上面可见，对于互联网企业动辄百亿级别的图像内容量级来说，一个真正工业级可用的内容风控系统所面临的挑战是巨大的。而传统的视觉特征表示方法能力相对比较有限，无论是特征存储空间还是特征计算性能，以及特征表达的有效性都面临着很大的局限性。

2014 年后，以卷积神经网络（CNN）为代表的深度学习逐渐替代了传统手工特征的检测与描述方法，各类 CNN 模型如雨后春笋般层出不穷，如 LeNet、AlexNet、VGG、GoogleNet、ResNet 等，如图 6-19 所示。CNN 模型的网络参数可以用来表征图像的内容特征。

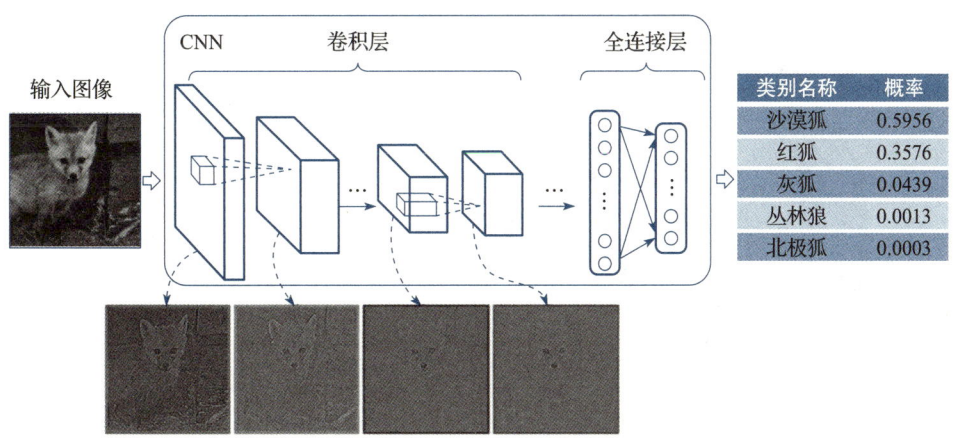

图 6-19　CNN 卷积层表示图像特征

在内容风控领域，VGG 模型有着非常广泛的应用，我们以 VGG 为例说明如何用深度学习技术做内容图像的特征提取和表示。VGG 是 Visual Geometry Group（视觉几何组）的缩写，最初被用于 ILSVRC（ImageNet Large Scale Visual Recognition Challenge）比赛。它是一个多层的标准深度卷积神经网络架构。按照卷积神经网络层数的不同，可分为 16 层的 VGG-16 或 19 层的 VGG-19 等。VGG 通常用于做图像分类，具有非常好的效果，也可以基于其深度网络结构向量化表示图像特征用于风险相似检索。

对于一个原始输入的异常检测图像，与 SIFT 等传统图像特征提取和表示算法类似，CNN 训练的模型同样能够对内容作弊者在图像上做的缩放、平移、旋转等对抗变种保持不变性，有着很强的泛化性。另外，VGG 利用多层非线性层来增加 CNN 深度，用 3 个 3×3 卷积核来代替前一代 AlexNet 模型的 7×7 卷积核，用 2 个 3×3 卷积核来代替 5×5 卷积核，使得在具有相同感知野的条件下，提升了网络的深度，还能够增加网络的拟合和表达能力，在一定程度上提升了神经网络的效果。

图 6-20 展示了 VGG-16 的网络结构，共分为 16 层。输入层是一个大小为 224×224×3 的图像，中间有 13 个卷积层和 3 个全连接层。第一次经过 64 个卷积核的两次卷积后，采用一次池化降维；第二次经过两次 128 个卷积核卷积后，再做一次池化；再重复两次三个 512 个卷积核卷积后，再池化；最后经过三次全连接层。输出层是对 1000 个类别的 softmax 预测。

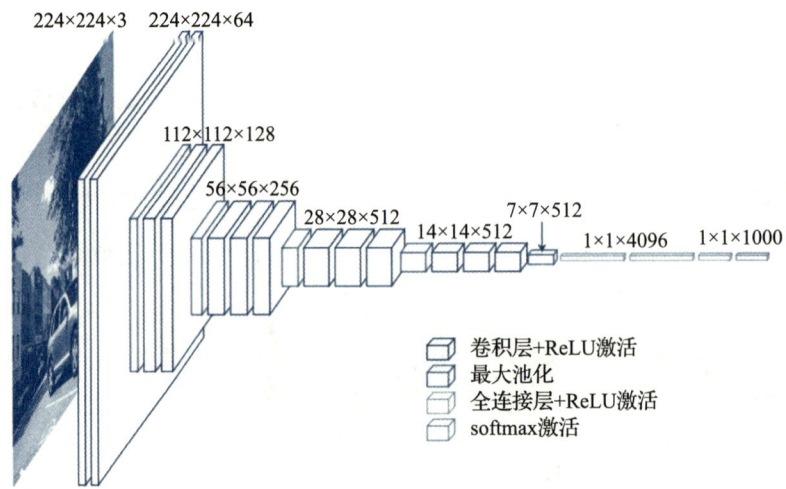

图 6-20 VGG-16 网络结构

代码清单 6-3 基于 TensorFlow 和 Keras 封装的 VGG-16 算法包展示了一个最简单的图像特征提取和表示过程。

**代码清单 6-3 VGG-16 图像特征提取和表示过程**

```
import keras.utils as image
from keras.Applications.vgg16 import VGG16
from keras.Applications.vgg16 import preprocess_input
import numpy as np

model = VGG16(weights='imagenet', include_top=False)
model.summary()

img_path = 'ugly_ad.jpg'
img = image.load_img(img_path, target_size=(224, 224))
img_data = image.img_to_array(img)
img_data = np.expand_dims(img_data, axis=0)
img_data = preprocess_input(img_data)
vgg16_feature = model.predict(img_data)
# H*W*C (Height * Width * Channel)= 7*7*512
print(vgg16_feature.shape)
print(vgg16_feature)
```

上述基于 VGG-16 特征提取和表示得到的是一个 7×7×512 维度的向量,在百亿级样本的内容风控实际生产应用中,对于向量检索系统来说存储和计算成本都是很高的。

出于效果和效率以及成本的考量，通常还会采取微调网络结构、利用池化（如 Max Pooling、ROI Pooling）或者 PCA 来做降维聚合得到更低维稠密的特征表示向量（如 512 维），在保证一定精准和召回的基础上，加速线上相似风险图模型的检索实效性。

作为一线的风控从业者来说，需要解决的问题永远不会如学术研究那般理想，实际工作需要考虑的因素要多得多。

比如，内容风险图像检索如果使用 VGG-16 来计算特征，需要 153 亿 FLOPS（Floating Point Operations Per Second，每秒浮点数操作量），用 VGG-19 则上涨到 196 亿 FLOPS，这些都是实际工作需要考虑的。因为线上系统，无论是存储还是计算都是需要成本的，我们需要尽量以最低的成本实现最大化的风控业务效果。同时，在线审核系统和离线回扫清理面临的风控业务需求也是不同的，在线解决的是低延迟风险审核问题，离线解决的是高吞吐批量风险召回问题。

为了打造一个真正工业级可用的风险检索产品，我们必须对风险内容的表示和检索都有深入了解，方能在不断对抗变种的风险面前闲庭信步、举重若轻。下面继续从向量检索算法角度深入剖析相似内容风险检索的原理和工程落地优化方法。

### 6.3.2　风险向量检索算法

内容风控场景常用的向量检索算法大体可分为四大类：暴力搜索法、空间划分法、空间编码和转换法、邻居图法。其中，暴力搜索法（Brute-Force Search）是最基本的向量检索算法，顾名思义其采用暴力穷举的方式做向量空间搜索。对于风控业务百亿级别样本检索来说，显然是不可接受的。一般来说，仅能当作风控检索算法的 Ground Truth 作为评测使用。本节主要介绍其他三类风险向量检索算法。

通过对风险向量检索算法的深入理解，可以帮助风控从业者针对在线低相似延迟风险拦截、离线高吞吐相似风险挖掘的技术方案选型以及工程性能调优更加从容不迫、有的放矢。

1. 空间划分法

空间划分法的原理是预先划分子空间，检索时可以通过子空间局部搜索的方式快速定位这些预划分的小集合，达到减少扫描数据点计算量的目的。这类算法的典型代表是 KD 树（K-Dimensional Tree）聚类检索等。

KD 树的工作原理是在树的每一级沿不同的 $k$ 个维度交替地对输入点进行比较，然后选择落入左子树还是右子树。下面举一个简化的例子来说明 KD 树是如何检索相似向量的。

假设我们已经通过向量表示方法获得了一组劣迹代言艺人图像的 $k$ 维向量表示，为了简化理解，我们把 $k$ 设定为 2，得到一组 2 维向量列表：（1，10），（50，50），（10，30），（35，90），（25，40），（55，1），（60，80），（70，70），（51，75）。

接下来，我们用 KD 树的方式构建索引。如图 6-21 所示，第 1 层，即根部所在的那一层，根据 $x$ 维度的值决定一个点应该向左走还是向右走；然后在下一级，根据 $y$ 维度的值来决定一个点应该向左走还是向右走。这个过程将不断重复，直到所有的点都被插入。

- 第 1 层：选取第一维的中位数 51 所在的输入点（51，75）作为树的根节点。用第一维对比，第一维小于 51 的所有节点（25，40），（10，30），（35，90），（1，10），（50，50）落入左子树；第一维大于 51 的所有节点（70，70），（55，1），（60，80）落入右子树。

- 第 2 层：用第二维对比，在左子树中，根据第二维选择出来中位数 40 所在的节点（25，40）为左子树的根节点。然后第二维小于 40 的所有节点（10，30），（1，10）落入下一层的左子树；第二维大于 40 的所有节点（35，90），（50，50）落入下一层的右子树。

- 以此类推，直到所有节点都被划分到树上。图 6-21 中左边的坐标轴划分，和右边的树结构划分是一一对应的。

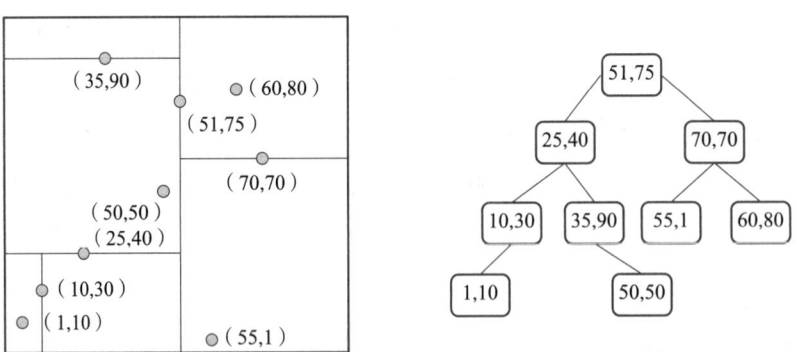

图 6-21　KD 树向量索引构建原理图

给定一个审核图像和基于 KD 树的向量索引库，经过卷积神经网络得到表示向量后，其相似向量检索过程和索引构建过程类似。

首先从根节点出发，自上而下递归，每一维度交替地做比较。如果当前维度对应值小于根节点，则落入左子树继续检索，否则落入右子树检索。同时使用最大堆数据结构存储最近邻的 $k$ 个点，不断递归调用更新最大堆，最后得到最近邻的 $k$ 个相似图。如果相似距离度量（如欧氏距离）超过业务策略配置的风险阈值，则可以自动判定图像审核拒绝。

2. 空间编码和转换法

空间编码和转换法的原理是将数据集重新编码或变换，从而把高维数据嵌入低维的数据空间中，达到减少扫描数据点计算量的目的。这类算法的典型代表是局部敏感哈希（Local Sensitive Hash，LSH）、乘积量化（Product Quantization，PQ）等。

（1）局部敏感哈希

传统的哈希算法（比如 MD5）是为了让不同的 Key 经过哈希后获得的 Value 尽可能分散，避免出现哈希冲突。而在风控场景，我们希望相似的内容（如广告主上传的商品主图、编写的创意文案）以及相似的行为（如某个广告位下的广告点击行为，广告主和买家之间的交易行为）都尽可能地被划分到相同的子空间内，从而可以高效地做相似风险召回。局部敏感哈希算法正是这样的向量检索方法，可以让相似的 Key 哈希到相近的空间，如图 6-22 所示。

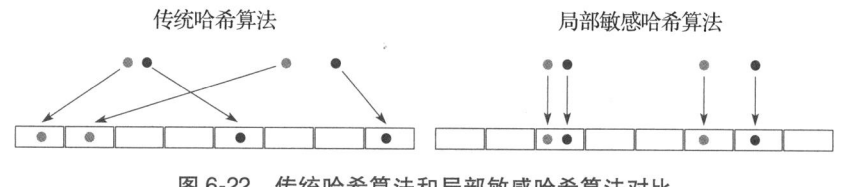

图 6-22　传统哈希算法和局部敏感哈希算法对比

对于两个风险实体（多媒体内容或者点击行为、曝光行为），局部敏感哈希生成的 Value 值的每一位相等的概率可以代表这两个风险实体的相似度。在实际业务中，通常对风险实体使用局部敏感哈希算法做编码，得到 0-1 二元向量表示的风险实体指纹，然后使用汉明距离来度量指纹之间的相似度，从而判断是否为相似风险。

局部敏感哈希的实现方式有基于随机超平面投影的空间划分和向量表示，还有经典的 SimHash 和 Kernel LSH 等改进方法，这些都在风控领域有着广泛应用。因篇幅有限，此处不再展开，感兴趣的读者可以继续深入研究原理以及和自身实际业务的结合点。

(2)乘积量化

乘积量化是矢量量化（Vector Quantization）技术的一种，其核心思想是通过向量空间编码把高维空间向量表示压缩到低维度空间做近似表示，在保持原有相似性的基础上，大幅减少索引存储空间和检索计算量。因为乘积量化良好的效果和卓越的计算存储性能，同时很多知名开源项目（如 Facebook 的 Faiss、阿里巴巴的 Proxima、Zilliz 的 Milvus 等）都默认集成支持，使得其在实际风控业务中有着广泛的生产级别应用。

乘积量化的原理如图 6-23 所示。假设有一个"黑五类"商品夸大虚假宣传的黑文案如"治疗灰指甲，全网疗效第一"，经过文本向量编码后得到一个 128 维的浮点型向量表示，乘积量化首先把 128 维切分成 8 个子空间，其中每个子空间含有 16 维。接下来通过 K-Means 等聚类算法对每个子空间内的 $N$ 个样本做聚类，比如聚成 256 类，则可用 8 bit 表示，那么对于原始向量表示的每一行来说，就可以分为 8 段，每段的值用对应子空间的聚类质心来近似，这其实也可以理解为一种池化（Pooling）方式，本质上是对高维数据空间的一种降维近似表示方法。可以看到量化后存储空间减少了 64 倍，检索空间也从原始的 $128 \times N$ 降低到量化近似压缩后的 $8 \times 256$（把对 $N$ 个样本的检索近似到对每个分段 256 个聚类质心的距离计算），几乎就是一次查表操作，所以其相似检索速度非常快。

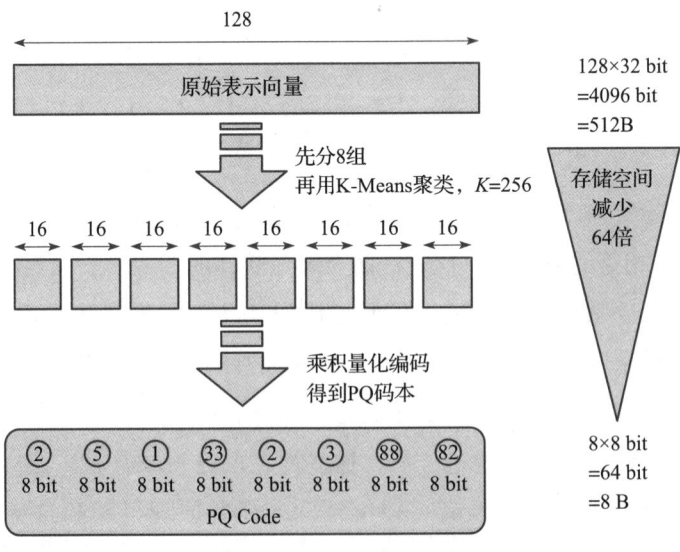

图 6-23 乘积量化原理图

3. 邻居图法

邻居图法的原理是通过预先建立关系图，把相近的点作为邻居，以图的方式关联到一起，去加快检索时游走的收敛速度，减少不必要的检索数据点，从而提高检索效率。这类算法的典型代表是 NSW、HNSW、KGraph、NSG 等。下面以 NSW（Navigable Small World）和 HNSW（Hierarchical Navigable Small World）举例来说明基于邻居图的向量检索算法原理。

如图 6-24 所示，NSW（Navigable Small World，可导航小世界）算法和我们生活中耳熟能详的"六度分隔理论"很相近，朴素来看就是"邻居的邻居大概率也是邻居"。NSW 算法的核心思想就是建立一个样本中点和点的关系图，并且在相邻的节点之间搭建起一条"高速公路"，实现相邻节点快速访达的目的。

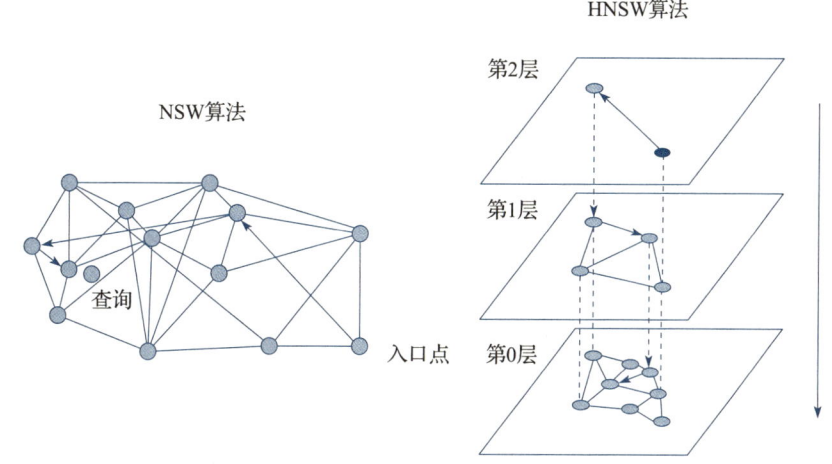

图 6-24　NSW 和 HNSW 向量检索算法

HNSW（Hierarchical Navigable Small World）算法在 NSW 基础之上引入了分层图的概念，通过对图进行分层，实现了逐层由粗到细的向量召回。HNSW 的分层图内部关键数据结构是跳表，先从最上层开始检索，定位一个大致的范围区间，同时排除掉大量不相关的点，然后以此类推逐层向下缩小检索范围，每层内部的检索方式都和 NSW 一样，通过跳表分层使得检索的收敛速度加快。

因为基于邻居图的向量检索算法构建了相对全的节点间图关联关系，所以具有非常高的召回率。但是其缺点也相对明显，为了存储大量的图关系，需要消耗的内存空间相对于前面介绍的乘积量化方法要大很多，同时数据的动态增删支持比较有限。在实际风控业务中，其适用于关系稳定、规模在千万以内且要求高召回率的业务场景，如底线类型的涉政、色情等风险召回。

### 6.3.3 相似风险检索业务应用

基于 ANN 做相似风险召回的营销风控业务实现原理如图 6-25 所示，整体可分为离线索引构建和在线相似风险召回两部分。

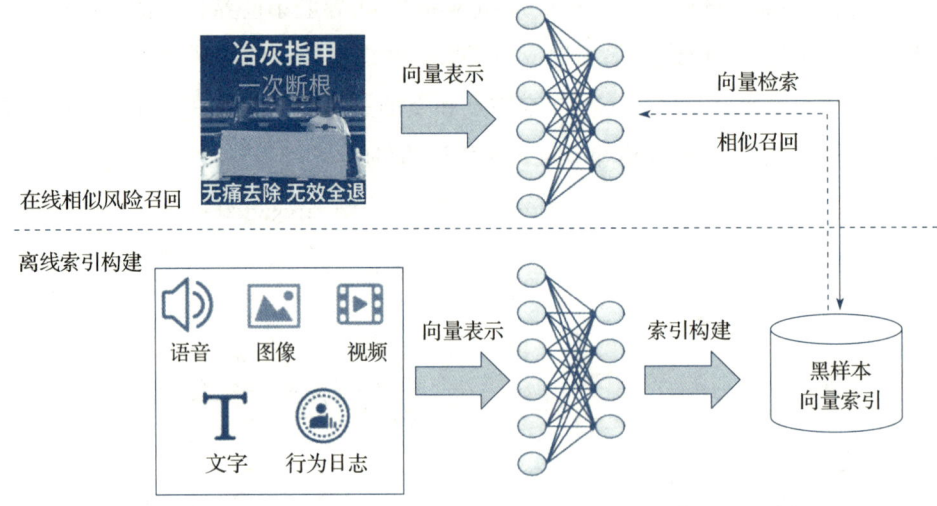

图 6-25　基于 ANN 算法的相似风险检索应用

离线部分根据历史的黑样本（语音、图像、文字、视频、行为日志等）经过神经网络模型提取表示向量。其中，语音可以转换为文字，视频通过抽帧可以转换为图像，文字和行为日志可选的特征向量表示方法有 Word2Vec、BERT 等，图像向量表示方法有传统的 SIFT、VGG 等卷积神经网络算法。通过向量表示，非结构化的多媒体内容转为结构化的 Eembedding 向量，然后建立索引库，依靠空间划分法如 KD 树、空间编码和转换法如 LSH 和 PQ，以及邻居图法如 NSW 和 HNSW 优化索引结构。

在线部分接收到审核内容或行为日志后，通过使用和离线一致的向量表示算法提取得到 Embedding 向量，然后借助优化的检索方法在子空间内高效召回得到相似的风险样本。最后在风险决策阶段，一种常用的方式是可以通过相似度得分判断内容或行为是否违规；另一种业务常用的方式是，由风险运营人员提前配置好词包，将召回的内容再通过敏感词包匹配判断是否为异常。

## 6.4 近邻聚类

对于风控业务来讲,我们认为好人的行为大多是分散的,而同一群坏人出于共同利益的驱使,其行为会在某些时间或者空间呈现出聚集的形态。近邻聚类算法一般是无监督算法,不依赖于数据标签,因此对于风险对抗变种有着相对良好的泛化性。同时,基于近邻聚类的聚集群体往往可以通过可视化手段呈现出来,因此也兼具非常不错的可解释性,使得其在日常的风控业务中有大量应用。

常见的近邻聚类算法大体可以分为两类:一类是基于距离的聚类,如 K-Means、K-Means++ 和 K-Medoids;另一类是基于密度的距离,如 DBSCAN 和 OPTICS。这两类算法都能够让聚类后的相同分组数据集合内部彼此相似,分组集合间又彼此体现出差异。

### 6.4.1 K-Means

K-Means(K 均值)算法是一种常见的基于近邻关系的无监督聚类算法,风控领域常用于做风险划分,其核心思想是具有相同特征或模式的数据会呈现出聚集性。比如,按照广告点击行为做聚类,可以把同一类型(如分布式爬虫攻击、针对单个广告主的刷量等)的作弊人群圈选到一起,如图 6-26 所示。

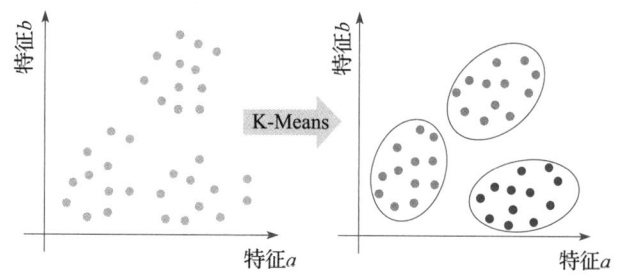

图 6-26 K-Means 圈选作弊人群

K-Means 对异常分类的一般过程如下:
- 第一步:选择 $k$ 的值,根据业务需要决定最终要通过聚类而形成的簇数。
- 第二步:通过随机的方式,选择 $k$ 个点作为质心。
- 第三步:根据数据集中每个数据点与随机选择的质心的距离(如欧氏距离),将其分配到最近的质心,这样形成 $k$ 个聚类。
- 第四步:重新计算各个类簇的质心(即类内部点的均值)。
- 第五步:重复第三步,将每个数据点重新分配给每个簇新算得的最近质心。
- 第六步:如果质心发生变化,重复第四步,否则结束整个分类过程。

可以看到,由于 K-Means 算法采用了随机初始化的方式,这会导致算法本身的分类结果不确定,也即在同一数据集上运行相同的算法两次,最终得到的聚类结果每次都不完全一样。

下面以渠道反作弊业务来说明 K-Means 的实际应用方式。Kaggle 上有个比赛项目"TalkingData AdTracking Fraud Detection Challenge"(TalkingData App 广告点击流量欺诈检测),是由国内著名第三方数据智能服务商 TalkingData 发起的赛事挑战。

比赛的目标是让参赛者预测移动端用户在点击某个推广渠道 App 的广告后是否能够转换为 App 下载行为。根据第 2 章的介绍我们知道,商家通过推广渠道投放广告后,渠道和媒体方出于利益驱使可能会通过掺水、伪造流量的方式来增加虚假的广告点击行为日志,但是这些点击量几乎无法为广告主带来任何后链路的转换价值,这对广告主无疑是一种巨大的伤害,同时也是对互联网广告和营销生态的一种破坏,导致劣币驱逐良币。

Kaggle 上该赛事组织方 TalkingData 提供了近 1.9 亿个脱敏编码后的广告点击数据,关键字段包括:
- IP 地址;
- 渠道 App 名称;
- 移动设备 device;
- 设备操作系统版本 os;
- 渠道号 channel;
- 广告点击时间 click_time;
- App 下载时间 attributed_time(可以理解为渠道归因时间)。

对于原始数据集,先进行特征工程,最基本的原始特征编码;其次是构造 GroupBy 组合,比如按照渠道 App 名称分组统计不同作弊资源(IP、device、os)出现的次数等统计类特征、多个维度组合后的统计类特征;最后统计相同作弊资源的点击时间间隔等时间序列特征。

在经过特征工程预处理后,我们把数据交给 K-Means 分类器,sklearn 算法包集成了 K-Means 算法。代码清单 6-4 展示了渠道反作弊数据集经过 K-Means 分类和三维的可视化分析结果。

**代码清单 6-4　K-Means 算法识别异常点击渠道流量**

```python
import matplotlib.pyplot as plt
import pandas as pd
from sklearn.cluster import KMeans
from sklearn import preprocessing

# 读取预处理和采样过的 Kaggle App 流量点击检测数据集
df = pd.read_csv('./data/kaggle_ad_anti_fraud.csv', sep=',', header=0)

# 数据集中含有字符串类型,通过 LabelEncoder 编码
le = preprocessing.LabelEncoder()
for column_name in df.columns:
    if df[column_name].dtype == object:
        df[column_name] = le.fit_transform(df[column_name])
    else:
        pass

# 初始化 KMeans 算法,聚类质心个数 k=5
km = KMeans(5)
clusts = km.fit_predict(df)
fig = plt.figure()
ax = fig.add_subplot(1, 1, 1, projection='3d')
scatter = ax.scatter(km.cluster_centers_[:, 0],
                     km.cluster_centers_[:, 1],
                     km.cluster_centers_[:, 5],
                     s=250,
                     marker='o',
                     c='red',
                     label='centroids')
scatter = ax.scatter(df['ip'], df['App'], df['click_time'],
                     c=clusts, s=10, cmap='winter')

ax.set_title('K-Means Clustering')
ax.set_xlabel('ip')
ax.set_ylabel('App')
ax.set_zlabel('click_time')
ax.legend()
plt.show()
```

代码清单 6-4 的可视化结果如图 6-27 所示,共分为 5 类,其中右上角的质心明显偏离大盘,这些点击日志在某个推广 App 下出现了 IP 地址和点击时间聚集的行为。

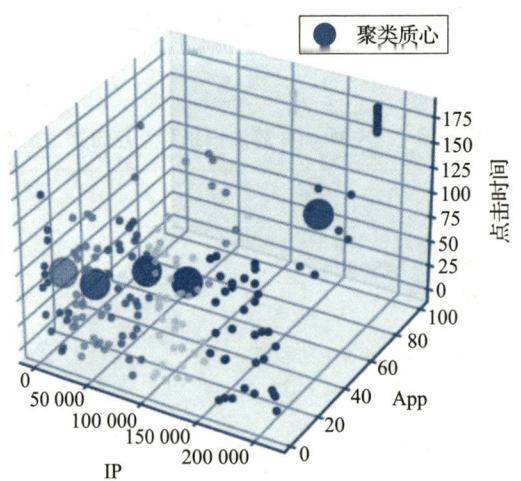

图 6-27　K-Means 异常渠道点击流量分类结果

K-Means 算法的优点在于其原理简单，易于实现，聚类效果好。同时存在一些缺点：

- 初始化的 $k$ 值选取不好确定（可以考虑"手肘法"选取，以及改进的K-Means++）；
- 因为把点分到最近邻的质心会降低平方差和，所以得到的结果只是局部最优；
- 仅对类球形分布簇适用，且容易受到异常值影响。如图 6-28 所示，左侧为球形簇，右侧为非球形簇，K-Means 算法不适用右侧数据聚类（因为要算到质心的距离）。

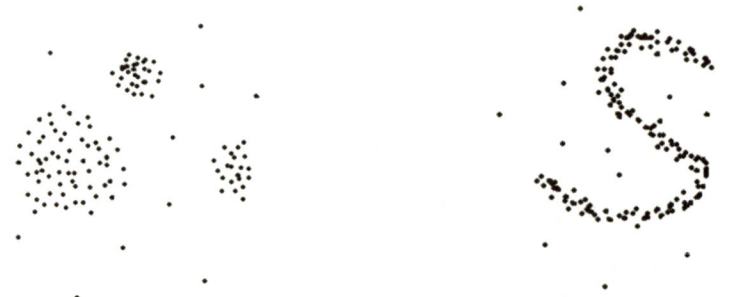

图 6-28　球形簇（左）和非球形簇（右）

### 6.4.2　DBSCAN

和 K-Means 算法不同，DBSCAN（Density Based Spatial Clustering of Applications with

Noise，基于密度的带噪声应用空间聚类）算法是一种基于密度的聚类算法，在风控业务中也有着广泛应用。基于密度的聚类方法核心思路是，只要样本点的密度大于某阈值，则将该样本添加到最近的簇中。

DBSCAN 算法有两个关键参数：Epsilon（eps）作为判定两个点是否为邻居（也即属于同一个分类簇）的阈值，Minimum Points（minPts）定义了核心数据点的最小相邻点的数量。若 minPts 个点之间的距离小于 eps，则认为这些点可以被聚成一个簇。算法核心流程如下。

- 第一步：设定 DBSCAN 的两个参数 eps 和 minPts。
- 第二步：选择一个没有访问过的数据点 $X$，计算 $X$ 到所有其他点的距离。如果两个点之间的距离小于 eps，则认为是数据点 $X$ 的邻居点。
- 第三步：统计点 $X$ 的邻居点个数，如果邻居点个数大于 minPts，则聚类过程开始，并把当前数据点 $X$ 视为新簇的第一个点；否则，该点 $X$ 将会被标记为噪声。在这两种情况下，数据点 $X$ 都被标记为已经访问过。
- 第四步：递归地查找数据点 $X$ 的所有相邻点，并将它们分配给数据点 $X$ 所在的簇。
- 第五步：重复步骤二、三、四，直到所有的点都被访问过。

作为一种基于密度的聚类算法，DBSCAN 能克服 K-Means 等基于距离的算法只能发现类球形簇聚类的缺点，可对任意形状分布的数据做聚类，且对噪声数据有相对良好的容忍度，如图 6-29 所示。

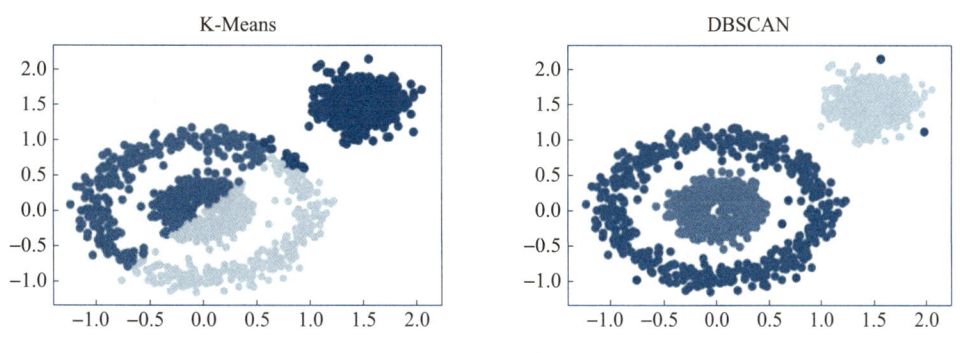

图 6-29　K-Means 聚类（左）和 DBSCAN 聚类（右）

代码清单 6-5 展示了基于 DBSCAN 做风险聚类的流程。sklearn 集成的 DBSCAN 算法应用非常简单，仅需要初始化 eps 参数和 minPts 参数。K-Means 的聚类簇个数是用户指定的，DBSCAN 是自动计算得到的，label 等于 -1 代表噪声，label 大于 -1 代表聚类簇号。

代码清单 6-5　DBSCAN 聚类流程

```
from sklearn.cluster import DBSCAN
# 初始化 DBSCAN, eps=0.15, minPts=3
dbscan = DBSCAN(eps=0.15, min_samples=3)
dbscan.fit(df)
labels = dbscan.labels_
print(labels)
# 计算 DBSCAN 聚类簇个数
n_clusters_ = (len(set(labels)) - (1 if -1 in labels else 0))
# 统计噪声数量
n_noise_ = list(labels).count(-1)
print("Estimated number of clusters: %d" % n_clusters_)
print("Estimated number of noise points: %d" % n_noise_)
```

DBSCAN 解决了 K-Means 对非球形簇数据聚类效果的问题，同时对噪声有更大容忍度。但其计算密度单元的计算复杂度大，在实际风控业务应用中往往预先降维、采样或建立空间索引来降低计算量，同时不太适用于稀疏的数据，而且效果还依赖于参数 eps 和 minPts 调节（另一个基于密度的改进版本聚类算法 OPTICS 解决了这个问题）。

通过上面的原理分析介绍，我们可以看到基于距离的聚类算法（如 K-Means）和基于密度的聚类算法（如 DBSCAN）互有优劣，在实际风控业务应用中需要根据其背后的算法原理按真实场景需求选择技术聚类方案。

## 6.5　本章小结

同类别的作弊往往会在特征上呈现一定程度的相似性，从风控业务度量的角度看，作弊的相似性体现在密度和距离两方面。本章通过对基于密度和基于近邻的异常检测算法展开，一方面从局部密度的稠密与稀疏关系识别刷单异常；另一方面介绍了基于 KNN 和 ANN 的近邻作弊分类、向量检索和聚类算法，并通过示例着重在内容风控的文字、图像相似风险表示和检索召回方面向读者展示了基于近邻的异常检测技术应用。

# 第 7 章

# 基于图的异常检测

互联网营销活动，本质上是通过人和人之间的连接和信息传递实现商品交易的目的。传统的风控更多偏向单点异常检测，如针对商家的行为风控、针对买手的薅羊毛等。随着业务的发展和黑灰产上下游产业链的对抗升级，单点的风险防护手段已经越来越难以保证全面的风险召回，规模化、组织化、职业化、可进化的黑灰产团伙已经成为互联网营销平台不得不正面面对的对手。而随着图算法和配套的图计算引擎、图数据库的快速发展，基于图的异常检测使得对团伙作弊进行风控成为可能。

## 7.1 什么是图

在营销推广业务中，商家为了刷交易量提升竞价排名，会找众包做任务平台提交刷单任务，众包做任务平台找到一批刷手把任务分配下去，这批刷手根据任务要求到指定商家的店铺做任务刷单。如图 7-1 所示，图中顶点是商家集合、众包做任务平台集合和职业刷手集合，边是它们之间的交易、代理和雇佣

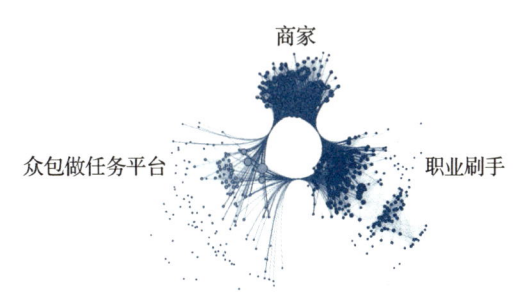

图 7-1 商家、众包做任务平台和职业刷手的图关系

关系，这些顶点集合和关系集合就构成了一个营销刷单作弊的图。

### 7.1.1 图的基本概念

图由一组有限的顶点（Vertex）和一组连接这些顶点的边（Edge）组成。如果两个顶点通过同一条边互相连接，则称它们为邻接。对应到具体的广告与营销风控业务中，顶点就是业务实体（比如商家、广告主、代理商、招商团长、买手等），边就是这些业务实体之间的关联关系（如买卖、代理、雇佣、转账、代付款、快递等）。

根据图论，图 $G$ 可以被定义为 $G=(V,E)$，其中 $V$ 是图中包含的顶点集合，$E$ 是顶点之间所有边的集合，如图 7-2 所示。

除了最基本的顶点和边以外，图还有以下几个重要的概念。

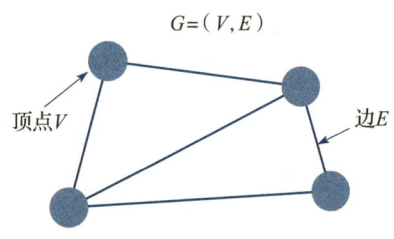

图 7-2　图、顶点和边

- 属性（Property）：用于表示顶点的附加信息，通常是 Key-Value 的形式，Key 为属性名，Value 为属性值。比如，当顶点为商家时，属性可以是商家的开店时长、店铺等级、经营类目等信息。
- 权重（Weight）：是边的一个属性，可以赋予边权重以表示其重要程度、成本、时间或距离等。比如，将同一个刷手在同一个商家下刷单的次数或金额作为权重。
- 度（Degree）：对于顶点 $V$，经过顶点 $V$ 的所有边的数量之和称为顶点 $V$ 的度。
- 入度（In Degree）：对于顶点 $V$，以 $V$ 为终点的边的数量称为顶点 $V$ 的入度。比如，某商家为目标顶点 $V$，有 100 个不同的刷手参与刷单，那么 $V$ 的入度就是 100。
- 出度（Out Degree）：对于顶点 $V$，以 $V$ 为起点的边的数量称为顶点 $V$ 的出度。比如，以某职业刷手为目标顶点 $V$，参与了 30 个不同商家的刷单任务，那么 $V$ 的出度为 30。
- 路径（Path）：对于图 $G$，路径 $P$ 是从图上一点 $V_1$ 到另外一点 $V_2$ 所经过的不重合的点和边的集合。
- 路径长度（Path Length）：两个顶点 $V_1$ 和 $V_2$ 之间的边的数量称为路径长度。
- 环（Cycle）：如果一个路径的起点 $V_1$ 和终点 $V_2$ 相同，那么就构成了一个环。

## 7.1.2　图的分类

**1. 有限图和无限图**

有限图（Finite Graph）的顶点和边的数量是有限的，无限图（Infinite Graph）的顶点和边的数量是无限的。实际风控业务应用中，大部分都是有限图。

**2. 有向图和无向图**

有向图（Directed Graph）中可以对节点之间的关系指定方向，代表业务实体之间的依赖关系。比如营销活动中，买家和卖家之间的商品交易支付关系，由买家指向卖家，而买家和卖家之间的包裹邮寄关系则由卖家指向买家。无向图（Undirected Graph）中节点的关系是双向的。比如，以相似的买家人群圈选构建出的商家同人关系图，商家和商家之间就不存在指向关系，可以认为是对等的。

**3. 有环图和有向无环图**

如果一个路径的起点和终点相同就形成了环，存在环的图就是有环图；有向图中不存在环就是有向无环图（Directed Acyclic Graph，DAG）。

**4. 连通图和非连通图**

连通图（Connected Graph）指图内任意两个节点 $A$ 和 $B$ 之间一定存在一条路径 $P$ 连接它们，否则为非连通图（Disconnected Graph）。若图 $G$ 中存在若干子图 $S_1$，$S_2$，$\cdots$，$S_n$，其中每个子图中所有顶点之间都是连通的，但不同子图间不存在顶点连通，那么称图 $G$ 的这些子图为最大连通子图。在风控业务中，连通子图可以用于归一化风险人群和设备。

**5. 加权图和未加权图**

加权图（Weighted Graph）指的是顶点或边带有权重的图，所加权重可以代表成本、时间、距离、容量、花费等可比的量化数值。比如广告主代充值场景，边的权重可以是一段时间内的代充值次数或金额。未加权图（Unweighted Graph）的节点和边上均没有权重。

**6. 同构图、异构图和二部图**

同构图（Homogeneous Graph）是指图中节点类型和关系类型都仅有一种。比如广告主同人关系图，图中的节点是广告主 ID，边是广告主之间基于身份、设备、账号、地址等特征的同人关系打分。异构图（Heterogeneous Graph）指图中节点类型或关系类型多于一种。二部图（Bipartite Graph）是一种常用的特殊异构图，其中的边连接两类不同的节点。比如用于刻画搜索广告众包做刷单（浏览/成交）任务场景，一类节点是用户账号（刷手），另一类节点是广告搜索词（目标），边对应的是某一用户对词的搜索次数（行为）。

### 7.1.3 作弊图的构建分析

#### 1. 风控业务图的构建流程

风控业务中图的构建，本质上是对业务建模的过程。首先我们需要定义解决什么作弊业务问题，然后根据作弊业务问题展开，分析业务中的参与实体（节点），以及实体之间的关系（边），最后由实体和关系构成图。

1）首先是参与实体，也就是图中节点的定义，根据业务参与实体的差异，可以分为同构和异构两类实体。

第一类反作弊业务实体是同构的。比如在媒体渠道流量反作弊业务中，我们希望刻画媒体渠道日志中上报的设备曝光、点击作弊行为。由于设备是有限的作弊资源，渠道为了攫取更多利益，就会伪造设备行为，所以在这个反作弊业务场景中，我们需要定义的实体就是设备。再往下细分，Android 设备实体可以是 IMEI 号、OAID、Android ID 等，iOS 设备实体可以是 IDFA、CAID、IDFV 等。除了设备上的同构关系，反作弊业务中还经常要识别用户上的同人关系。比如一批"黑五类"的恶意商家在和平台形成对抗后，会不断被封禁、重新注册新账号再推广，此时反作弊算法的图关系中参与的角色就是商家这个实体。

第二类反作弊业务实体是异构的。比如在电商交易刷单反作弊业务中，我们希望刻画众包刷手在某些店铺的虚假交易行为，那么图关系中参与的实体就有刷手和店铺两种不同的角色。再如，同行雇佣水军恶意消耗对手的反作弊业务场景，恶意商家通过众包平台找到水军，然后这批水军到营销平台搜索指定的广告竞价词，找到竞争对手的推广创意后，点击广告消耗其预算，这种作弊场景的参与实体是恶意水军和竞价词两种不同的角色。

2）其次是实体之间的关系，也就是图中边的定义，边的生成也就是构图阶段。

最直接的方法是基于反作弊行为日志中实体之间的历史行为数据做关联，比如同构关系中设备号之间的曝光、点击出现的时间、地域、频次、习惯等，或者异构关系中买家和卖家之间的搜索、浏览、收藏、加购物车、成交、单量、金额等交互行为。

另一种方法和我们第 6 章介绍的基于近邻的异常检测思路类似，首先对反作弊定义的业务实体生成 Embedding 表示向量，然后通过 ANN 近似检索算法找到稠密向量空间中相近的节点，让相邻的 Embedding 向量之间建立关系。

2. 使用 HugeGraph+Gremlin 构建和分析刷单作弊

HugeGraph 是百度开源的图数据库，Gremlin 是目前业界图数据库领域主流的查询语言，可用 SQL 语言之于关系型数据库来类比。下面以交易刷单反作弊业务场景为例，说明如何通过 HugeGraph+Gremlin 来对刷单业务关系图建模并分析作弊案例。

按照前面图的构建原则，我们首先定义业务参与实体，刷单业务可以简化为如下三类实体：

1）买家，基础属性有账号、手机号、设备标识、地理位置等。
2）店铺，基础属性有店铺名、手机号等。
3）订单，基础属性有订单号、成交时间等。

图 7-3 展示了 HugeGraph 上对刷单业务实体的元数据建模。

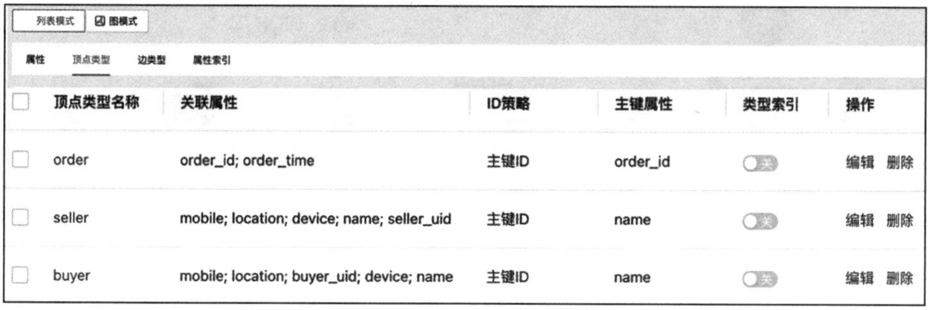

| 顶点类型名称 | 关联属性 | ID策略 | 主键属性 | 类型索引 | 操作 |
| --- | --- | --- | --- | --- | --- |
| order | order_id; order_time | 主键ID | order_id | 关 | 编辑 删除 |
| seller | mobile; location; device; name; seller_uid | 主键ID | name | 关 | 编辑 删除 |
| buyer | mobile; location; buyer_uid; device; name | 主键ID | name | 关 | 编辑 删除 |

图 7-3 使用 HugeGraph 对刷单作弊实体建模

然后是定义实体之间的关系，即给图建立边。买家和订单关联，订单和店铺关联。接下来导入一批实验数据，包含 2 个店铺、5 个买家和 10 个订单节点数据，以及买家-订单、订单-店铺之间的边数据。已知"大健康医疗旗舰店"是一家新开的店铺，商家为了欺骗模型提升排名找来一批刷手，基于 HugeGraph 提供的图数据存储和 Gremlin 图分析查询的能力，我们可以使用代码清单 7-1 所示的 Gremlin 图查询语言对店铺和刷手的关系进行分析。

代码清单 7-1　使用 Gremlin 分析刷单图网络

```
g.V().hasLabel("seller").has("name", "大健康医疗旗舰店")
    .inE("order_seller_rela")
    .outV()
    .inE("buyer_order_rela")
    .path()
```

代码清单 7-1 所示的 Gremlin 图查询结果的可视化展示如图 7-4 所示，店铺"大健康医疗旗舰店"关联了若干已知的黑刷手账号。

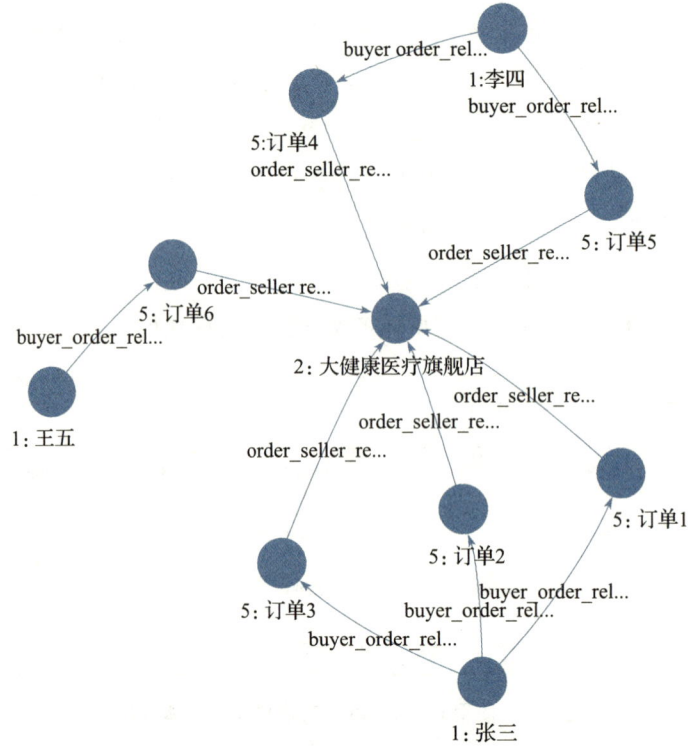

图 7-4　刷单店铺和刷手图关系

当然，我们还可以从买家的节点出发，通过业务历史抓到的刷手账号来拓展同人、同设备关系，再通过买家和订单、订单和店铺之间的关系找到刷单的店铺。但是这种需要大量人工参与分析的方式不够高效，下节的作弊社区发现算法刚好能够帮助业务解决这种困扰。

## 7.2 作弊社区发现

在 2.2 节广告与营销的利益链部分，我们曾介绍过黑灰产作弊方式已经从过去的单点和机器刷量逐渐转变成规模化和组织化的众包团伙作弊。传统的风控算法往往对独立刻画的维度区分开来做异常检测，比如渠道虚假流量识别，以最终是否有 ROI 转化（如成交、下载、留存等）来判别异常。但是随着营销业务的发展，我们发现越来越多的高级作弊是不符合这种假设的。比如广告主刷单炒信作弊行为，流量作弊背后的动机其实是通过刷商品成交转化提升自己的信用分，同时这种行为往往呈现出小范围聚集性、团伙性和隐秘性。因为从专业的作弊者视角看，其利益出发点是利用手中的作弊资源（账号、设备、IP 池等）最大限度地帮助各类广告主刷单以提高销量和信用度，甚至欺骗广告竞价排序模型。基于图的作弊社区发现算法正是针对此类团伙作弊的有效风险防御武器。

### 7.2.1 标签传播

标签传播算法（Label Propagation Algorithm，LPA）是一种基于图的半监督学习方法，可用于在图中快速查找社区，其基本思路是用已标记节点的标签（Label）信息去预测未标记节点的标签信息。如果某些节点在组内是紧密连接的，那么单个标签会在其中迅速占据主导地位，但面对稀疏连接区域则不能，因此可以作为社区边界的划分标准，彼此紧密的节点形成社区，彼此稀疏的相互分隔开，最后随着整个网络中标签传播过程的收敛逐渐形成独立社区。

标签传播的整体算法过程如图 7-5 所示。
- 对图中节点使用唯一的社区标签进行初始化。
- 这些标签通过网络进行传播。
- 每轮传播迭代过程中，每个节点都会将其标签更新为其最大数量的邻居所属的标签。
- 当每个节点都拥有其邻居的多数标签时，标签传播达到收敛条件。
- 如果达到收敛条件或用户定义的最大迭代次数，整个标签传播过程停止，社区形成。

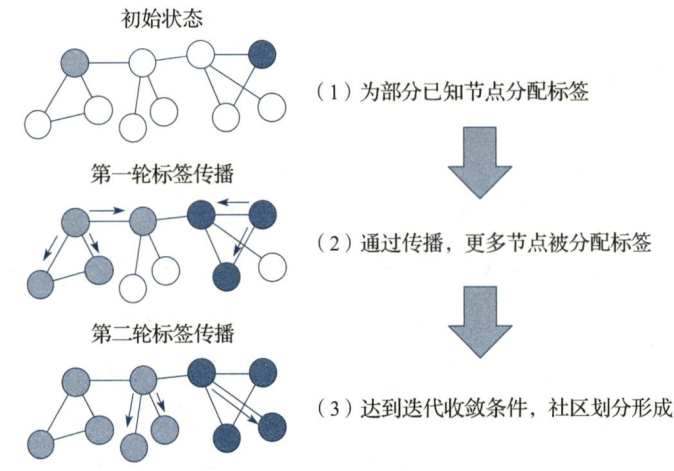

图 7-5 标签传播整体算法过程

通过上面的算法原理分析可以发现，标签传播算法其实是非常简单直接的，仅需要简单地建立节点之间的连接关系，再通过多轮相邻节点之间标签的传播、对比得到划分的风险社区。

但是也需要认识到，传统的标签传播算法在对图进行社区划分时，并没有有效地考虑图中边的权重信息，所以加权图的划分效果并不稳定和理想。比如两个广告主之间虽然没有直接的连接关系，但是他们在某一地域使用老年机的新注册用户点击量非常接近，这背后隐含的业务语义标签传播算法是学习不到的，所以在实际业务应用中仅能用于相对粗粒度的风险划分，一般用于第一阶段的风险粗召回。

### 7.2.2 连通分量

营销风控业务经常会遇到团伙作弊的案例，比如店铺通过众包做任务平台雇佣刷手到店铺刷流量、刷成交，带货主播雇佣水军来直播刷场观、刷点击等，还有渠道引流业务场景，媒体通过设备篡改、伪造曝光等形式制造虚假流量骗取不正当媒体分成等。这些场景要求风控系统能够对全量数据做划分，细分出来作弊的人群、伪造的设备连接信息等。抽象而言，对风控业务来讲就是需要一种针对作弊资源、作弊目标的图分割方法。

**1. 算法原理**

连通分量是一种经典的图分割算法，根据图中节点的连通强度，可以分为弱连通分量和强连通分量两种。

- 弱连通分量（Weakly Connected Component，WCC）是无向图 $G$ 中的极大连通子图。如果两个节点 $a$ 和 $b$ 之间存在一条路径，那么这两个节点就是相连的。所有相互连接的节点的集合构成一个连通分量。弱连通分量不需要考虑两个节点之间路径上的关系方向。例如，在一个有向图 $(a)\to(b)$ 中，即使不存在 $(b)\to(a)$ 的有向关系，$a$ 和 $b$ 也会在同一个弱连通分量中。

- 强连通分量（Strongly Connected Component，SCC）是相对于弱连通分量的对路径方向要求更为严格的一种连接关系。对于有向图上的两个点 $a$ 和 $b$，若存在一条 $(a)\to(b)$ 的路径，同时也存在一条 $(b)\to(a)$ 的路径，那么称图中节点 $a$ 和 $b$ 之间是强连通的。

如图 7-6 所示，图中有 $A$、$B$、$C$、$D$、$E$、$F$、$G$、$H$、$I$ 共 9 个节点，通过它们彼此之间的关联关系，可在图上划分出来 3 个弱连通分量，分别是子图 $\{A,B,C\}$、$\{D,E\}$ 和 $\{F,G,H,I\}$，任意子图中的节点不与其他子图中的任何节点相连，因此这 3 个子图被划分成彼此独立的弱连通分量。

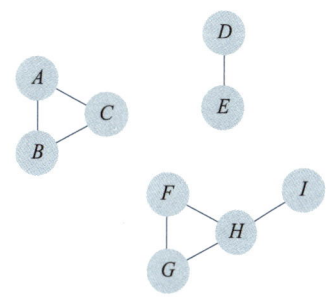

图 7-6 弱连通分量

### 2. 渠道反作弊业务应用

下面以渠道反作弊业务来说明连通分量是如何帮助业务识别媒体渠道中的虚假设备和流量掺水行为的。通过 2.2 节广告与营销的利益链相关介绍我们知道，渠道为了攫取更多利益，会通过改机工具、多开设备、机器操控、陈旧老年机伪造曝光和点击等不正当的技术手段伪造流量，这些流量对于广告主而言是没有任何价值的，同时对营销平台的公平性也是一种伤害。

目前市面上媒体渠道引流的设备市场占比超过 9 成都是 Android 和 iOS，这两类系统的主要设备参数见表 7-1。

表 7-1 移动设备的主要设备参数

| 系统 | 设备参数 | 参数说明 |
| --- | --- | --- |
| Android | IMEI | 国际移动设备标识码（International Mobile Equipment Identity），和 SIM 相关联，是长度为 15 位的数字串号，由机型、产地、生产顺序号和检验码组成，如：863456789012340。在 iOS 5 以后版本中被禁用，所以可以理解为 Android 设备专有。在 Android 10 及后续版本中，非厂商系统应用也无法再获取 IMEI 了 |

(续)

| 系统 | 设备参数 | 参数说明 |
| --- | --- | --- |
| Android | IMSI | 国际移动用户识别码（International Mobile Subscriber Identity），长度为15位，由移动国家码、网络码、客户识别码三部分组成，如：460000911110000。其中46000代表中国移动网络 |
| | Mac | 设备硬件地址标识符，包括Wi-Fi Mac地址和蓝牙Mac地址，如AA：11：BB：22：CC：33。在Android 6以后版本中被禁用 |
| | OAID | 开放匿名设备标识符（Open Anonymous device IDentifier），是由中国信通院联合国内移动端设备厂商共同推出的设备识别技术，作为Android 10之后版本的设备标识替代方案<br>需要注意的是，不同手机厂商的OAID生产规则不一致，导致长度和格式各异，以华为官方开发者文档给出的OAID为例：1fe9a970-efbb-29e0-0bdd-f5dbbf751ab5 |
| | Android ID | 设备首次启动时由系统随机生成的13～16位的十六进制数字，如：60c8f438e24b96ff。一旦系统重置或刷机此ID会发生变化 |
| iOS | IDFA | 广告标识符（IDentifier For Advertising），2012年9月随iOS 6发布，长度为36位的十六进制字符串，如：00000000-1111-2222-3333-AABBCCDDEEFF<br>需要特别注意的是，在iOS 10.0及以后版本中，若开启了限制广告跟踪的隐私设置，则获取到的IDFA为一个固定值：00000000-0000-0000-0000-000000000000。同样每次开启再关闭此设置，IDFA也会重新生成 |
| | IDFV | 应用开发商标识符（IDentifier For Vendor），格式和IDFA一样，但是如果开发商的应用全部被卸载重装后，IDFV会重置 |
| | CAID | 中国广告协会互联网广告标识（CAA Advertising ID），是2021年3月中国广告协会推出的iOS上的广告标识，作为IDFA无法获取的替代。格式为8位日期+下划线+32位十六进制随机数，如：20220101_12345678901234567890 1234567890ab |
| | UDID | 唯一设备标识符（Unique Device IDentifier），在iOS 6之后版本被禁用 |
| | Mac | 设备硬件地址标识符，包括Wi-Fi Mac地址和蓝牙Mac地址。在iOS 7之后版本被禁用 |

从表7-1可以发现，媒体渠道流量推广的场景中，在符合数据监管合规要求的前提下，可以获取多种用于标识推广内容的设备信息，这就给了某些不良渠道作弊的可乘之机。比如，针对一台Android设备，在同一个时刻实际只发生了一次有效的广告曝光，但是媒体渠道却使用不同的设备号（IMEI、OAID）在不同的广告位上报两次广告曝光日志，从而不正当地赚取两次媒体分成。

为了把同一台物理设备上发生的曝光真正地区分出来，风控系统通常会对移动端设备建立设备指纹库，连通分量是其中一种常用的技术手段。假设有两台Android设备，分别为华为和小米手机，不同媒体App在上报广告曝光日志时，可能会使用不用的字段,即便是同一个媒体,随着用户移动客户端版本升级、适应监管合规要求调整等也会出现前后不一致的情况,更不用提媒体主动上报虚假设备曝光日志的情况。通过对历史上发生过的曝光数据进行设备号两两组合,统计静态属性和交叠行为等,可以获得设备之间的关联权重,以此来建立图关系,进而可通过弱连通分量进行极大连通图的划分,得到对相同物理设备的唯一分组 ID。

代码清单 7-2 展示了使用 Neo4j 的 Cypher 图查询语言构图,然后执行弱连通分量,最后得到设备归一化分组结果的完整过程。

**代码清单 7-2　基于 Neo4j 弱连通分量关联设备信息**

```
--步骤一:构建图关系,7 次随机生成的 md5 加密设备曝光日志
CREATE
(nDev1:Device {id: '7d8539107fb4e73a4fab909fa03f64d1', type: 'imei_md5',
    brand: 'Huawei', os: 'Android'}),
(nDev2:Device {id: 'e4adf743799120bd0f7da99de67acf3d', type: 'oaid_md5',
    brand: 'Huawei', os: 'Android'}),
(nDev3:Device {id: '1e1f657d7a1791cdb151e5df2a43b08c', type: 'mac_md5',
    brand: 'Huawei', os: 'Android'}),
(nDev4:Device {id: '65a7766c5c269f6bd342c6cc5d0c5ba2', type: 'imsi_md5',
    brand: 'Huawei', os: 'Android'}),
(nDev5:Device {id: 'f127af467b74eabc5eda9627fd43bd79', type: 'oaid_md5',
    brand: 'Xiaomi', os: 'Android'}),
(nDev6:Device {id: '8efc07d757ec059de39f5a7aefc6027e', type: 'imei_md5',
    brand: 'Xiaomi', os: 'Android'}),
(nDev7:Device {id: '318f607ecda82509e9891c437e829d98', type: 'mac_md5',
    brand: 'Xiaomi', os: 'Android'}),

--根据设备之间的静态属性和历史交叠行为计算节点之间的边权重
(nDev1)-[:LINK {weight: 0.5}]->(nDev2),
(nDev1)-[:LINK {weight: 4}]->(nDev3),
(nDev1)-[:LINK {weight: 2.1}]->(nDev4),
(nDev5)-[:LINK {weight: 1.1}]->(nDev6),
(nDev6)-[:LINK {weight: 3}]->(nDev7)

CALL gds.graph.project(
    'androidDeviceGraph',
    'Device',
    'LINK',
    {
    relationshipProperties: 'weight'
    }
)

--步骤二:执行弱连通分量划分 Group
CALL gds.wcc.stream('androidDeviceGraph')
```

```
  YIELD nodeId, componentId
  RETURN gds.util.asNode(nodeId).id AS id, componentId
  ORDER BY componentId, id

--步骤三：召回连通分量结果
  match(n:Device) return n;
```

代码清单 7-2 得到的设备关联连通分量的可视化结果如图 7-7 所示，可以看到两台物理设备分别为华为（Huawei）和小米（Xiaomi），华为手机的 imei_md5、oaid_md5、mac_md5 和 imsi_md5 被划分到同一个连通分量中，小米手机的 imei_md5、oaid_md5 和 mac_md5 被划分到另一个连通分量中，达到了统一设备内聚成组、不同设备间有效划分的目的。

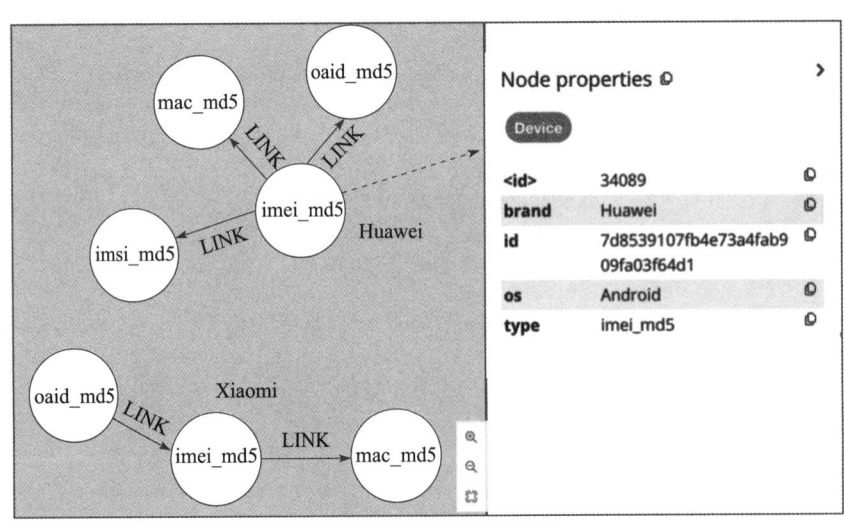

图 7-7　两台物理 Android 设备连通分量

最后，作为广告与营销风控一线的从业者，我们必须深刻认识到数据安全合规的重要性，随着《网络安全法》《信息安全技术　个人信息安全规范》《互联网广告数据应用和安全技术要求》《移动互联网广告标识技术规范》等法律法规、标准的相继出台，用户个人隐私的收集和使用有了更多明文规定的合规要求和法律约束，不管是对正向的搜索、推荐算法，还是对风控业务，都是不小的挑战。算法策略模型需要在合规的前提下，设计得更加健壮以面对各类风险，同时还要时刻做好媒体渠道数据缺失、字段错乱、根据监管合规要求调整等潜在的不稳定性因素影响的准备。

### 7.2.3 Louvain

Louvain 算法是风控领域广泛应用的一种基于模块度（Modularity）的无监督层次聚类社区发现算法，2008 年在比利时鲁汶大学的 Vincent D. Blondel、Jean-Loup Guillaume、Renaud Lambiotte 等人发表的文章"Fast unfolding of communities in large networks"中被提出，所以也称为 Fast Unfolding 算法。

所谓模块度，就是一种对图网络中社区内部和社区之间紧密度划分的度量方法，模块度的取值范围为 [-0.5,1)，模块度越接近 1 说明当前社区内部的关系越紧密（形象地看就是社区内部各个节点之间的边足够多，连接足够稠密），而社区和外部的连接关系越稀疏（形象地看就是和外界的连接边相对较少），业界实践一般认为模块度超过 0.3 便能够较好地对作弊社区做刻画和划分。

社区 $C$ 的模块度 $Q_C$ 计算公式如下：

$$Q_C = \frac{\sum_{in}}{2m} - \left(\frac{\sum_{tot}}{2m}\right)^2$$

式中，$\sum_{in}$ 代表社区 $C$ 内部节点之间边的权重之和；$\sum_{tot}$ 代表社区内节点的所有边权重的总和（包括连接到其他社区的边）；$m$ 是图中所有边的权重之和。

Louvain 社区发现算法的目标就是高效地通过多轮迭代最大化模块度。每轮迭代又可以分为模块度优化和社区合并两个阶段。

图 7-8 展示了 Louvain 社区发现算法流程。

**1. 模块度优化阶段**

首先，图网络中的每个节点被分配到自己所在的社区。其次对每个节点 $i$，计算出将其从自己的社区中移除并增加到每个邻居 $j$ 所在的社区中的模块度变化，节点 $i$ 移动变化前后的目标社区模块度变化 $\Delta Q$ 可以表示为

$$\Delta Q = \left[\frac{\sum_{in} + 2k_{i,in}}{2m} - \left(\frac{\sum_{tot} + k_i}{2m}\right)^2\right] - \left[\frac{\sum_{in}}{2m} - \left(\frac{\sum_{tot}}{2m}\right)^2 - \left(\frac{k_i}{2m}\right)^2\right]$$

式中，$k_i$ 代表节点 $i$ 对应边的权重之和；$k_{i,in}$ 代表节点 $i$ 和移动的目标社区中所有节点之间边的权重之和。

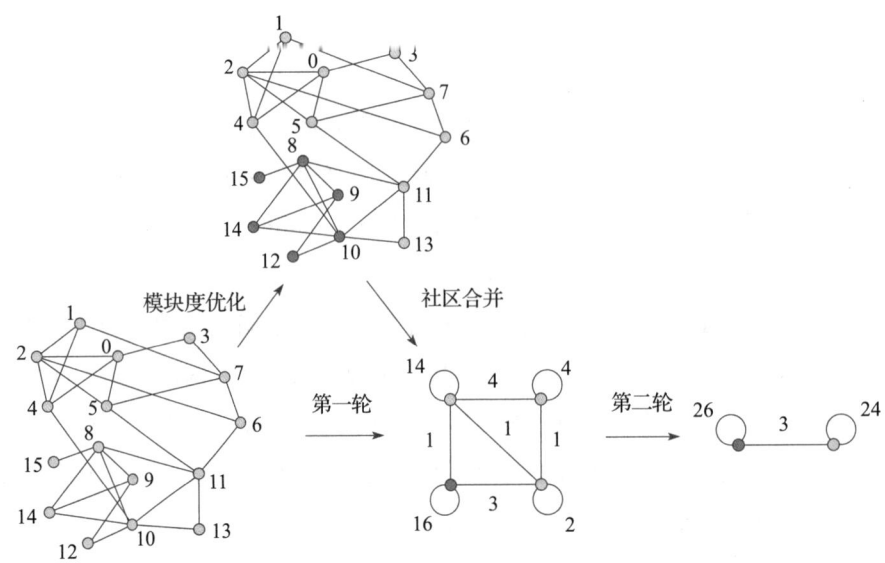

图 7-8　Louvain 社区发现算法流程

当节点 $i$ 遍历其每一个邻居 $j$ 所在的社区并计算模块度变化后，可以算得一个使模块度变化增益最大的社区，节点 $i$ 则被分配到这个新社区。如果模块度没有发生变化，则节点 $i$ 被稳定保持在原社区中。

针对图网络中的每个节点，重复以上模块度优化的过程，直到模块度不再发生变化，则完成当前迭代轮次的模块度优化第一阶段，接下来是第二阶段：社区合并。

2. 社区合并阶段

在经历了第一阶段模块度优化后，我们可以得到一批使得模块度最大的社区集合。Louvain 算法的第二阶段基于第一阶段产出的社区，通过合并的方式得到一个全新的图网络，这个新的图网络中，每个节点代表上一阶段的一个社区（类似于深度学习中的池化降维），节点之间的边权重为上一阶段的社区相互连接的节点之间的权重之和。

代码清单 7-3 展示了基于 Python 开源的 python-louvain、networkx、netgraph 等图算法包实现的最基本的 Louvain 社区发现过程。

代码清单 7-3　Louvain 社区发现过程

```
import matplotlib.pyplot as plt
import networkx as nx
from community import community_louvain
```

```
from netgraph import Graph

# 使用 networkx 包生成 4 组社区样本数据
# 实际工作中需要对风控业务(比如刷单)建模,构造 networkx.Graph 类型图关系交给 Louvain
partition_sizes = [10, 20, 30, 40]
g = nx.random_partition_graph(partition_sizes, 0.5, 0.1)

# 通过 Louvain 算法划分社区
node_to_community = community_louvain.best_partition(g)
community_to_color = {
    0: 'tab:gray',
    1: 'tab:pink',
    2: 'tab:green',
    3: 'tab:red',
}

node_color = {node: community_to_color[community_id]
              for node, community_id in node_to_community.items()}

Graph(g,
    node_color=node_color, node_edge_width=0, edge_alpha=0.1,
    node_layout='community', node_layout_kwargs=
dict(node_to_community=node_to_community),
    edge_layout='bundled', edge_layout_kwargs=dict(k=2000),

plt.show()
```

图 7-9 展示了对应社区发现的可视化结果。

最后总结一下 Louvain 算法的优缺点。Louvain 算法的每轮迭代都会不断地通过模块度优化和社区合并降低下一轮迭代的计算量,所以其算法运行速度是非常快的,可以在较短时间内实现大规模网络以不同粒度的社区划分,尤其是对加权图网络的计算,并且无须指定社区的数量,当模块度不再增益时,迭代便可自动停止。

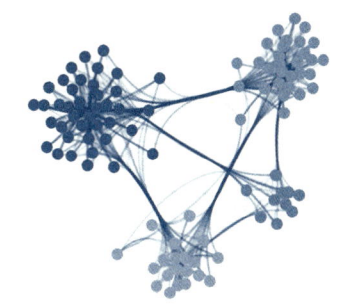

图 7-9 通过 Louvain 算法划分出 4 个稠密社区

需要注意的是,Louvain 算法对于稠密图的划分收敛速度不像稀疏图那么快,第一阶段的模块度优化计算量过大,且对非加权图的划分效果一般,这是因为 Louvain 算法效果取决于模块度增益,而模块度的计算公式依赖于图中节点之间边的权重,如果是非加权图，权重会退化为节点的度，可能会导致区分度效果下降。此外，作为 Louvain 算法的补充和加强，还有 Leiden 等优化算法，读者可以继续深入研究并按需应用到实际风控业务中。

### 7.2.4 Fraudar

互联网电商营销平台中直播带货刷榜单、刷关注的僵尸粉丝团伙，货比三家的众包刷单刷手群体等屡见不鲜，这些非正常用户为了让自己伪装得更像真实用户，会通过主动增加和正常目标对象（带货主播、商家、店铺、商品）之间的联系，降低作弊用户和作弊目标之间的密度来试图绕过营销风控系统。传统的异常检测算法针对这种伪装对抗行为有时会显得力不从心，而 Fraudar 算法可以找出图网络中伪装的虚假节点簇。

Fraudar 是一种针对二部图的无监督稠密子图异常检测算法，出自卡内基梅隆大学数据库团队 Bryan Hooi、Hyun Ah Song、Alex Beutel 等人于 2016 年在 KDD 会议上发表的论文"FRAUDAR: Bounding Graph Fraud in the Face of Camouflage"，此论文赢得了当年 KDD 的最佳科研论文奖。

**1. Fraudar 对抗伪装的原理**

Fraudar 算法首先定义一个用于对抗伪装的全局度量函数 $g$，这个度量函数代表子图内节点的平均可疑度，然后再移除二部图中可疑度最小的点和边，使得剩余图网络结构对应的度量的值最大。以此类推，持续迭代直到收敛到最稠密的子图，这个子图就是最可疑的作弊团伙。算法的详细过程如下。

- 通过业务建模定义二部图 $G=(u \cup w, \epsilon)$，其中 $u$ 代表作弊用户（如僵尸粉、刷手），$w$ 代表作弊目标对象（如直播带货主播、店铺），$\epsilon$ 代表作弊用户和目标对象构成的二部图节点之间的关系。
- 定义全局度量函数 $g(S)$，以及子图节点集合 $S$，迭代目标是通过移除最小可疑节点找到一个子图 $S$，使得 $g(S)$ 最大。
- 由 $m$ 个用户和 $n$ 个目标对象组成的数据建立优先级树 $T$，树的根节点是可疑度最小的节点（用户或者目标对象）。
- 在优先级树 $T$ 中找到一个可疑度最小的节点 $i$，即移除这个节点能够使得剩余图中的 $g$ 函数最大，移除这个节点同时更新优先级树。

- 重复上面步骤，直到所有节点都被移除。
- 最后回溯全部迭代过程，比较每轮迭代中的 $g$ 函数，最大 $g$ 函数对应的子图就是最可疑的稠密子图 $S$。

其中算法的全局度量函数定义公式为

$$g(S) = \frac{f(S)}{|S|}$$

式中，$f(S)$ 是节点可疑度的总和，$S$ 是由作弊用户和作弊目标构建的节点集合，$|S|$ 是节点集合 $S$ 内的总节点个数，$g(S)$ 可以理解为节点集合 $S$ 内每个节点的平均可疑度。

这个全局度量函数 $g(S)$ 抗伪装性的原理就是让伪装的节点不会因为增加了和其他正常节点连接的边而使其异常度降低，为了达到这一目标，在计算异常度的过程中，会让热门目标节点降低其权重，同时让连接热门目标节点的边能够降低权重。Fraudar 论文中给出了基于经验的边的异常度公式——$1/\log(x+c)$，其中 $x$ 为和目标节点连接的边的数量，$c$ 一般取常数 5，可见边的异常度和与目标节点相连的边的个数成反比（建立在热门大型店铺下绝大部分用户都应该是真实用户的假设之上），而图中节点的异常度表示为其所有连接边的异常度之和。因此，即使刷手主动去受众更广的旗舰店伪装自身的刷量行为，其异常度刻画也不会产生过大的波动，所以 Fraudar 能够对抗伪装。

### 2. 刷单团伙识别案例

下面以营销活动反作弊业务中常见的店铺刷单炒信场景为例，来说明 Fraudar 算法是如何检测出异常作弊团伙的。

首先定义问题，通过第 2 章介绍的广告与营销利益链我们知道，某些黑商家为了以更低的成本提升自身店铺的信誉度和竞价排名，会通过黑灰产找到代理刷单的任务平台，发布任务后由刷手到店铺内刷浏览单或成交单。

因此可以定义二部图关系节点集合 $S = [\text{User}, \text{Shop}]$，其中，User 和 Shop 分别代表用户和店铺节点，两者之间存在用户在对应店铺内浏览、收藏、加购物车或商品交易等作弊行为。如图 7-10 所示，上面 4 个用户和上面 3 个店铺构成刷量的

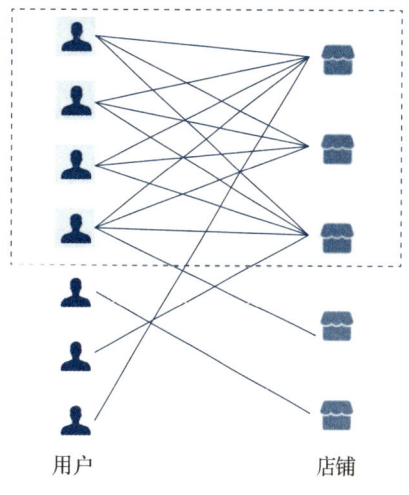

图 7-10 用户和店铺构成的二部图关系网络

稠密子图，这种行为被形象地称为 Lockstep。

代码清单 7-4 展示了如何使用开源的 Python Fraudar 算法识别上述由用户和店铺构成的 User-Shop 二部图中的作弊刷手。

**代码清单 7-4　Fraudar 在用户和店铺二部图中作弊刷手**

```python
#!/usr/bin/env python
import click
import fraudar

@click.command()
@click.argument("n", type=int)
def analyze(n):
    # 使用 Fraudar 的 ReviewGraph 数据结构定义二部图
    graph = fraudar.ReviewGraph(n, fraudar.aveDegree)

    # 7 个用户节点，其中前 4 个用户为刷手，后 3 个用户为正常买家
    users = [graph.new_reviewer("user-{0}".format(i)) for i in range(7)]

    # 5 个店铺节点，其中前 3 个店铺为刷单作弊商家，后 2 个店铺为正常商家
    shops = [graph.new_product("shop-{0}".format(i)) for i in range(5)]

    # 建立用户和店铺之间的边并赋予业务权重
    graph.add_review(users[0], shops[0], 0.7)
    graph.add_review(users[0], shops[1], 0.5)
    graph.add_review(users[0], shops[2], 0.9)
    graph.add_review(users[1], shops[0], 0.2)
    graph.add_review(users[1], shops[1], 0.7)
    graph.add_review(users[1], shops[2], 0.3)
    graph.add_review(users[2], shops[0], 0.8)
    graph.add_review(users[2], shops[1], 0.6)
    graph.add_review(users[2], shops[2], 0.7)
    graph.add_review(users[3], shops[0], 0.2)
    graph.add_review(users[3], shops[1], 0.4)
    graph.add_review(users[3], shops[2], 0.8)
    graph.add_review(users[3], shops[3], 0.4)
    graph.add_review(users[4], shops[4], 0.7)
    graph.add_review(users[5], shops[2], 0.3)
    graph.add_review(users[6], shops[4], 0.2)

    # 开始 Fraudar 算法迭代流程
    graph.update()

    # 输出异常用户
    anomaly_users = ""
    for r in graph.reviewers:
```

```
        if r.anomalous_score == 1:
            anomaly_users += (r.name + ", ")
    print("异常用户:%s" % anomaly_users.rstrip(", "))

if __name__ == "__main__":
    analyze()
```

代码清单 7-4 的输出结果如下：

异常用户: user-0, user-1, user-2, user-3

结合图 7-10 用户和店铺构成的二部图关系网络（前 4 个用户为刷手）和代码清单 7-4 的执行结果，可见 Fraudar 能够有效地识别二部图中的稠密子图，发现刷单业务中的作弊刷手团伙。

同时，我们也需要客观地意识到，Fraudar 算法并没有对加权图中节点的权重进行有效利用，因此可能会损失一部分风险刻画的效果。另外目前业界开源的 Fraudar 算法大多是串行实现的，运行效率普遍偏低，且每次只能检测出一个最稠密的子图，如果业务需要多个子图社区发现，算法的运行轮次和成本将会大大增加，在实际生产级别业务应用中需要谨慎评估业务需求和数据量再做合理的技术选型。

## 7.3 图嵌入

### 7.3.1 为什么需要图嵌入

大型头部互联网公司中，广告与营销风控业务通常需要面对数以亿计级别的图节点，而图中节点和节点之间又存在业务关联关系，如卖家-卖家的商品浏览、点击、成交关系，买家-买家之间的兴趣相似关系等。但是需要注意到的是，这些业务关联关系往往是稀疏的，使用传统的图存储方式（如邻接矩阵）会对存储空间造成非常大的资源浪费，大量的非连接关系的存储也让图上的计算效率受到影响。为了解决这种图上的高维稀疏关系带来的时空效率问题，我们需要一种更为稠密的图关系表达方式，图嵌入便是一种非常合适的选择。

图嵌入（Graph Embedding）就是把高维稀疏的图网络空间，映射到低维稠密的向量空间的过程,在保留原有图拓扑、节点和节点之间关系、子图等信息的前提下,尽可能低压缩存储空间,同时提升计算效率,如图 7-11 所示。

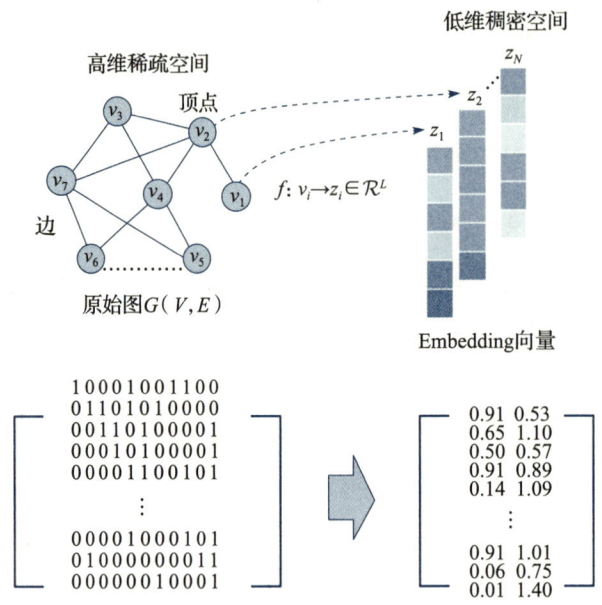

图 7-11　高维稀疏图映射为低维稠密 Embedding 向量

根据图映射粒度的不同,图嵌入可以分为以下两种。

- 顶点嵌入(Vertex Embedding):每个顶点(节点)使用其自身的表示向量进行编码。可以在顶点维度做可视化、分类,或者基于向量表示预测节点近邻关系。
- 图嵌入(Graph Embedding):使用单个向量来表示整个图。降维洞察的粒度是整个图结构,向量表示可用来对比两个图之间的结构相似程度。

### 7.3.2　图嵌入方法

如图 7-12 所示,目前业界主流的图嵌入方法可以分为三大类:矩阵分解、随机游走和图神经网络。下面对这几类图嵌入方法做逐一展开,读者可根据原理按需应用在风控的图表示场景。

**1. 矩阵分解**

我们曾介绍过图的构建和存储方法,图 7-12 中节点之间的关系可以基于稀疏矩阵来表示,那么采用矩阵分解技术就可以得到更低维的向量。矩阵分解图嵌入方法的典型代表有拉普拉斯特征映射（Laplacian Eigenmaps，LE）、局部线性嵌入（Locally Linear Embedding，LLE）、等距特征映射（Isometric Feature Mapping，Isomap）、高阶近邻保持嵌入（High Order Proximity Preserved Embedding，HOPPE）。下面通过 LE 算法来介绍矩阵分解类图嵌入方法的原理。

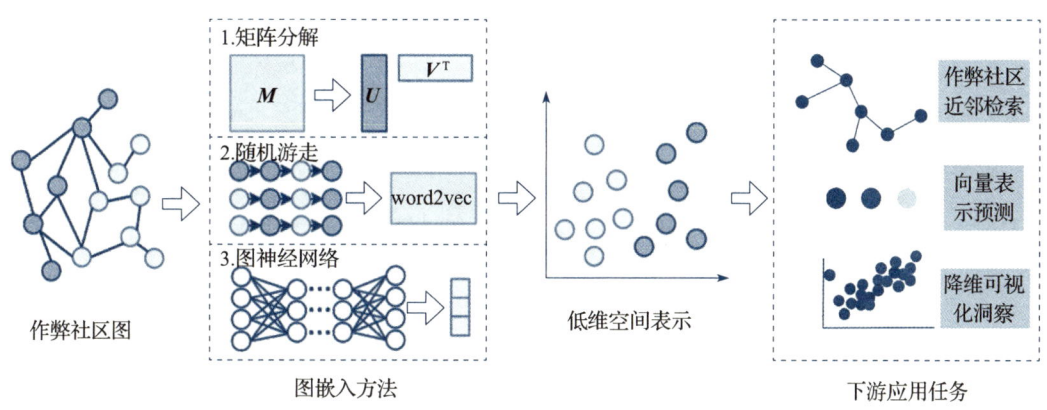

图 7-12　图嵌入方法

LE 算法的核心思想是通过使用节点对的相似性来保持原图的性质，在图嵌入过程中，理想的状态是高维空间中相近的节点在低维空间也相近。如果相似的节点对被映射到低维向量空间中的距离更远，那么 LE 算法就给这个节点对赋予更大的罚值。因此，LE 算法的目标就是找到一个最小化这种罚值的嵌入表示。假设向量 $y$ 是高维映射到低维的表示，$i$ 和 $j$ 是相邻的两个节点，$W$ 是两个节点之间的权重，那么优化目标是让如下公式最小化：

$$\sum_{ij}(y_i-y_j)^2 W_{ij}$$

上式可以根据拉普拉斯矩阵改写为

$$\sum_y(y_i-y_j)^2 W_{ij}=\sum_{ij}(y_i^2+y_j^2-2y_iy_j)W_{ij}=2y^\mathrm{T}Ly$$

式中，$L$ 为原图 $G$ 的拉普拉斯矩阵。上述公式能够转换为广义特征分解问题，最终求解得到的 $y$ 向量即为矩阵分解图嵌入对每个节点表示的降维输出结果，如图 7-13 所示。

### 2. 随机游走

随机游走的核心思想是通过对原始图关系结构进行随机游走探索得到一个序列，然后把序列当作句子，最后再利用 Word2Vec 把句子作为输入就可以得到每一个序列的表示向量。经典的随机游走算法有 DeepWalk 和 Node2Vec。

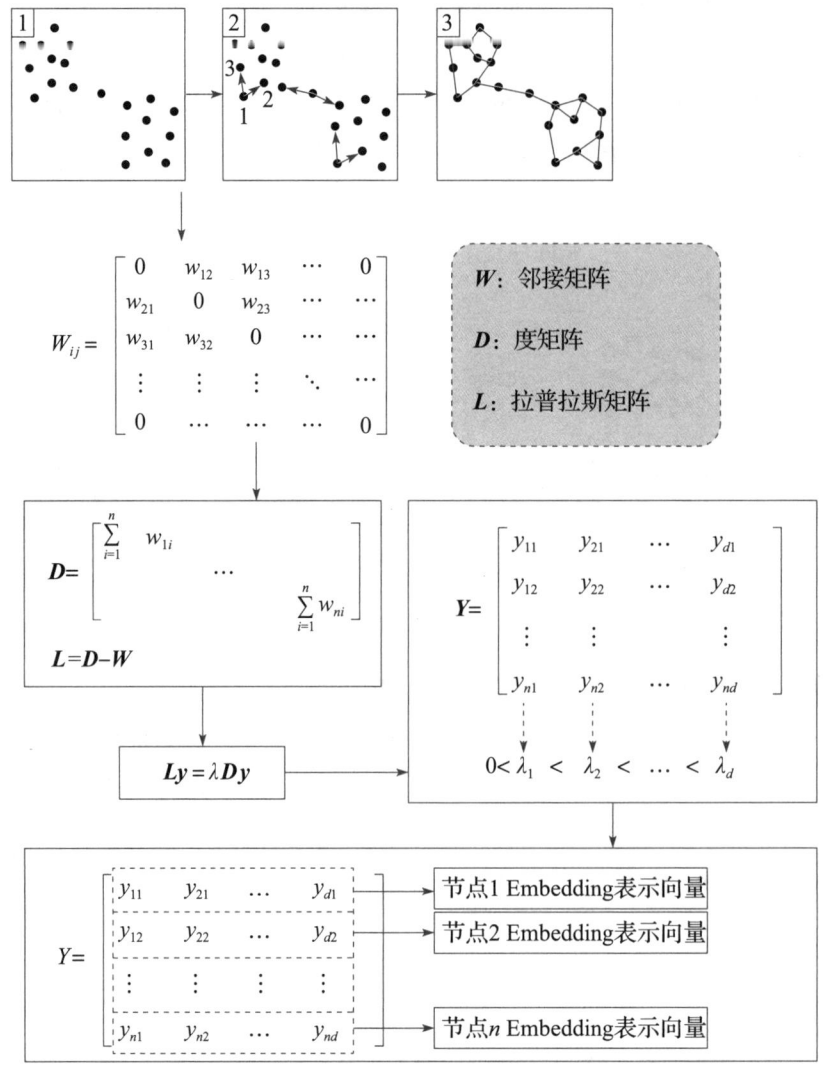

图 7-13 拉普拉斯特征映射生成 Embedding 向量

(1) DeepWalk

DeepWalk 出自 Bryan Perozzi、Rami Al-Rfou 等人于 2014 年在 KDD 发表的论文"DeepWalk: online learning of social representations"。DeepWalk 的创新之处在于其首次引入了用于生成图嵌入的随机游走(Random Walk)的概念。随机游走是一种将非线性的图转换成线性节点序列的方式,通过随机游走我们可以获得原始节点及其周围节点连接路径建立起来的序列,这个序列可以当作一个文本语句,然后通过经典的

Word2Vec 模型即可得到一个对应的 Embedding 表示向量。

DeepWalk 生成图嵌入表示的过程如图 7-14 所示，整体可分为采样、训练 Word2Vec 模型和计算嵌入表示这三个过程。

1）采样（Sampling）：基于随机游走策略，对原始图进行采样，保证图中每个节点都被采样到。根据论文作者的建议，每个节点进行 32～64 次随机游走即可获得比较好的效果，另外建议随机游走步长控制在 40 左右。

2）训练 Word2Vec 模型（Training Skip-gram）：第一步随机游走得到的节点序列可以当作 Word2Vec 算法中的句子。一般使用 Word2Vec（Skip-gram 方式）将随机游走顶点的 One-Hot 编码向量作为输入，并最大化其相邻节点的预测概率。训练中通常预测 20 个邻居节点，其中左侧 10 个节点，右侧 10 个节点。

3）计算嵌入（Computing Embeddings）：嵌入表示向量是网络隐藏层的输出。DeepWalk 为图中的每个节点计算嵌入表示。

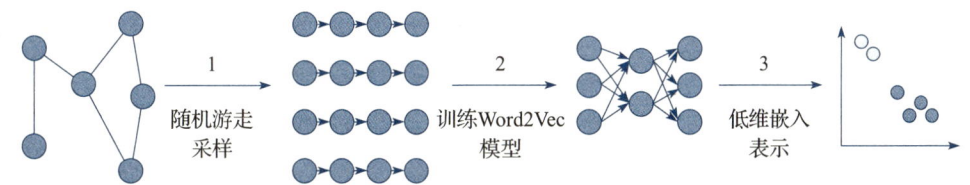

图 7-14　DeepWalk 生成图嵌入表示过程

接下来我们使用开源的 networkx 和 Word2Vec 算法包实现一个最简版本的 DeepWalk 算法，如代码清单 7-5 所示。

代码清单 7-5　DeepWalk 算法

```python
import networkx as nx
import random
import numpy as np
from typing import List
from tqdm import tqdm
from gensim.models.word2vec import Word2Vec


class DeepWalk:
    def __init__(self, window_size: int, embedding_size: int, walk_length: int,
        walks_per_node: int):
        """
        param window_size: Word2Vec 模型窗口参数
        param embedding_size: Embedding 向量长度
```

```python
        param walk_length: 随机游走步长
        param walks_per_node: 每个节点随机游走次数
        """
        self.window_size = window_size
        self.embedding_size = embedding_size
        self.walk_length = walk_length
        self.walk_per_node = walks_per_node

    def random_walk(self, g: nx.Graph, start: str, use_probabilities: bool =
            False) -> List[str]:
        walk = [start]
        for i in range(self.walk_length):
            neighbours = g.neighbors(walk[i])
            neighs = list(neighbours)
            if use_probabilities:
                probabilities = [g.get_edge_data(walk[i], neig)["weight"]
                    for neig in neighs]
                sum_probabilities = sum(probabilities)
                probabilities = list(map(lambda t: t / sum_probabilities,
                    probabilities))
                p = np.random.choice(neighs, p=probabilities)
            else:
                p = random.choice(neighs)
            walk.Append(p)
        return walk

    def get_walks(self, g: nx.Graph, use_probabilities: bool = False) ->
            List[List[str]]:
        random_walks = []
        for _ in range(self.walk_per_node):
            random_nodes = list(g.nodes)
            random.shuffle(random_nodes)
            for node in tqdm(random_nodes):
                random_walks.Append(self.random_walk(g=g, start=node,
                    use_probabilities=use_probabilities))
        return random_walks

    def compute_embeddings(self, walks: List[List[str]]):
        model = Word2Vec(sentences=walks, window=self.window_size,
            vector_size=self.embedding_size)
        return model.wv

if __name__ == '__main__':
    G = nx.Graph()
    G = nx.Graph(name="my graph")
    e = [(1, 2), (2, 3), (3, 4)]
    G = nx.Graph(e)
    dw = DeepWalk(3, 32, 40, 32)
```

```
walks = dw.get_walks(G)
embeddings = dw.compute_embeddings(walks)
for embedding in embeddings.vectors:
    print(embedding)
```

代码清单 7-5 所示的代码为图中 4 个节点生成了图嵌入表示向量,运行结果如下:

```
[ 0.04717225 -0.21908982  0.10553134  0.40991083 -0.27155772 -0.2671179
  0.3568977   0.37887898 -0.2858281  -0.23071024  0.11445658 -0.05118518
 -0.06996766  0.09667137 -0.3672857  -0.09183156  0.10808306  0.3803811
 -0.31035307  0.01607872  0.14514942  0.31047425  0.43701106 -0.1560917
  0.28448212 -0.21926357  0.035026    0.25165072 -0.12017336 -0.07018099
 -0.25093555 -0.06199096]
[ 0.08900411 -0.25413314  0.08217438  0.37424254 -0.21094604 -0.27379665
  0.3366182   0.32922646 -0.31093204 -0.19384804  0.05375554 -0.0650959
 -0.06305007  0.07671758 -0.385137   -0.04124464  0.12109648  0.41676968
 -0.32551643  0.05813537  0.11222137  0.30018762  0.45016956 -0.17430481
  0.28886694 -0.24437134  0.02285041  0.2741912  -0.10725553 -0.05754764
 -0.2552829  -0.09498575]
[ 0.04386282 -0.21188249  0.08523084  0.3991797  -0.2498554  -0.23552872
  0.35450336  0.37793094 -0.27431357 -0.25024498  0.10457885 -0.04404979
 -0.028853    0.07161459 -0.36062035 -0.11614837  0.09549596  0.38766727
 -0.26399347  0.0729019   0.10073861  0.3002895   0.43593287 -0.17566858
  0.25264695 -0.18460087  0.04402557  0.2330963  -0.08264867 -0.05610034
 -0.192525   -0.04141876]
[ 0.02979388 -0.2652063   0.09880372  0.42513114 -0.28201106 -0.25637853
  0.37390515  0.38579252 -0.26974505 -0.2445172   0.0933477  -0.03298027
 -0.07591421  0.06237775 -0.38137567 -0.10697059  0.09164082  0.4308734
 -0.30392307  0.06852397  0.15655497  0.33992955  0.43361077 -0.17016138
  0.29721132 -0.24856745  0.06481178  0.22373046 -0.085829   -0.05275536
 -0.27132517 -0.05773212]
```

另外,通过上面的原理分析我们可以发现,DeepWalk 本质上是随机地选择下一步游走的方向,这就意味着使用 DeepWalk 算法生成的嵌入表示向量不能很好地保留节点的本地邻域节点关系。作为 DeepWalk 思路的延伸,Node2Vec 算法解决了这个问题。

(2)Node2Vec

Node2Vec 是一种半监督的图向量表示算法,出自斯坦福大学 Aditya Grover 等人于 2016 年在 KDD 发表的论文"Node2Vec:scalable feature learning for networks"。Node2Vec 通过有偏随机游走的方式模拟深度和广度优先搜索来生成图向量表示,同时能够最大化保留节点网络邻域节点的可能性。

相比于前面提到的 DeepWalk 算法,Node2Vec 的算法原理上支持更加灵活的邻居节点采样策略，可以通过参数配置来达到在 BFS（Breadth First Sampling，广度优先采样）和 DFS（Depth First Sampling，深度优先采样）之间平衡的目的，并以此来捕捉图网络的同质性和结构等价性信息。

图的同质性（Homophily）指的是距离相近的节点在图嵌入表示上应该尽量更加相似，如图 7-15 所示，节点 $u$ 与邻居节点 $s_1$、$s_2$、$s_3$、$s_4$ 的图嵌入表示应该是更加相似的，这就是"同质性"的体现。结构等价性（Structural Equivalence）指的是结构上相似节点的图嵌入表示应该尽量接近，如图 7-15 所示，节点 $u$ 和节点 $s_6$ 都是各自本地网络所属的中心节点，在结构上表现出相似性，这是结构等价性的体现。

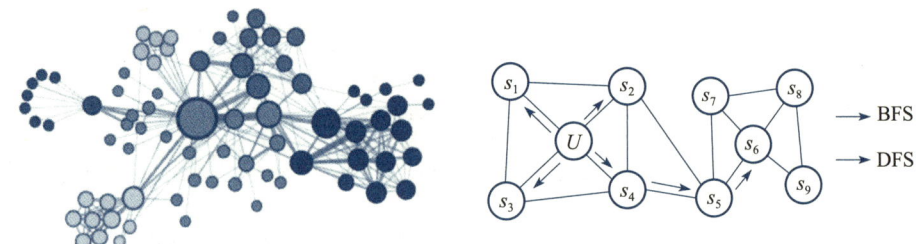

图 7-15 Node2Vec 节点采样过程

如图 7-15 所示，使用 BFS 的方式可以捕捉到局部近邻关系，从节点 $u$ 开始，可采样得到 $s_1$、$s_2$、$s_3$、$s_4$；同样，从节点 $s_6$ 出发使用 BFS 方式可以采样得到 $s_5$、$s_7$、$s_8$、$s_9$，从而实现局部网络内的结构等价性。而使用 DFS 则能够探索更深的关系结构，以此捕捉同质性。

Node2Vec 通过节点间的跳转概率来做到 BFS 和 DFS 之间的平衡，跳转概率由参数 $p$（Return Factor，返回因子）和参数 $q$（Inout Factor，进出因子）决定。图 7-16 中展示了节点 $v$ 跳转到下一节点的概率。具体而言，如图 7-16 所示，当前节点 $v$ 由上一个节点 $t$ 过来，并在每条与 $v$ 直接相连的边上定义了其跳转到其他方向的概率，通过不同

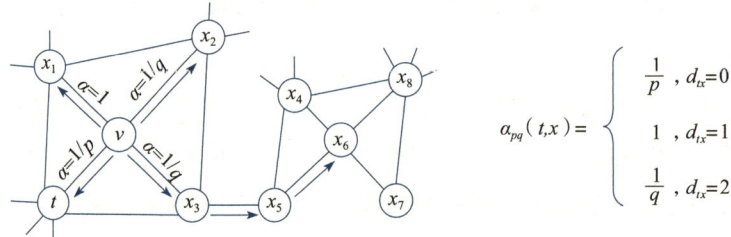

图 7-16 Node2Vec 有偏随机游走

节点之间跳转概率的比较，动态选择游走路径，这就是所谓的有偏随机游走。通过参数 $p$ 和 $q$ 控制的具体有偏游走过程如下：

1）对于参数 $p$：

- 如果 $p>\max(q,1)$，说明 $1/p<1/q$ 且 $1/p<1$，那么 Node2Vec 的下一步游走策略会尽量避免往回走，如图 7-16 所示，此时从节点 $v$ 出发会避免节点 $t$，而倾向于从 $x_1$、$x_2$、$x_3$ 中选择。
- 如果 $p<\min(q,1)$，说明 $1/p>1/q$ 且 $1/p>1$，那么 Node2Vec 的下一步游走策略会更倾向于返回上一个节点 $t$，即参数 $p$ 越小，返回上一个节点的概率越大。

2）对于参数 $q$：

- 如果 $q>1$，说明 $1/q<1$，那么 Node2Vec 的下一步游走策略在 $x_1$、$x_2$、$x_3$ 中更倾向于选择 $x_1$，$x_1$ 和上一个节点 $t$ 相连接，因此体现出 BFS 的特性。
- 如果 $q<1$，说明 $1/q>1$，那么 Node2Vec 的下一步游走策略在 $x_1$、$x_2$、$x_3$ 中更倾向于选择 $x_2$ 或 $x_3$，$x_2$、$x_3$ 和上一个节点 $t$ 没有连接，从而反映出 DFS 特性。

此外，值得注意的是，当参数 $p=1$，$q=1$ 时，Node2Vec 的游走方式可视作 DeepWalk 的一种特例。在实际的风控业务应用中，Node2Vec 相对于 DeepWalk 呈现出更为出色的性能，尤其是在刻画作弊节点的图嵌入表示方面。Node2Vec 引入了更灵活的控制参数，如节点间的偏好程度和随机性，使得其在捕捉图结构中的微妙关系时更具优势。这种灵活性让 Node2Vec 能够更准确地反映节点之间的相互作用，为风控模型提供更为精细、更具信息度的图嵌入，从而提高异常检测的效果。

3. 图神经网络

除了传统的矩阵分解和随机游走生成图嵌入的方式外，近年来随着深度学习技术的发展，通过结合深度学习来得到图嵌入的算法也越来越多，比如基于自编码器的 SDNE、基于深度神经网络的图表示学习 DNGR、基于图神经网络的 GraphSAGE 等，下面以 GraphSAGE 算法为例来介绍如何通过图神经网络获得图嵌入。

GraphSAGE 是一种归纳式图向量表示算法，出自斯坦福大学 William L. Hamilton 等人于 2017 年在 NIPS 发表的论文"Inductive representation learning on large graphs"。算法根据 GraphSAGE（Graph SAmple and aggreGatE）命名，其核心原理可分为两个部分：sample（采样）和 aggregate（聚集）。使用节点采样聚合特征信息可在未见过的节点上生成向量表示。

如图 7-17 所示，GraphSAGE 首先对节点的局部邻居进行采样，然后对采样得到的邻居特征聚合，这里会用多组聚合方法增强算法的泛化能力，防止过拟合，最后通过线性变换得到目标节点的 Embedding 向量表示。

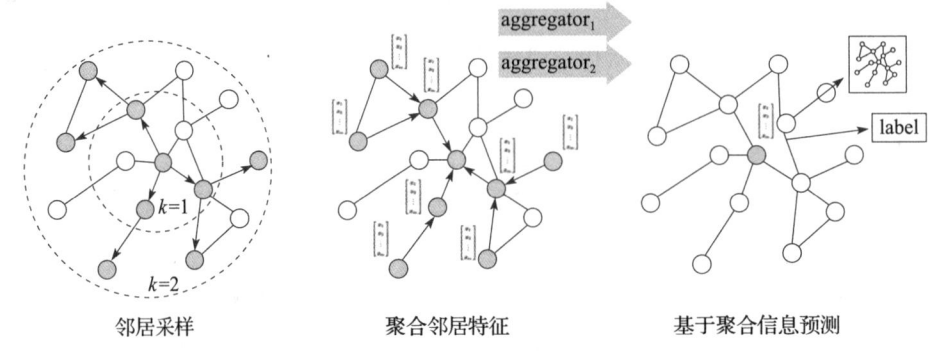

图 7-17　GraphSAGE 邻居采样和特征聚合过程

相比于过去传统的直推式算法，GraphSAGE 不要求每个节点都出现在训练集中，而是先训练一系列的聚合方法（如图 7-17 中所示的 $aggregator_1$、$aggregator_2$），再对节点的局部邻居抽样和特征聚合，通过多组局部特征的聚合表示来替代全局特征，从而将以往的直推式学习转化为归纳式表示学习（Inductive Representation Learning），以此避免了新节点的 Embedding 向量每一次都需要重新训练的情况，同时也进一步节省了计算的内存空间，在算法效果和工程效率方面做了比较好的平衡。

### 7.3.3　风控应用场景

通过 7.3.2 节的介绍，读者已经对图嵌入方法有了基本的了解，开源社区也提供了很多成熟的工具能够帮助业务快速把图关系转换为 Embedding 向量表示。以 Neo4j 图数据为例，在通过对风控业务建模定义好图的节点和边关系后，使用 Neo4j 提供的 gds 算法包（Graph Data Science Library），仅需要几行代码就可以实现图嵌入的目的，传入图的名称和期望得到 Embedding 向量维度参数即可，如代码清单 7-6 所示。

代码清单 7-6　通过 Neo4j 生成图嵌入表示

```
CALL gds.beta.node2vec.stream('androidDeviceGraph',
    {embeddingDimension: 2})
```

```
YIELD nodeId, embedding
RETURN nodeId, embedding
```

代码清单 7-6 的执行结果如图 7-18 所示，通过 Node2Vec 方法最终为每个 Android 风险设备节点生成了一个 2 维的浮点型向量表示。

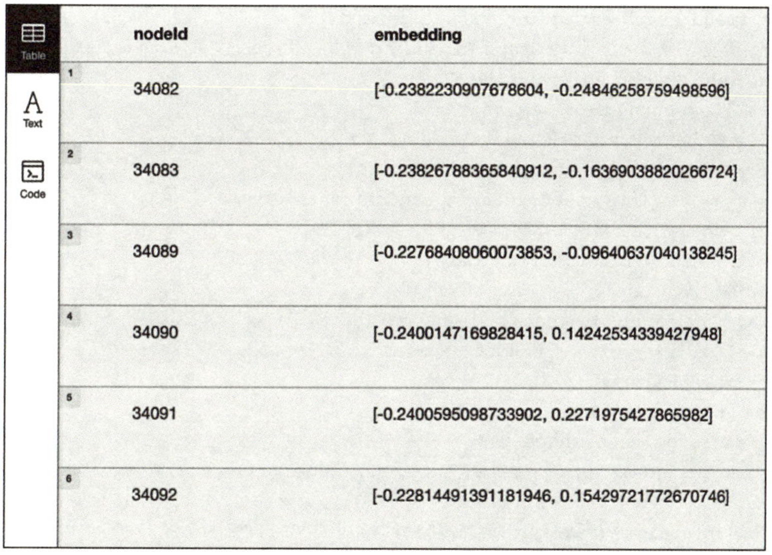

| nodeId | embedding |
| --- | --- |
| 34082 | [-0.2382230907678604, -0.248462587594985961] |
| 34083 | [-0.238267883658409121, -0.16369038820266724] |
| 34089 | [-0.227684080600738531, -0.09640637040138245] |
| 34090 | [-0.2400147169828415, 0.14242534339427948] |
| 34091 | [-0.2400595098733902, 0.22719754278659821] |
| 34092 | [-0.228144913911819461, 0.15429721772670746] |

图 7-18 通过 Neo4j 生成图嵌入表示向量

在通过图嵌入技术把高维稀疏图关系映射到低维稠密向量空间后，风控业务主要业务应用可以分为作弊降维洞察、作弊社区相似检索、图表示学习三大类应用场景。

### 1. 作弊降维洞察

借助主成分分析或 $t$ 分布随机近邻嵌入（t-distributed Stochastic Neighbor Embedding，t-SNE）等降维算法，我们可以通过图向量表示把原始高维空间减少为 2 维或 3 维空间来直观地探索数据。

以 t-SNE 无监督降维可视化算法为例，t-SNE 将数据点 $i$ 和 $j$ 之间的高维空间欧氏距离转换为条件概率 $P(j|i)$，数据点 $i$ 会根据以数据点 $j$ 为中心的高斯分布下概率密度的比例来选择 $j$ 作为它的邻居节点，也就是说高维空间内相邻的两个节点之间的条件概率 $P(j|i)$ 也会更大。同样，如果把高维空间的 $i$ 和 $j$ 节点映射到低维空间（如 2 维），那么低维空间中的两个点之间仍然能够保持较大的条件概率。t-SNE 使用 K-L 散度来度量映射前后的误差，通过最小化误差来达到降维后仍然能够保持原始高维空间节点之

间相似关系的目的。

代码清单 7-7 展示了通过图嵌入技术得到刷单作弊图关系表征后,基于 t-SNE 对得到的高维向量进一步降维到 2 维空间并做可视化的洞察过程。

**代码清单 7-7　t-SNE 对高维图向量表示降维洞察**

```python
def tsne_fraud_graph_embedding_visualization():
    # data 原始数据是 512 维的 Graph Embedding 向量,可以通过 7.3.2 节的方法得到
    data, label = get_ad_fraud_data()
    print('Computing t-SNE embedding')
    # 降到 2 维,使用 PCA 初始化,向量空间距离度量使用欧式距离
    tsne = TSNE(n_components=2, init='pca',
                metric='euclidean', random_state=0)
    # 通过 t-SNE 把 512 维图表示向量映射到 2 维稠密空间
    result = tsne.fit_transform(data)
    # 可视化
    x_min, x_max = np.min(data, 0), np.max(data, 0)
    data = (data - x_min) / (x_max - x_min)
    fig = plt.figure()
    ax = plt.subplot(111)
    for i in range(data.shape[0]):
        plt.text(data[i, 0], data[i, 1], str(label[i]),
            color=plt.cm.Set1(label[i] / 10.),
            fontdict={'weight': 'bold', 'size': 9})
    plt.xticks([])
    plt.yticks([])
    plt.title(title)
    plt.show()
```

如图 7-19 所示,原始业务图 7-19a 中有两个刷单作弊团伙,通过图嵌入生成向量表示后,使用 t-SNE 降维后我们可以在二维空间清晰地看到图 7-19a 中的刷单作弊团伙被划分到左下角和右上角两个呈现团伙聚集型的区域里,如图 7-19b 所示,以此来洞察和分析业务风险分布。

另外,开源的 Neo4j 数据库集成了 NEuler 拓展插件,可以通过图形界面的方式选择各种 Graph Embedding 算法,并自动提供基于 t-SNE 降维可视化看板的能力。

### 2. 作弊社区相似检索

前面章节曾介绍通过标签传播、社区发现等产出作弊团伙的方式,而图嵌入技术提供了基于近邻关系检索来拓展发掘更多异常社区的方法:对作弊社区做 Embedding 向量表示,然后用近邻算法查找更多相似的风险社区。

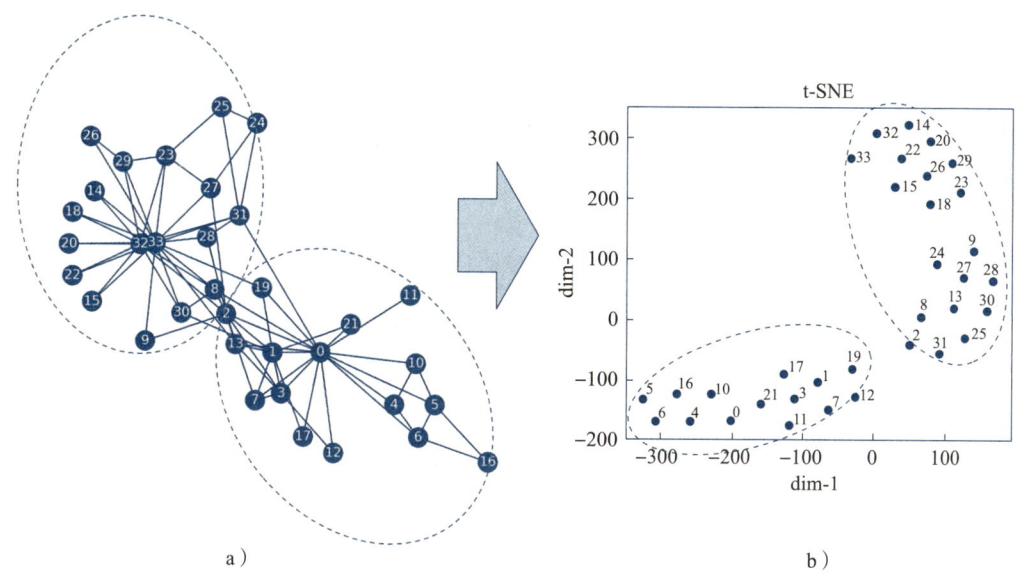

图 7-19 图向量表示后的 t-SNE 降维

在第 6 章基于近邻的异常检测中,我们曾介绍过对作弊风险实体(主要是文字和图像这样的内容实体)借助深度学习方式生成 Embedding 向量表示,然后对历史已知的风险建立向量索引,最后通过 PQ、HNSW 等向量检索算法在近邻空间召回类似风险。

主流正向业务如微信的相似人群推广、广告主投放圈人等业务都应用了类似的方法,业界也称为"Lookalike"技术。同样的思路,基于图嵌入技术我们可以获取作弊参与实体(如刷手和店铺、搜索词,广告主同人、刷手同设备等)之间的图关系在稠密空间的 Embedding 向量表征,然后转换为相似向量检索问题。

为了识别相似的作弊风险社区,我们需要对社区做向量表示,常见的用于刻画作弊社区级别的向量表示方法有 Graph2Vec、Structure2Vec 和 SEED 等,相比于节点级别的图嵌入方法,这类方法能够保持更多的图上的结构性信息。

图 7-20 展示了通过图嵌入技术对已知作弊社区生成了 Embedding 向量表示,然后构建索引,再对检索输入的疑似作弊社区使用同样的图嵌入表示方法获取 Embedding,最后通过度量两个社区映射到稠密空间的 Embedding 向量距离相似度来衡量两者是否相似,从而判定检索输入的社区是否为目标作弊类型。

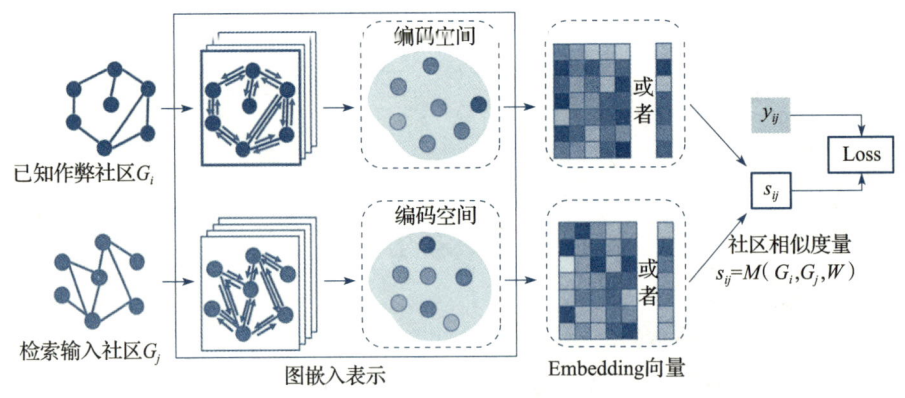

图 7-20 作弊社区相似向量检索

### 3. 图表示学习

基于风控业务视角对营销活动实体（买家、卖家、渠道、创意、商品等）的历史风险认知生成 Embedding 向量表示，供下游搜索和推荐算法模型使用，这也是负向的反作弊和风控业务对正向搜索推荐业务基于业务风险认知视角的一种比较务实的能力输出。

传统的协同过滤（Collaborative Filtering）推荐算法会考虑用户（User）和商品（Item）之间的共现关系，以此来表示用户对商品的兴趣，但是基于协同过滤的方式学习特征还是相对原始的低维稀疏历史行为，而对相互之间隐含的高阶相似性缺乏更好的刻画能力，比如相同类目下的两个商品之间大概率比较相似，机械性浏览、收藏、加购物车行为可能是某种业务的店铺雇佣刷手等产生的行为。

如图 7-21 所示，阿里巴巴发表的 EGES（Enhanced Graph Embedding with Side Information）算法提出了一种基于辅助信息（Side Infomation）的增强图嵌入技术，通过多路的辅助信息表示融合的方式，为推荐系统提供更多维度的综合信息输入，提升推荐系统的转换效果。辅助信息包括商品类目信息、品牌型号信息、价格信息等。

反作弊系统天然对营销活动中买家与卖家、买家与商品之间的潜在风险具备刻画作用。通过反作弊团队输出的买卖双方、买手和商品之间作弊行为的关系表示，这些信息成为推荐系统的辅助输入，有效帮助正向业务在用户推荐的商品召回（Matching）阶段取得更好的业务效果。

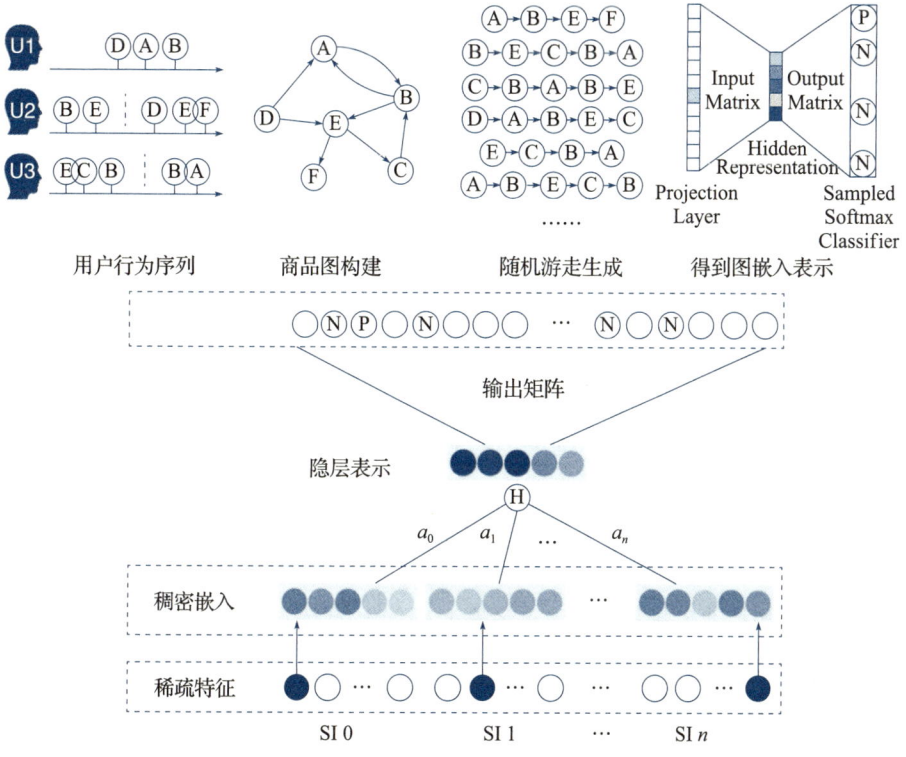

图 7-21 风控图嵌入辅助信息在推荐业务应用

## 7.4 本章小结

随着互联网营销活动中作弊的形态从传统的机器虚假流量作弊到真人众包团伙作弊，越来越多的风险对抗场景需要刻画多个参与实体之间的局部图关系才能有效识别作弊。本章从图的基本概念出发，介绍了如何使用常见的图数据库通过业务建模的方式构建和分析风险图关系。此后，我们深入研究了作弊社区发现算法，以典型的标签传播、连通分量、Louvain 和 Fraudar 等算法为例，针对性地向读者介绍了如何基于作弊黑种子拓展社区、归一化物理风险设备、有效识别伪装的刷单作弊稠密社区等。最后面向未来技术发展趋势，通过深入图嵌入技术原理结合风控具体应用场景阐述图嵌入之于营销风控的意义和业务价值。

# 第 8 章

# 基于时序的异常检测

广告与营销风控业务场景中,作弊者在时间线上的上下文行为往往有别于正常用户。比如同行竞争中恶意消耗广告主预算的行为,会在短时间内对同一个广告主的创意广告制造大量的曝光和点击流量以达到消耗其广告预算的目的。再如爬虫流量作弊的场景,作弊者会针对性地访问某些广告位,但是广告本身也是有竞价、请求、曝光、唤醒客户端、一跳点击、二跳点击的完整上下文过程的,作弊者很难完整地把虚假的爬虫流量伪装成和真实渠道引流流量一样的行为。还有刷单炒信的作弊场景,刷手出于为雇佣方店铺刷量的目的,其行为通常会呈现出一定的规律性,比如要根据刷单任务的关键词搜索,然后货比三家,最后执行浏览、收藏、加购物车等任务并把任务完成的结果告知做任务的平台来赚取刷单佣金。

可以看到,时间视角的上下文信息对于广告与营销风控业务来说是非常重要的作弊检出手段。本章将从时序特征分析、时序特征工程、基于时序的异常检测算法和CEP 工程技术等维度出发帮助读者对基于时序的异常检测技术有体系化的认识和理解。

## 8.1 风控中的时序特征

### 8.1.1 什么是时序特征

时间序列(Time Series)是在一段时间内对业务流量连续测量所获得的一系列观察

结果。一种常见的时间序列生成方式是采用相同间隔的时间分段对业务流量观测采样，比如观测 10 分钟内某营销活动落地页的用户页面访问量（PV）是否出现短时间的作弊波动；另一种方式是指定一定时间窗口范围，按照特定的模式找出行为序列，比如观测某店铺通过众包平台找职业刷手刷单的作弊行为。

互联网广告与营销业务的用户访问流量，通过精细的维度刻画我们可以认为是大量独立的随机事件，而时间序列特征是从时间变化的角度对一个或者多个随机变量的变化趋势做表示和挖掘，从而发现流量内在的客观规律，并基于对历史流量的观察来预估流量，通过观测值和预估值的差异来发掘流量异常。

图 8-1 所示的是互联网营销活动中某家电厂商的广告创意推广流量随时间的变化趋势。从时间水平发展的角度看，业务流量随着时间推移持续增长；从流量变化的斜率来讲，每个小时间分段内都有快有慢；从每天前后对比的角度来看，又能呈现出一定的规律性波动，且两个小时间窗口内的流量大致接近。

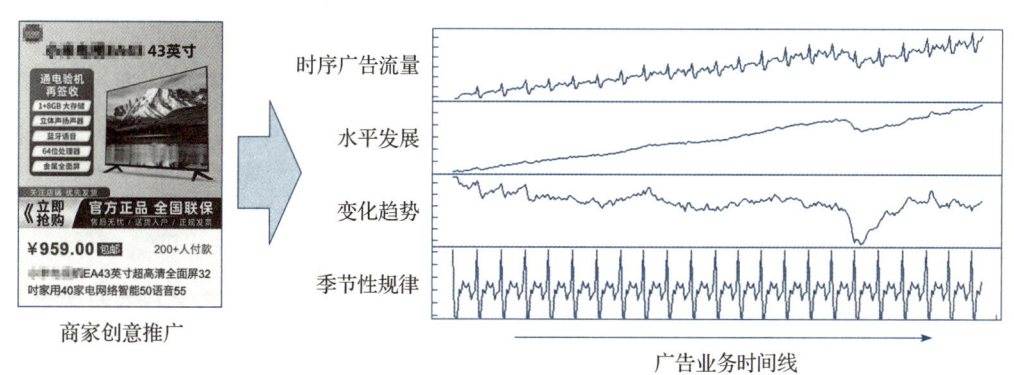

图 8-1　广告流量时序变化因素分解

从上面的例子延伸，我们可以对时序特征做一下总结。总的来说，时序特征有四个重要的构成特征：水平、趋势、季节性和稳定性。

1）水平（Level）：时间序列流量代表着业务在时间线上的整体发展方向，水平特征可以视作一个时间序列窗口的平均值。如果一个时间序列存在趋势，那么通常会说水平在变化，也就是说流量在随着时间推移不断地产生和变化，任何持续经营的业务流量都能够呈现出时序水平发展的性质。如果广告位或者创意已经下线但还会有点击流量随时间变化产生，那么有可能是作弊者缓存了大量创意曝光，不断通过机器伪造点击。

2）趋势（Trend）：如果一个时间序列上观测数据的平均值 $\mu$ 不是恒定的，而是随着时间的推移增加或减少，那么它就存在一个趋势，趋势可以是线性的或非线性的。流量反作弊业务中，用户在沽动员的访问次数随着每天、每小时、每分钟波动变化就是一种趋势，而我们可以将趋势的波动大小作为流量异常检测的一种判定信号。

3）季节性（Seasonality）：季节性是指流量的波动的周期性重复出现。比如流量反作弊业务中，某成熟的搜索广告位业务流量每天的变化曲线能够呈现出规律性。从商品视角亦然，春、夏、秋、冬每个季节的热卖商品类目以年度周期体现出季节性变化规律。

4）稳定性（Stationarity）：是指时间序列的均值、方差和自相关系数在时间间隔上都基本保持不变或维持在一个相对小的范围内，即序列的统计性质不随时间的推移而改变，可以理解为季节性时间序列特征中的两个相同窗口周期内的特征分布。比如对于"牙膏"这个日用商品来说，北京市海淀区苹果手机用户的天粒度窗口的搜索词分布呈现出稳定性。

### 8.1.2 时序特征工程

在对风控中的时序特征有基本的领域认知后，我们继续深入研究如何通过特征工程技术来构造时序特征。广告与营销风控业务中应用的时序基本可以分为统计类特征和序列类特征这两大类。

#### 1. 统计类特征

1）基本统计特征，如最大值、最小值、均值、中位数等。比如，某广告计划在上午7~9点之间的展现（PV）、点击率（CTR）、平均点击消耗（PPC）、千次展现消耗（RPM）、曝光到点击之间的时间间隔等。

2）周期性统计特征，如同比、环比等。比如，分天、周和月粒度对比渠道引流广告位置上的业务广告曝光流量、消耗、转化率和作弊流量占比。

3）分布统计特征（方差、偏差、峰度等）用于衡量一段时间内的特征分布变化情况。比如广告主的点击率指标和正常大盘广告主之间的偏差，或者跨天的方差波动变化。

4）变异系数统计特征是在分布统计特征的基础上，进一步衡量风控业务指标的波动程度。通过标准差除以均值，可以得到数据的变异程度，比如某广告主衡量转化率（CVR）。

图8-2展示了广告营销业务中，常用的投放效果时序业务检测指标，能看到不同渠道的广告曝光量、点击量、预算消耗、转化量等随时间变化的波动情况。

图 8-2 广告投放时序指标监控曲线

### 2. 序列类特征

在广告与营销流量反作弊业务中，买家和卖家都存在潜在作弊行为。买家在电商平台的主要行为包括浏览、点击、收藏、购买、请求订单信息、分享、评论等，卖家在电商 BP 后台主要行为包括创意发布、预算调整、出价、修改竞价词、调价等。这些行为通常都有一个时间戳，因此时间和行为是密切相关的，按照时间戳从小到大排序，就得到了用户或者设备在一个时间轴变化方向上的行为序列。图 8-3 所示的是基于日期时序控件绘制出来的用户广告曝光行为序列活动热力图。

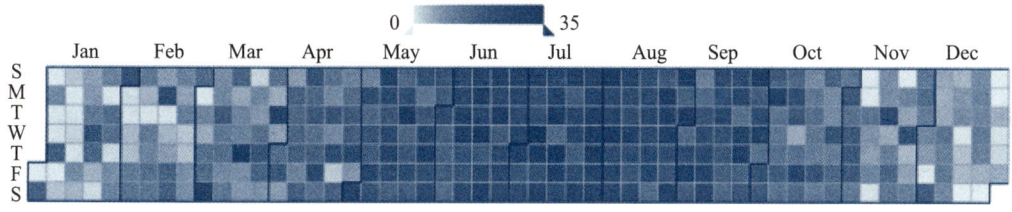

图 8-3 广告曝光时序热力图

行为序列特征可以帮助我们了解用户或设备的行为模式和习惯，通过这个时序的行为序列特征刻画，我们能够识别正常用户和作弊用户之间的差异，从而捕获营销活动中的作弊风险。图8-4、图8-5展示了国内某第三方营销监测平台对于用户行为的统计可视化分析报告。

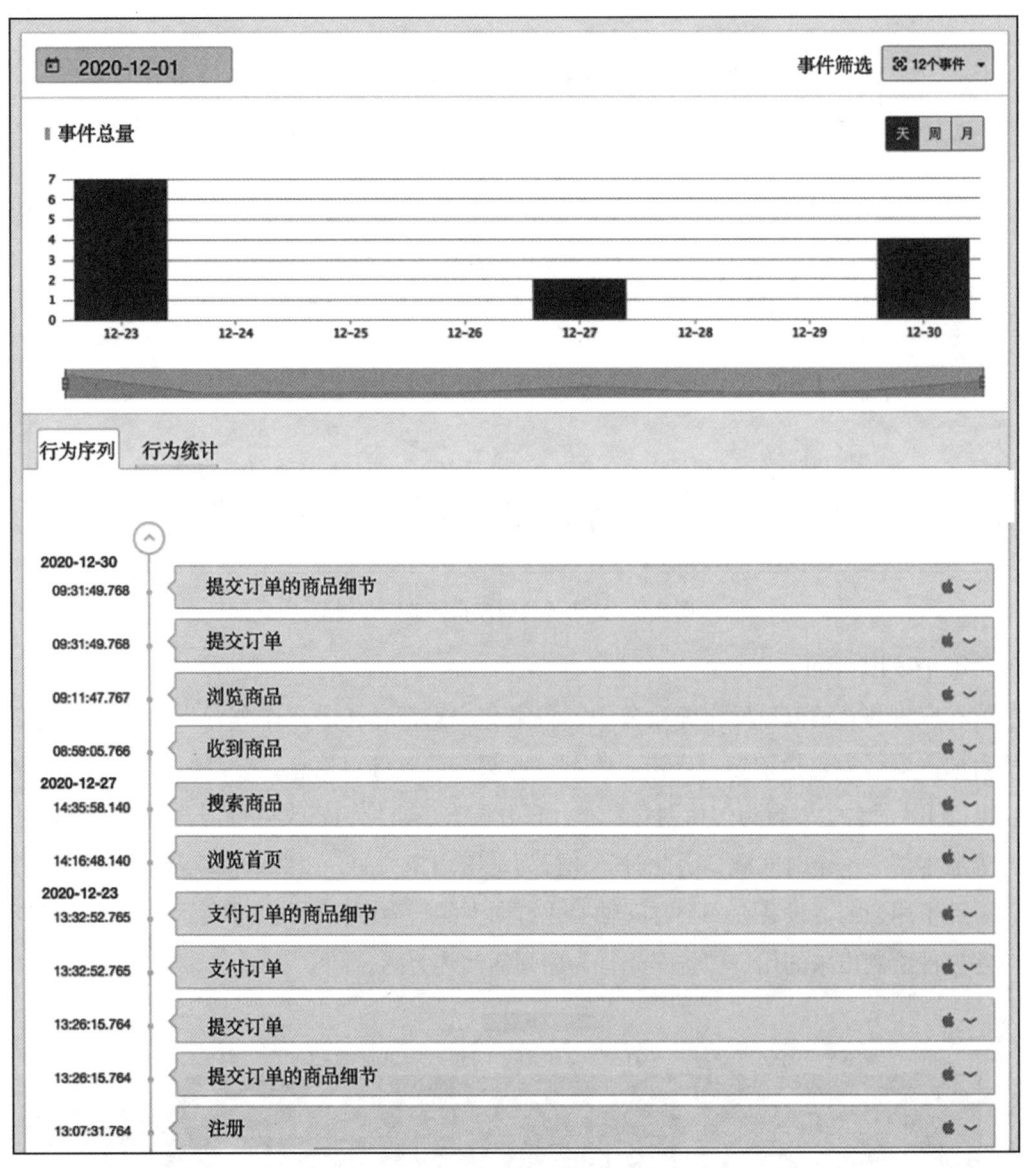

图 8-4　电商用户转化行为序列

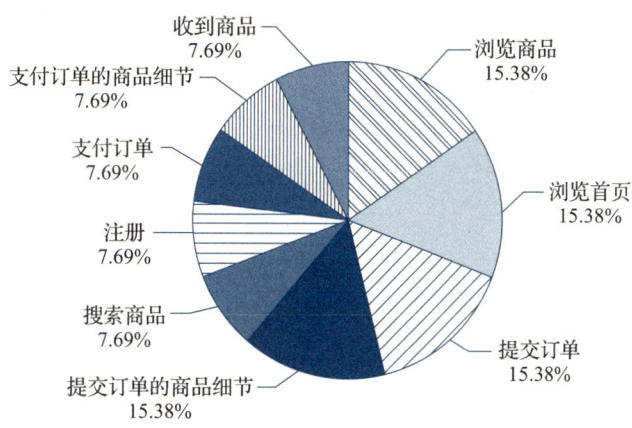

图 8-5 用户行为占比分布

需要注意的是，在实际业务应用中，行为序列特征往往需要多个日志流（如基础业务日志、服务器访问日志、第三方团队埋点监测日志等）的综合提取和行为合并，风控模型的设计需要考虑大促节点非核心日志被限流、降级等的极端情况，这会直接导致特征分布漂移（Feature Drift），使得基于多日志流行为序列异常检测结果的召回和精准度都受到影响。因此，其在线上业务应用时需要在算法原理和工程链路上协同设计，通过合理的链路监控、鲁棒的算法设计、多种异常检测策略的综合应用来保障多日志流行为序列异常检测系统的确定性交付。

同样，在广告与营销内容风控中，我们通常会面临着文本变异的对抗风险。例如，一个常见的恶意文本变异技术是将正常文本中的某些字符替换为相似但不同的字符，比如售卖违规 VPN 软件的商家会把用户从营销平台引到私域流量池内，为了躲避敏感词系统，将"加我微信"替换为"力口我徽信"。通过序列特征可以对此类风险进行异常检测。以广告主白盒方式创作的创意文案为例，我们可以通过拆分汉字将其转化为对应的笔画或者偏旁部首序列，然后将这些序列作为特征来检测文本的异常，如代码清单 8-1 所示。

代码清单 8-1　基于文本序列的风险还原

```
import hanzi_chaizi
import numpy as np
from keras.models import load_model
from tensorflow.keras.preprocessing.sequence import pad_sequences
```

```python
# 用 hanzi_chaizi 库进行拆字
def decompose_chars(text):
    chars = []
    for c in text:
        res = hanzi_chaizi.query(c)
        if res is None:
            chars.Append(c)
        else:
            chars += res
    return chars

# 获取笔画特征序列
def get_stroke_features(text):
    chars = decompose_chars(text)
    features = []
    for c in chars:
        res = hanzi_chaizi.query(c)
        if res is None:
            features.Append(0)
        else:
            features.Append(res[0]['strokes'])
    return features

# seq2seq 模型还原文本
def restore_text(features, model):
    features = np.array(features).reshape(1, -1)
    features = pad_sequences(features, maxlen=10, padding='post')
    decoded = model.predict(features)
    decoded = np.argmax(decoded, axis=-1)
    return ''.join([chr(x) for x in decoded[0] if x != 0])

# 加载 seq2seq 预训练模型
model = load_model('chinese_seq2seq.h5')

# 还原文本
text = '力口我微信'
features = get_stroke_features(text)
result = restore_text(features, model)
print(result) # 加我微信
```

## 8.2 基于时序的异常检测算法

广告与营销风控中基于时序的异常检测算法是指针对用户或设备历史时序特征，

使用统计类（如 EWMA、Holt-Winters、ARIMA）和深度学习类（如 VAE、LSTM）等的算法进行异常检测，从而识别潜在的欺诈或异常行为。

其中，统计类算法是传统的基于时序的异常检测方法，主要是通过分析时间序列的趋势、周期、季节性等特征来识别异常。EWMA（指数加权移动平均）、Holt-Winters（三次指数移动平均）和 ARIMA（自回归积分滑动平均模型）等算法是常用的统计类基于时序的异常检测算法。

深度学习类算法则是相对较新的基于时序的异常检测方法，主要是通过深度神经网络学习数据的高级特征，从而识别异常。VAE（变分自编码器）和 LSTM（长短期记忆网络）等算法是常用的深度学习类基于时序的异常检测算法。

## 8.2.1 统计类算法

### 1. EWMA

指数加权移动平均（Exponentially Weighted Moving Average，EWMA）是一种平滑时间序列数据的方法，对过去观测值赋予指数衰减的权重，以便更快地反映最新的数据变化。在金融领域，MACD 技术分析指标可以通过计算两个 EWMA 之间的差异来提供交易信号。

基于 EWMA 的异常检测算法的基本原理，利用最近一段时间窗口范围内的加权局部均值来预测变量。通过对过去时间范围内的历史观测值赋予不同的权重来计算平均值，并基于加权的平均值来预测新值。从直观上看，越靠近当前时间的观测值越能够反映出近期作弊观测特征的变化趋势，因此越靠近当前时间权重就越大。从离当前观测时间距离视角看，由近及远的加权系数会随时间拉长呈现出指数衰退的趋势，越靠近当前时刻，赋予的加权系数就越大，对当前值的预估影响也就越大。

EWMA 的计算公式如下：

$$\text{EWMA}_t = \alpha P_t + (1-\alpha)\text{EWMA}_{t-1}$$

式中，$P$ 是 $t$ 时刻的观测值；变量 $\alpha$ 是平滑系数，取值范围为 $[0,1]$，$\alpha$ 越小前后时间范围内的权重变化越平缓。当 $\alpha$ 趋近于 0 时，$t$ 时刻 EWMA 平滑后的值相当于过去 $n$ 个时间点的平均值；当 $\alpha$ 趋近于 1 时，$t$ 时刻 EWMA 平滑后的值相当于上一个时间点的值。

EWMA 权重随时间由近及远的变化曲线如图 8-6 所示。

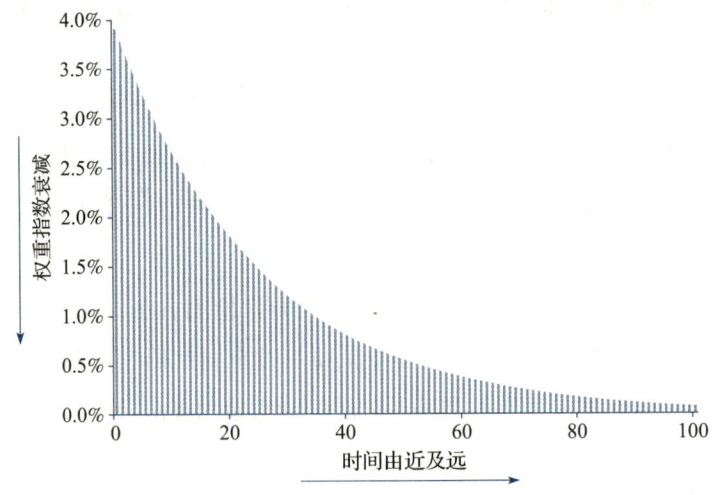

图 8-6　EWMA 权重变化曲线

我们曾介绍过,流量反作弊业务中存在恶意消耗广告主预算的作弊行为,因此我们经常要对广告主、广告位、广告计划、广告组、搜索词等受攻击侧实体做流量监测。一种常见的作弊方式是短时间内对某个受害实体制造大量的流量访问。根据本节介绍的 EWMA 的原理我们可以知道,正常情况下广告主的流量波动是相对平滑的,而一旦在短时间内出现大规模流量脉冲,那么 EWMA 值受到近一段时间范围内的波动影响势必会增加,并超过正常合理的范围边界,可以以此来识别作弊攻击流量,如代码清单 8-2 所示。

代码清单 8-2　EWMA 识别广告组流量异常波动

```
import pandas as pd
import matplotlib.pyplot as plt
import numpy as np

ad_click_log = pd.DataFrame(
    {'ad_group_12345678': pd.Series(np.random.normal(size=100) + 5)})

window_size = 5
delta = 1.5

mean = ad_click_log['ad_group_12345678'].ewm(window_size).mean()
std = ad_click_log['ad_group_12345678'].ewm(window_size).std()
std[0] = 0
```

```
mean_plus_std = mean + delta * std
mean_minus_std = mean - delta * std

is_outlier = (ad_click_log['ad_group_12345678'] > mean_plus_std) |
    (ad_click_log['ad_group_12345678'] < mean_minus_std)
outliers = ad_click_log[is_outlier]

plt.plot(ad_click_log['ad_group_12345678'], c = 'b', label = 'Actual Values')
plt.plot(mean, c = 'r', label = 'Exponentially Weighted Moving Average')
plt.plot(mean_plus_std, 'k--', label = 'Prediction Bounds')
plt.plot(mean_minus_std, 'k--')
plt.scatter(outliers.index, outliers['ad_group_12345678'], c = 'r', marker = 'o',
    s = 120, label = 'Outliers')
plt.legend()
plt.show()
```

代码清单 8-2 的执行可视化结果如图 8-7 所示。其中上下两条虚线为根据 EWMA 算法预估的流量上界和流量下界，中间平滑的实线为 EWMA 值，中间的上下波动实线为广告位下的实际观测流量。如果实际观测流量超过 EWMA 根据近期时序流量预测的流量上界或者流量下界，则认为发生了比较大的流量波动。通过这种方式我们能够在秒级时间内检测哪些广告主或者广告位资源被攻击，并高效迭代模型和策略形成防御能力。

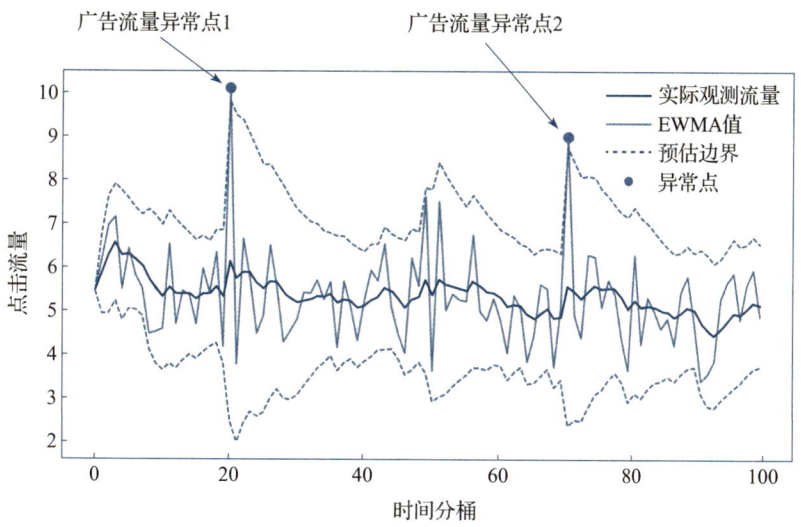

图 8-7　广告组时序流量异常波动检测

### 2. Holt-Winters

Holt-Winters（HW）算法由 Holt 和 Winters 提出，也称为三次指数移动平均算法，是一种用于季节性时间序列异常检测的模型。前面提到的指数加权移动平均（EWMA）算法会紧跟流量曲线的变化，但是并没有考虑业务本身存在的季节性或者周期性的流量波动规律。Holt-Winters 算法在 EWMA 一次指数平滑的基础上额外增加了流量季节性的信息，使得其可以预测带有季节性的时间序列。

Holt-Winters 算法的工作原理是将流量时间序列结构化地拆分成 3 个维度表示。

1）水平（Level）：把它看作流量水平方向的发展轨迹。

2）趋势（Trend）：代表流量曲线的斜率或一般上下波动方向。

3）季节（Season）：强调流量的周期性规律。

Holt-Winters 算法有加法和乘法两种模型，以加法模型为例，由水平方程 $l_t$、趋势方程 $b_t$ 和季节方程 $s_t$ 组成，并分别受到代表水平维度的参数 $\alpha$、代表趋势维度的参数 $\beta$，以及代表季节维度的参数 $\gamma$ 控制。

$$\hat{y}_{t+h|t} = l_t + hb_t + s_{t-m+h_m}$$

$$l_t = \alpha(y_t - s_{t-m}) + (1-\alpha)(l_{t-1} + b_{t-1})$$

$$b_t = \beta(l_t - l_{t-1}) + (1-\beta)b_{t-1}$$

$$s_t = \gamma(y_t - l_{t-1} - b_{t-1}) + (1-\gamma)s_{t-m}$$

通过上面的原理分析，我们可知，相比于 EWMA 算法，Holt-Winters 算法在进行时序流量预测时，综合考虑了流量的水平发展方向、斜率变化趋势，以及季节性波动因素，因此对于有季节性变化规律的流量拟合效果更好。

图 8-8 展示了 EWMA 和 Holt-Winters 对于同一组广告流量波动的时序预测结果，其中图 8-8a 所示为 EWMA 模型的结果，图 8-8b 所示为 Holt-Winters 模型的结果。我们可以看到，在拟合历史流量时，EWMA 和 Holt-Winters 两种算法效果相似；但是在预测未来流量时，Holt-Winters 算法更加稳定，而 EWMA 算法受噪声影响较大，预测结果更加不稳定。图 8-8b 中 Holt-Winters 算法的流量预测更符合实际营销业务的流量曲线规律。

实际上，互联网营销业务流量本身就是具有非常强烈的波动规律的。比如，从早上 7 点到 9 点用户起床开始，流量会慢慢向上涨，中午 11 点到 13 点的吃饭和午休时间会有大量的商品浏览、点击和成交，再到晚上 19 点到 21 点会迎来下一个流量峰值，最后凌晨因为有些秒杀活动或者大促还会偶尔有峰值，这是对于业务大盘整体上的流量波动规律。同样，对于和季节相关的商品，比如春季"帐篷"商品的搜索量就会明显高于其他季节，冬季"羽绒服"商品的搜索量也会明显出现时令性上涨。如果不考虑

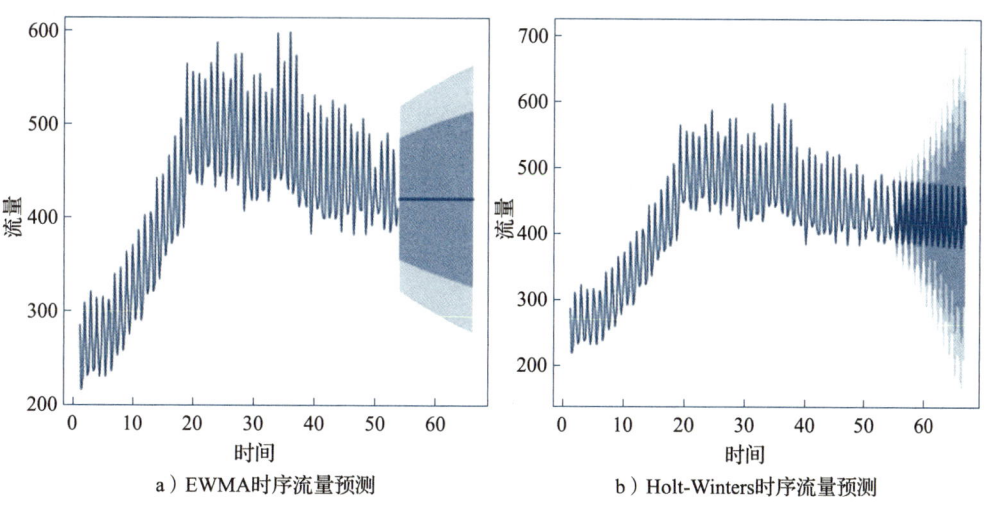

图 8-8　EWMA 和 Holt-Winters 时序广告流量预测对比

季节性的变化规律，我们在做时序流量检测时，可能容易把正常的流量波动误判为异常，导致模型精度下降，因此当业务观测维度的流量有明显季节性变化时，Holt-Winters 是一个相对不错的选择。

同时需要注意的是，一般的季节性规律需要相对长的时间观测窗口才能捕捉到，比如周级别、月级别甚至年级别。因此相比于 EWMA 而言，Holt-Winters 算法的原理不太适合时效性特别强的流量异常检测业务场景。

### 3. ARIMA

ARIMA（Auto Regressive Integrated Moving Average）模型，差分整合移动平均自回归模型，又称整合移动平均自回归模型，为基于时间序列预测的异常检测方法之一。ARIMA 模型的主要思想是通过对时间序列进行差分，将非平稳序列转化为平稳序列，然后根据平稳序列的自相关和偏自相关函数来选择合适的自回归和移动平均阶数，进而建立 ARIMA 模型进行预测和异常检测。

ARIMA 模型包括三个部分，即自回归（AR）、差分（I）和移动平均（MA），通常可以表示为 $ARIMA(p,d,q)$。

1）自回归（Auto Regressive，AR）：自回归模型是将过去的历史数据作为自变量，当前数据作为因变量，建立回归模型。$p$ 表示模型中自回归项的阶数，即当前时刻数据与前 $p$ 个时刻数据之间的线性关系。

2）差分（Integrated，I）：差分是为了消除时间序列的非平稳性，即将原始序列进行差分，使其转换为平稳序列，便于进行预测。$d$ 表示进行差分的阶数，即差分了几次。

3）移动平均（Moving Average，MA）：移动平均模型是将前一时刻的误差作为自变量，当前数据作为因变量，建立回归模型。$q$ 表示模型中移动平均项的阶数，即前 $q$ 个时刻的误差与当前时刻的误差之间的线性关系。

代码清单 8-3 展示了如何使用 ARIMA 识别广告位的流量异常波动。广告流量数据基于正态分布随机模拟生成，一共 3 个月，其中包含 2 个异常值。其中应用 Python 开源的 statsmodels 算法包内置的 ARIMA 基于时序的异常检测模型，使用起来非常方便，仅需要给定时间序列数据，然后调节上面控制自回归、差分和移动平均的 order($p,d,q$) 参数即可。下面通过代码清单 8-3 深入理解 ARIMA 是如何检测出来这两个异常值的。

**代码清单 8-3　ARIMA 识别广告位流量异常波动**

```python
import numpy as np
import pandas as pd
import matplotlib.pyplot as plt
import statsmodels.api as sm

plt.rcParams['font.sans-serif'] = ['Arial Unicode MS']

# 生成有规律波动和异常值的数据
np.random.seed(42)
dates = pd.date_range(start='2022-01-01', periods=90)
values = np.concatenate((np.random.normal(loc=300, scale=50, size=88),
                         np.random.normal(loc=500, scale=200, size=2)))

# 拟合ARIMA模型，order参数就是前面提的(p, d, q)，分别表示AR(自回归)阶数、差分次数、MA(移动平均)阶数
model = sm.tsa.arima.ARIMA(values, order=(1, 0, 0))
results = model.fit()
print(results.summary())
# 计算实际值与预测值之间的模型残差
residuals = results.resid

# 绘制残差图
fig, ax = plt.subplots(2, 1, figsize=(12, 8), gridspec_kw={"hspace": 0.4})
ax[0].plot(dates, residuals)
ax[0].set(title='ARIMA 模型残差', xlabel='日期', ylabel='残差')
ax[0].axhline(y=0, linestyle='--', color='gray')
ax[0].axhline(y=2 * np.std(residuals), linestyle='--', color='red')
ax[0].axhline(y=-2 * np.std(residuals), linestyle='--', color='red')
```

```
# 进行异常检测，观测流量模型残差超过2倍标准差则认为异常
anomalies = np.where(np.abs(residuals) > 2 * np.std(residuals))[0]
ax[1].scatter(dates[anomalies], values[anomalies], color='red', label='异常值')
ax[1].plot(dates, values)
ax[1].set(title='异常流量检测结果', xlabel='日期', ylabel='广告位流量')
ax[1].legend()

plt.show()
```

代码清单8-3的执行结果如图8-9所示。

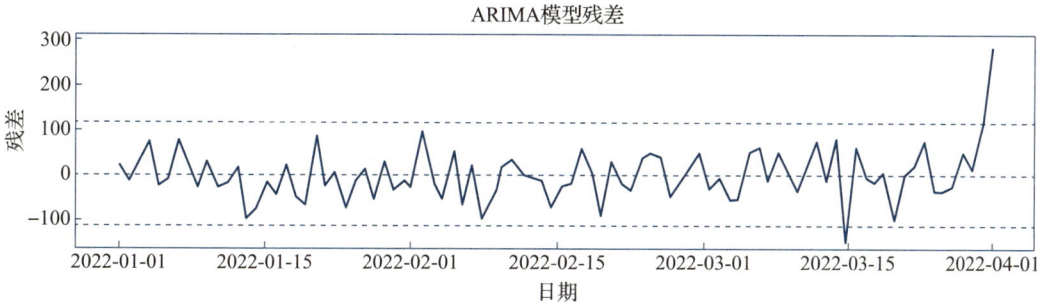

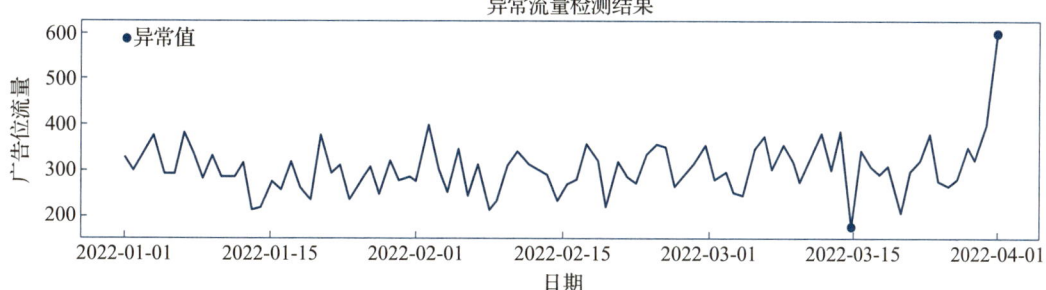

图 8-9　ARIMA 模型检测广告位时序流量异常

最后，对前文提到的三种时序统计模型方法做一下归纳总结（见表8-1）。

表 8-1　EWMA、Holt-Winters 和 ARIMA 基于时序的异常检测模型对比

| 方法 | 特点 | 适用场景 |
| --- | --- | --- |
| EWMA | 计算简单，不需要历史大量数据，可以快速反映出变化；但无法处理季节性变化，对过去数据的依赖较大，较为敏感 | 适用于数据变化较快，且没有明显的季节性变化的情况。比如短时间内某广告主被攻击流量的波动检测 |
| Holt-Winters | 能够处理趋势和季节性变化，对过去数据的依赖较大；但需要历史大量数据，且对噪声较为敏感 | 适用于存在趋势和季节性变化的时间序列数据，相比于 EWMA 具备更高的精度。比如针对"帐篷""羽绒服"这类季节性商品的异常流量波动检测 |

（续）

| 方法 | 特点 | 适用场景 |
| --- | --- | --- |
| ARIMA | 能够处理多种时间序列模式，可以更精确地预测未来值；但需要较长的时间序列数据，并且需要调参（$p,d,q$） | 和 Holt-Winters 类似，适合季节性变化流量。当数据不平稳的时候，还可以通过差分参数 $d$ 调节 |

### 8.2.2 深度学习类算法

除了传统的统计类基于时序的异常检测方法，近年来基于深度学习类基于时序的异常检测方法也在实际生产环境中得到了广泛的应用，典型的如 LSTM、GRU、VAE、Anomaly Transformer 等。在本小节中，我们将以 LSTM 和 VAE 为例，说明如何将深度学习类算法应用在广告与营销风控业务的异常检测中。

#### 1. LSTM

长短期记忆（Long Short-Term Memory，LSTM）模型是一种经典的基于循环神经网络（RNN）的算法，类似的还有门控循环单元（Gated Recurrent Units，GRU）算法。LSTM 具有反馈连接的能力，不仅能够处理单个数据点，还能够处理整个数据序列，使其成为处理和预测时间序列数据以及自然语言处理（NLP）上下文的理想选择。

在风控领域，我们面临着许多需要进行基于时序的异常检测业务需求。我们可以将用户的历史行为序列与 NLP 中的上下文语句进行类比，将特定时刻（$t$ 时刻）的用户行为视为 NLP 中的一个词语。通过 LSTM 模型，我们能够理解并记忆用户历史行为信息，从而捕获异常行为。

如图 8-10 所示，LSTM 通过使用门控结构来控制信息的流动。在每个时刻，LSTM 会接收当前时刻的输入，同时将上一时刻的输出（或隐藏状态）和记忆状态作为输入。然后，LSTM 会通过门控单元来控制信息的流动，包括遗忘门（Forget Gate）、输入门（Input Gate）和输出门（Output Gate）。遗忘门用于控制是否将过去的记忆保留到当前时刻，输入门用于控制当前时刻的输入信息是否需要加入记忆中，而输出门则用于控制输出的内容。

- $c_t$：$t$ 时刻的细胞状态（Long-Term Memory，长期记忆）。比如广告流量反作弊业务中用户在某个搜索广告位页面的历史行为汇总。
- $h_t$：$t$ 时刻的隐藏状态（Short-Term Memory，短期记忆）。比如在广告流量反作弊业务中，可以表示用户当前点击行为前后的短期状态信息。

- $X$：$t$ 时刻的输入向量。比如广告流量反作弊业务中用户的搜索、点击行为。

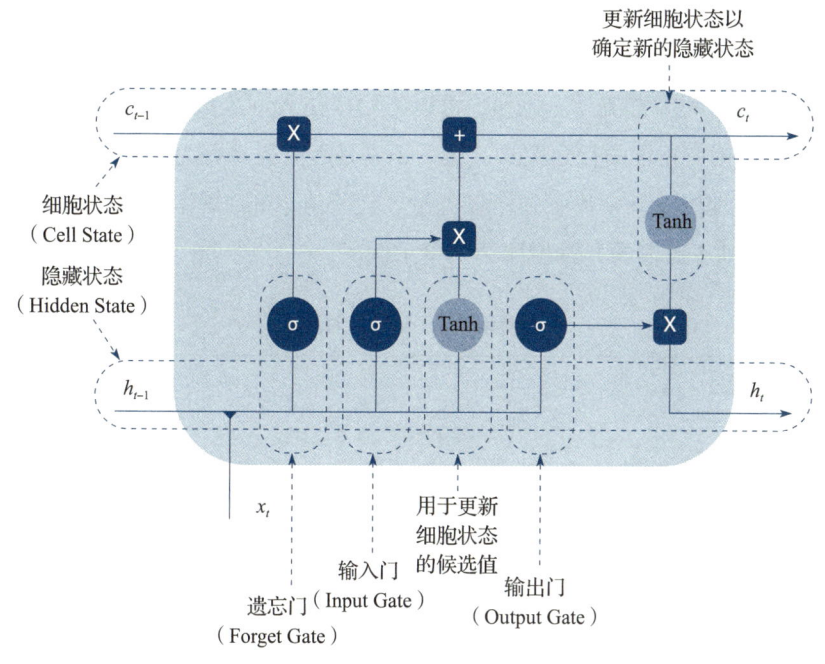

图 8-10　LSTM 原理示意图

图 8-10 中，我们可以看到细胞状态（Cell State）和隐藏状态（Hidden State）这两种状态组件，它们是 LSTM 的核心组成部分。细胞状态是 LSTM 的核心记忆单元，用于长期存储和传递信息，在广告用户行为序列建模中，可以表示用户整体的历史行为序列汇总。它通过输入门、遗忘门和输出门的调控，选择性地更新、遗忘和传递信息。细胞状态在每个时间步都会更新，能够处理序列中的长期依赖关系。隐藏状态是从细胞状态派生出来的，它可以看作对当前时间步的细胞状态的摘要或提取的表示。隐藏状态通过输出门的调控，选择性地传递细胞状态中的信息，提供了当前时间步的特征表示和上下文信息。隐藏状态对于进一步的预测、分类或决策任务非常有用。

此外，如图 8-10 所示，LSTM 用到了两个激活函数：σ 函数和 Tanh 函数。其中 σ 函数也称为 Sigmoid 函数，用于计算输入门和遗忘门的开启程度。这个函数的作用是将输入值映射到 0~1 之间，从而决定是否允许输入信息进入细胞状态或遗忘细胞状态中的信息。Tanh 函数则用于计算细胞状态的更新值和输出值，它将输入值映射到 −1~1 之间，有助于强化 LSTM 模型对输入和状态的建模能力，捕捉复杂的关系和长期的依赖。这两个激活函数共同作用，使 LSTM 网络能够更有效地处理和学习时序数据中的长距离依赖关系。

在营销流量反作弊方面，LSTM 可以利用用户的历史行为数据，通过学习用户的行为模式来识别是否为异常流量。比如，可以将用户在 App 上的操作行为序列作为输入，通过 LSTM 学习用户正常的行为模式，然后识别是否有异常行为，如频繁点击、快速滑动等，从而准确地区分正常流量和作弊流量。代码清单 8-4 展示了基于 Keras 框架中的 LSTM 模型进行基于时序的异常检测的简单示例。

**代码清单 8-4　LSTM 时序预测**

```
import pandas as pd
import numpy as np
import matplotlib.pyplot as plt
from keras.models import Sequential
from keras.layers import LSTM, Dense
from sklearn.preprocessing import MinMaxScaler
from sklearn.model_selection import train_test_split

data = pd.read_csv('credit_card_fraud.csv')

# 提取时间序列特征和标签
X = data['Time'].values.reshape(-1, 1)
y = data['Class'].values

# 归一化
scaler = MinMaxScaler(feature_range=(0, 1))
normalized_X = scaler.fit_transform(X)

X_train, X_test, y_train, y_test = train_test_split(normalized_X, y, test_size=0.2,
    random_state=42)
X_train = np.reshape(X_train, (X_train.shape[0], 1, X_train.shape[1]))
X_test = np.reshape(X_test, (X_test.shape[0], 1, X_test.shape[1]))

# 构建 LSTM 模型
model = Sequential()
model.add(LSTM(units=50, input_shape=(X_train.shape[1], X_train.shape[2])))
model.add(Dense(units=1, activation='sigmoid'))
model.compile(optimizer='adam', loss='binary_crossentropy')

history = model.fit(X_train, y_train, epochs=10, batch_size=32, verbose=1)

y_pred = model.predict(X_test)
y_pred = (y_pred > 0.5)
```

```
plt.plot(y_test, color='blue', label='Actual')
plt.plot(y_pred, color='red', label='Predicted')
plt.xlabel('Time')
plt.ylabel('Fraud Class')
plt.title('LSTM Time Series Prediction')
plt.legend()
plt.show()
```

### 2. VAE

自编码器（Autoencoder，AE）是深度学习领域的一种无监督学习算法，旨在通过训练网络对输入数据进行编码和解码，以实现特征的有效提取。AE 的训练过程主要通过最小化输入与输出之间的重构误差来实现。尽管 AE 在学习数据的紧凑表示方面表现出色，但其在捕捉数据分布和生成新样本方面存在一定局限性。

在 AE 的基础上进一步发展而来的变分自编码器（Variational Autoencoder，VAE）更注重对数据潜在分布的建模。VAE 引入了概率分布的思想，通过在训练过程中学习潜在空间中的分布，模型能够生成更具多样性的样本。相比于 AE 算法，VAE 的训练过程包含了一个正则项，通过最大化潜在表示的概率分布与标准正态分布的相似性，使得 VAE 更加关注学到的潜在表示在整个空间中的分布特征。AE 和 VAE 算法对比如图 8-11 所示。

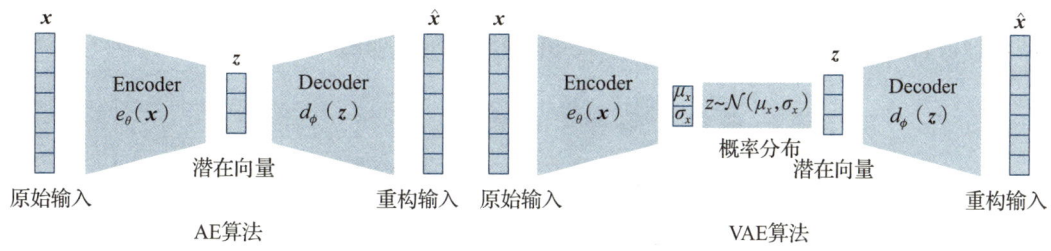

图 8-11　AE 和 VAE 算法对比

如图 8-12 所示，当我们使用 VAE 对时序流量做异常检测时，首先把时序流量数据按照时间分割成若干个窗口，每个窗口通过编码器映射到潜在空间的向量表示。这个潜在向量通过嵌入表示进一步降维和提取关键特征。接着，解码器将嵌入表示的向量映射回原始时序数据的空间，重构出一个近似于输入窗口的数据。通过比较重构数据与实际数据之间的误差，通常使用重构误差作为异常的度量标准。当窗口内的时序数据与模型学到的正常模式差异较大时，重构误差较大，表明可能存在异常。

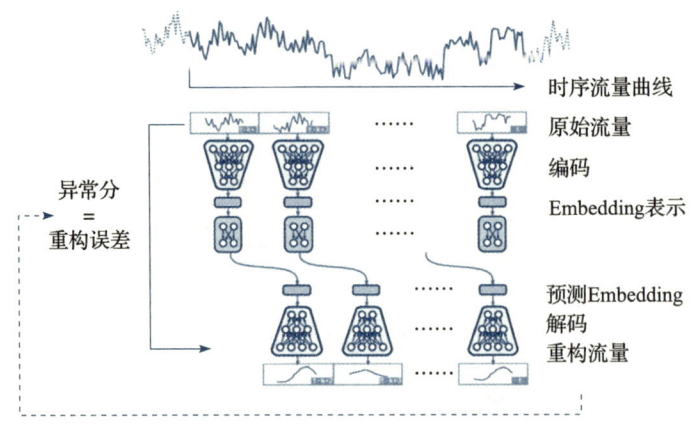

图 8-12　VAE 时序流量异常检测

## 8.3　CEP 技术

CEP（Complex Event Processing，复杂事件处理）是一种在时序事件序列流上做上下文匹配的技术，通过指定需要匹配的模式（Pattern），找到对应的时序事件序列。CEP 基于三个主要概念：事件、模式和处理器。事件是指从数据源中获取的原始数据，模式是指预定义的事件序列模型，处理器是指对模式进行匹配和分析的算法。CEP 通过不断地读取事件流，并将其与预定义的模式进行匹配和分析，从而发现和识别特定的事件模式和异常行为。CEP 时序事件匹配的原理示意如图 8-13 所示。

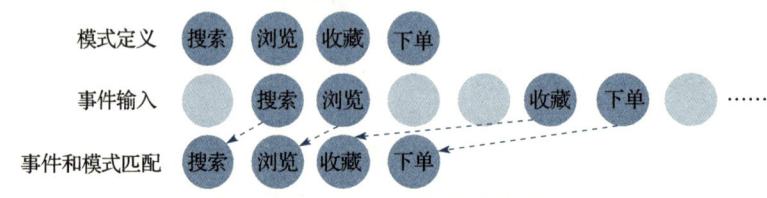

图 8-13　CEP 时序事件匹配的原理示意

通过 CEP 技术来识别异常行为 Pattern，通常包括以下几个步骤：

1）模式定义：定义预期需要匹配的事件序列模型。图 8-13 中定义的是"搜索—浏览—收藏—下单"这样一个电商用户行为模式（实际作弊行为事件这里不展开，原理类似）。

2）事件输入：CEP 从广告或营销活动日志中获取原始数据流，这个事件输入流，可以是实时的（比如基于 Flink），也可以是离线的（比如基于 Spark/Hive）。

3）事件和模式匹配：CEP 使用处理器对事件流进行处理和匹配，以发现和识别预期的事件模式，最后把匹配的 CEP 序列交给异常检测模型判别作弊。

下面从业务实战例子出发，介绍如何通过 CEP 技术定义并识别异常行为 Pattern。电商活动中，为了促进商家和用户参与积极性，平台有时会在大促节点推出一些让利活动，比如鼓励商家提升销量，设定一定的目标门槛给予商家返利。此时部分不良商家为了骗取平台的补贴，会勾结黑灰产，找到一批职业刷手来自己的店铺进行刷单。为了在平台规定的事件窗口内达成 GMV 门槛，往往会采用大额商品交易，每天至少千元，多的上万元一单。在短时间内刷到平台要求的 GMV 后，获得平台返利，让平台利益受损。这种业务作弊行为如图 8-14 所示。

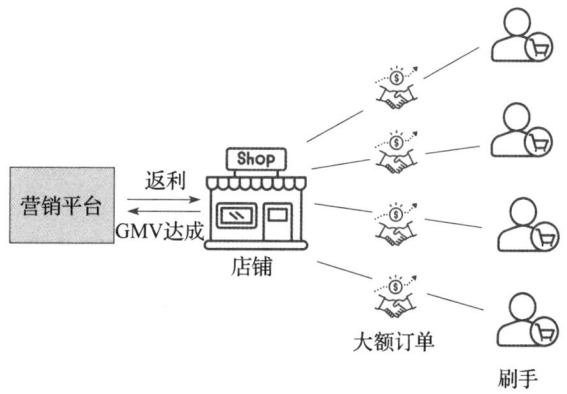

图 8-14　商家大额刷单套利

可以发现，为了在平台要求的时间窗口内达成目标，商家雇佣的刷手一定会密集到店铺内找到商品并快速下单、成交，那么我们可以基于 CEP 技术来识别此类行为。代码清单 8-5 基于 PySpark 展示了如何通过定义一个 10 秒窗口内连续下单超过 5 次且每单的成交额大于 10 000 元的行为 Pattern 来识别上述作弊。

代码清单 8-5　CEP 识别短时间内连续大额下单行为

```
from pyspark.sql import SparkSession
from pyspark.sql.functions import window

spark = SparkSession.builder
.AppName("FraudDetection")
.getOrCreate()

events = spark.readStream.format("kafka")
```

```
.option("kafka.bootstrap.servers", "localhost:9092")
.option("subscribe", "order_events")
.load()

events.createOrReplaceTempView("events_table")

# 定义短时间窗口连续大额下单的行为 Pattern
pattern = "(A(userId, orderId, orderAmount) -> B(userId, orderId, orderAmount)*)
    WHERE A.orderAmount > 10000 AND B[*].orderAmount > 10000 WITHIN 10 seconds"

# 行为 Pattern 匹配
matched_events = spark.sql(f"SELECT *, MATCHES(pattern) AS isFraud FROM events_table")

fraudulent_orders = matched_events
.groupBy("userId")
.count()
.filter("count > 5")

query = fraudulent_orders
.writeStream
.outputMode("Append")
.format("console")
.start()

query.awaitTermination()
```

代码清单 8-5 中,我们利用 Spark Streaming 大数据处理框架订阅 Kafka 消息队列中的成交事件,然后定义用户 10 秒时间窗口内超过 5 次连续下单 10 000 元以上为大额刷单的异常 Pattern,通过 Pattern 串和订单时间流匹配得到作弊行为。

## 8.4 本章小结

本章从最基本的基于时序的异常检测特征和特征工程切入,向读者介绍了时序特征的水平、趋势、季节性和稳定性等特点,以及基本统计特征、周期性统计特征、分布统计特征、变异系数统计特征等时序特征工程方法。接下来从传统的统计类时序异常检测算法(如 EWMA、Holt-Winters、ARIMA 等),到深度学习类算法(如 LSTM、VAE 等),结合广告与营销风控业务说明了如何通过这些算法识别流量异常。最后从工程实践角度出发,介绍了风控中应用广泛的 CEP 技术,通过复杂上下文行为 Pattern 匹配来有效对时序异常行为建模识别。

# 第 9 章

# 内容风控技术

当今的互联网时代,广告营销已成为各大企业推广品牌和产品的主要方式之一。然而,随着互联网广告与营销业务的快速发展,平台也面临着越来越多的风险和挑战。在广告和营销推广活动中,文本、图像、视频、音频、直播等内容都直接面向广大互联网用户,产生视觉、听觉上的交互。这种交互给平台带来了极大的商业价值,但也带来了各种内容风险,比如色情、暴力、政治敏感等。这些风险不仅会影响用户体验,还可能导致平台严重的商业损失,甚至产生业务关停、监管问责等风险。

因此,内容风险的治理和管控已经成为广告与营销平台的关键问题之一,需要采取一系列有效的措施,保障营销平台的合规运营和用户的安全使用。为了应对这些风险,平台需要进行内容风险识别和处理。在文本方面,可以通过敏感词过滤、分类和相似检索等技术进行风险识别和处理;在图像方面,可以通过图像分类、检测和检索等技术进行色情、暴力等敏感内容的识别和处理;在音频方面,可以通过语音识别等技术监测推广语义内容;在视频方面,可以采用视频关键帧提取和图像识别技术,对视频内容进行分析和审核;在直播方面,可以通过直播流监测、直播间流量波动等综合方式进行风险控制和识别。

## 9.1 文本风控

文本内容作为最直接也是最低成本生成的营销信息载体，随着业务发展已经日益成为平台风险的主要来源之一。文本风险包括了平台上存在的负面舆论、热点事件煽动、色情诱导宣传、夸大虚假宣传、侵犯知识产权、诈骗欺诈等形形色色的不合规行为，这些行为不仅会对广告主和消费者造成损失，也会对平台自身形象和信誉造成不良影响，严重的甚至会直接导致平台被监管部门下线应用、关停业务。因此，对于互联网广告与营销平台来说，应对文本风险成为必须直面的问题。

文本风控是一种通过文本数据来进行风险预警、管控和监测的技术手段。它主要涉及关键词过滤、文本分类、相似文本检索等关键技术。关键词过滤用于检测文本中是否包含特定的敏感词汇，例如网络暴力言论和违规广告。文本分类可用于判定文本的内容类型，进而判断是否存在违规或风险，例如判断一条创意标题是否涉黄或违规宣传。文本检索可用于快速地在大规模文本库中查找到与关键词相关的文本，对历史已知风险能够起到泛化效果。

### 9.1.1 关键词过滤

关键词过滤即根据事先设定的关键词，对营销的创意文本、底纹词、商品标题等创作文本内容进行检测和拦截。关键词过滤系统可以分为风险词包和匹配方法两部分。图 9-1 展示了一个典型的营销风控业务的风险词包管理页面，根据管控需求的种类，可划分为暴恐词包、色情词包、政治词包、侵权词包等类型，每种风险词包下面又对应具体的风险词。

| 敏感词包列表 | 管控敏感词列表 | | | |
|---|---|---|---|---|
| | 编号 | 词语 | 分类 | 操作 |
| 暴恐词包 | 1 | ISIS | 暴恐词包 | 编辑 删除 |
| 色情词包 | 2 | 军火 | 暴恐词包 | 编辑 删除 |
| 政治词包 | 3 | 小电影v | 色情词包 | 编辑 删除 |
| 侵权词包 | 4 | 白条 | 赌博词包 | 编辑 删除 |
| 灌水词包 | 5 | 网赌 | 赌博词包 | 编辑 删除 |
| 谩骂词包 | 6 | 一瓶增大 | 黑五类词包 | 编辑 删除 |
| 绝对用语词包 | 7 | 巴黎市家 | 侵权词包 | 编辑 删除 |
| 黑五类词包 | | | | |

图 9-1 文本风险词包管理页面

关键词过滤的匹配方法从系统的复杂度可以分基于规则的关键词匹配方法和基于自动机的关键词匹配方法。

1. 基于规则的关键词匹配方法

1）精确匹配法：将所有的敏感词汇存储在一个敏感词列表中，然后扫描文本中的每一个单词，逐一与敏感词列表中的词进行比较，如果发现匹配则进行过滤。这种方法的缺点是无法检测出敏感词汇的变形或拼音替换等形式。

2）正则表达式匹配法：使用正则表达式来匹配文本中的敏感词汇，这种方法可以检测出敏感词汇的变形或拼音替换等形式，但是需要设计复杂的正则表达式，而且可能存在误判或漏判的问题。

2. 基于自动机的关键词匹配方法

相比于前面介绍的基于规则的关键词匹配方法，基于自动机的关键词匹配方法是一种更为高效的关键词过滤技术。该技术基于自动机理论，通过构建自动机来与文本中的关键词进行匹配。相比于基于规则的关键词匹配方法，基于自动机的关键词匹配方法具有匹配速度快、匹配效率高的优点，尤其是对于大规模关键词匹配的业务场景。下面介绍两种常用的基于自动机的关键词匹配方法：AC 自动机匹配法和 Wu-Manber 匹配法。

（1）AC 自动机匹配法

AC（Aho-Corasick）自动机是一种基于 Trie 树（字典树）的多模式匹配算法，其原理是构建一颗多模式匹配自动机，可以在输入文本中同时匹配多个关键词。AC 自动机最初是由 Alfred V. Aho 和 Margaret J. Corasick 在 1975 年提出的，并由此命名。

如图 9-2 所示，AC 自动机的核心是 Trie 树，实际广告与营销风控业务应用中，首先会由风控运营维护需要管控的关键词词库，然后在线上关键词过滤系统中动态加载词库，构造如图 9-2 所示的 Trie 树，Trie 树中每条实线从根节点到叶子节点，都构成了一个关键词（如 eye、iris、her、their）。当广告创意、商品的变更消息送审流入机审系统后，在预先构建好的 Trie 树上执行关键词匹配即可捕获风险文本。

具体来讲，AC 自动机匹配法可以分为构建自动机和匹配两个步骤。

1）构建自动机。构建自动机的过程就是将所有关键词构建成 Trie 树，并在每个节点上添加一个失配指针（也称为跳转指针），指向跳转后的节点，用于在匹配过程中遇到不匹配的字符时进行跳转。为了实现快速的跳转，需要对 Trie 树进行预处理，使用

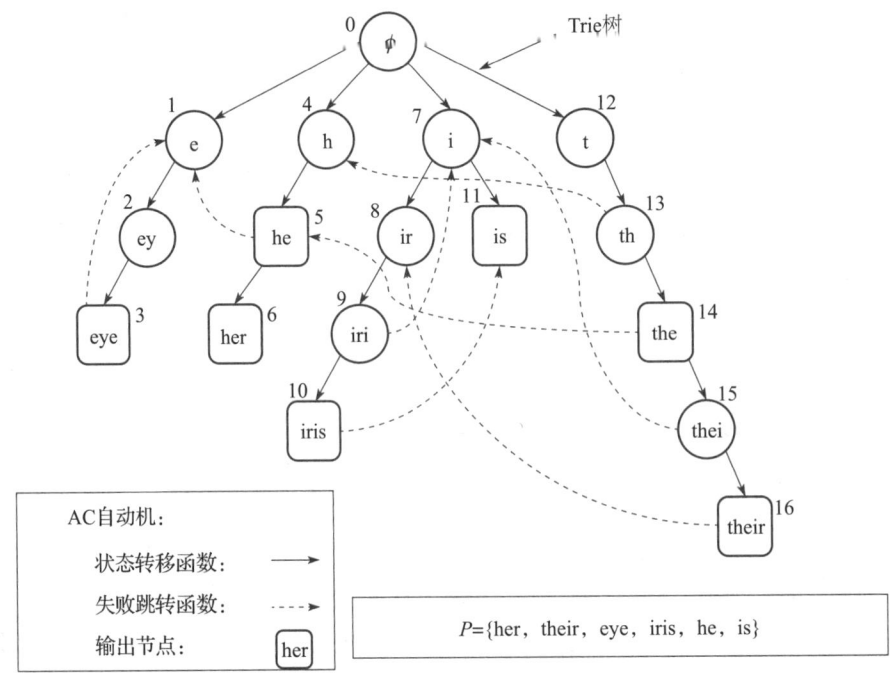

图 9-2 AC 自动机的 Trie 树

BFS 在 Trie 树上添加失配指针，使得自动机在匹配过程中能够在 $O(n)$ 的时间复杂度内完成匹配，其中 $n$ 为输入文本的长度。

2）匹配。在构建好自动机之后，就可以开始匹配过程。匹配过程就是从根节点开始，按照输入文本中的字符顺序，从 Trie 树中不断跳转，直到匹配到某个关键词的末尾节点，将该关键词添加到匹配结果中。如果在跳转的过程中遇到了失配，则通过失配指针跳转到下一个节点，继续匹配。当匹配结束后，可以得到输入文本中所有匹配的关键词。

在实际业务中，风控运营人员经常要面对的是减肥、丰胸、壮阳这类容易出现夸大虚假宣传的场景。比如图 9-3 所示的是一款减肥产品的创意推广内容，创意文本写着"减脂塑形瘦瘦贴，燃脂排油爆瘦小肚子神器，bao 密发货"字样，如果都是人工审核，那肯定是

图 9-3 广告创意标题风险

力不从心的，下面来看如何应用 AC 自动机来通过机审自动匹配并过滤文本风险。

代码清单 9-1 展示了 AC 自动机的过滤核心方法，以及在图 9-3 所示的广告与营销实际业务中，如何通过 AC 自动机识别广告创意标题中的文本敏感词风险。

**代码清单 9-1　基于 AC 自动机过滤创意标题敏感词**

```java
/**
 * AC 自动机关键词过滤
 */
public class ACAutomaton {
    private TrieNode root;

    private static class TrieNode {
        boolean isEnd;
        Map<Character, TrieNode> children = new HashMap<>();
        String word;
        TrieNode fail;

        TrieNode() {}
    }

    /**
     * 构建 Trie 树
     * @param words:业务需要管控的关键词列表
     */
    public void buildTrie(String[] words) {
        root = new TrieNode();
        for (String word : words) {
            TrieNode curr = root;
            for (char c : word.toCharArray()) {
                curr.children.putIfAbsent(c, new TrieNode());
                curr = curr.children.get(c);
            }
            curr.isEnd = true;
            curr.word = word;
        }
        // 失配指针
        Queue<TrieNode> queue = new LinkedList<>();
        for (TrieNode child : root.children.values()) {
            child.fail = root;
            queue.offer(child);
        }
        while (! queue.isEmpty()) {
            TrieNode curr = queue.poll();
            for (TrieNode child : curr.children.values()) {
                TrieNode fail = curr.fail;
```

```java
            while (fail ! = null && ! fail.children.containsKey(child)) {
                fail = fail.fail;
            }
            if (fail == null) {
                child.fail = root;
            } else {
                child.fail = fail.children.get(child);
            }
            queue.offer(child);
        }
    }
}

/**
 * 关键词匹配过滤
 * @param text:业务送审输入的文本字符串
 */
public List<String> filter(String text) {
    List<String> res = new ArrayList<>();
    TrieNode curr = root;
    for (int i = 0; i < text.length(); i++) {
        char c = text.charAt(i);
        while (curr ! = root && ! curr.children.containsKey(c)) {
            curr = curr.fail;
        }
        if (curr.children.containsKey(c)) {
            curr = curr.children.get(c);
            if (curr.isEnd) {
                res.add(curr.word);
            }
            TrieNode fail = curr.fail;
            while (fail ! = null && fail.isEnd) {
                res.add(fail.word);
                fail = fail.fail;
            }
        }
    }
    return res;
}

public static void main(String[] args) {
    // 管控的关键词
    String[] words = new String[]{"bao 密发货", "瘦瘦贴"};
    ACAutomaton acAutomaton = new ACAutomaton();
    acAutomaton.buildTrie(words);
    // 送审核广告创意标题
    String text = "减脂塑形瘦瘦贴,燃脂排油爆瘦小肚子神器,bao 密发货。";
    List<String> res = acAutomaton.filter(text);
```

```
        System.out.println(res);
    }
}
```

代码清单 9-1 的执行结果为：

[瘦瘦贴，bao 密发货]

可见能够通过 AC 自动机的方法匹配到送审的广告创意标题中的违禁词，而且 AC 自动的匹配速度非常快。通过代码清单 9-1 的原理可知，时间复杂度和匹配输入的送审文本长度相关，而和词表个数无关，适合广告创意、商品标题，或者 OCR 识别后的短文本关键词匹配过滤。

（2）Wu-Manber 匹配法

在实际广告与营销风控业务应用中，业务开始之初使用 AC 自动机来实现关键词匹配过滤是一个性价比非常高的方案。但是随着业务的发展，监管指令的不断调整和下发，风险运营要面临的词表往往会呈现出指数增长的趋势，突破百万量级是客观发展规律下的一种必然结果。这种情况下，使用 AC 自动机做关键词匹配过滤就会面临比较大的挑战，主要因为 Trie 树加载的内存瓶颈导致性能下降，尤其是词表批量更新时，严重时会导致单机内存溢出或者服务不可用。

Wu-Manber 算法是一种针对多模式匹配的快速算法，可以有效地解决 AC 自动机在大规模模式串匹配时内存压力过大的问题，Wu-Manber 算法原理如图 9-4 所示。

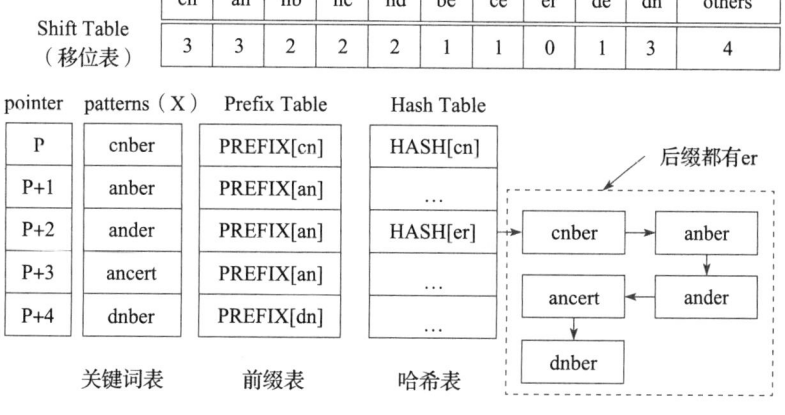

图 9-4　Wu-Manber 算法原理

下面来看Wu-Manber算法识别风险文本的原理。Wu-Manber由两个阶段组成。第一阶段是预处理阶段，如图9-4所示，构建三个必要的表，即移位表（Shift Table）、前缀表（Prefix Table）和哈希表（Hash Table）。第二阶段是模式匹配阶段，利用这些表进行匹配操作。

- 移位表（Shift Table）：用于确定窗口的移动距离。在WM算法中，移动窗口时，算法需要查找移动后的窗口是否包含匹配项。为此，移位表存储了所有可能的哈希值的最大移动距离。当窗口移动时，可以根据新哈希值在移位表中查找对应的移动距离，以快速确定窗口的新位置。
- 前缀表（Prefix Table）：包含了配置的关键词模式串所有前缀的哈希值，以及哈希值匹配的模式串。前缀表用于在窗口内匹配当前前缀。如果当前前缀的哈希值匹配了前缀表中的一个值，算法会在该匹配项中找到对应的模式串。
- 哈希表（Hash Table）：用于在前缀表中查找匹配项。哈希表中每个桶都包含了若干个模式串，这些模式串的前缀与桶中的关键字哈希值相同。因此，在查找匹配项时，可以将当前前缀的哈希值用作哈希表中的索引，以快速地找到前缀表中的匹配项。

通过上面的原理分析，我们可以发现，Wu-Manber关键词匹配方法主要通过两个方面来解决AC自动机遇到的内存压力：

- 哈希算法：Wu-Manber算法使用哈希算法将所有的模式串映射到固定的哈希桶中，从而避免了AC自动机中的Trie树结构存储大量冗余信息。这样一来，Wu-Manber算法不仅减小了内存占用，还能够提高匹配速度。
- 分组技术：Wu-Manber算法将所有的模式串按照长度进行分组，然后将每个分组内的所有模式串看成一个整体，构造一个独立的匹配模式。这样一来，就将原本需要存储的大量模式串缩减到了若干个小的分组中，从而大大减小了内存压力。

需要注意的是，互联网中任何软件开发都是没有银弹的。Wu-Manber并非万能的，风控业务中的创意标题通常是短文本，但是有些用户的评论、店铺的介绍，或者营销文章通常是长文本段。相比于Wu-Manber方法，AC自动机针对长文本的审核要更高效，因为AC自动机在预处理阶段已经在Trie树中提前构建好所有文本的模式串，所以可以快速地进行匹配；而我们上面介绍的Wu-Manber是基于滑动窗口的算法，在处理长文本时需要不断地更新滑动窗口，导致算法效率降低。因此，在实际风控业务应用中，需要读者根据自身的实际业务情况选择合适的关键词匹配方法。

## 9.1.2 文本分类

在广告与营销活动中，商家和用户会创作各式各样的文本内容，从商品到创意到评论等等，出于吸引眼球、博取流量的目的，这些文本内容中有时会存在不合规的内容，常见的文本风险包括色情、政治、暴力、虚假宣传、侵权等。这些风险会对广告主的品牌形象造成负面影响，甚至导致法律风险和损失。

对于这些风险，关键词过滤的匹配方法具有简单易懂、容易实现和能够快速通过追加关键词从而达到风险控制的优点。但是，关键词过滤的匹配方法也存在一些明显的不足：

1）首先，风险运营需要维护大量的关键词列表，而且随着业务的发展，需要不断更新维护，成熟业务发展到百万量级的关键词表几乎是必然的，对于系统来说也是非常大的挑战，对于运营而言也必将处于敢增词而不敢减词的困境。

2）其次，简单的关键词过滤匹配无法识别语义相似但关键词不同的文本内容风险，也无法识别新出现的、没有列入关键词列表中的风险文本。

因此，我们需要一种机器学习的手段来解决这类问题，文本分类方法便是一种最常用的风险文本识别手段。相比于关键词过滤的匹配方法，文本分类方法的优势在于能够自动学习文本特征和文本分类规则。通过训练算法，文本分类方法可以自动生成分类规则，识别出文本中的风险信息，具有较好的泛化能力。文本分类对长文本、非固定词汇表的文本识别效果较好。

根据文本分类模型的发展和待审核数据规模的大小，风险文本分类算法可以分为传统分类方法和深度学习方法两大类。

### 1. 传统分类方法

传统分类方法通常基于统计的方法来训练模型，并根据特征选择和特征提取来处理文本数据，主要包括朴素贝叶斯分类器、支持向量机（SVM）、决策树等。朴素贝叶斯分类器是一种简单而有效的分类算法，通常用于垃圾信息过滤和情感分析等任务。SVM 是一种分类和回归算法，可以处理高维数据集，并且在文本分类中表现优异。决策树是一种用于分类和预测的树形模型，可以根据特征的重要性将数据分割成不同的类别。

内容风控中的传统文本分类方法一般过程如图 9-5 所示。首先，训练集是风险文本分类的基础数据，包含已经标注好的正负样本数据，可以用于分类器的训练和优化。其次，对于原始的文本数据，需要进行预处理，例如去除停用词、进行分词、去除噪声等，以便于后续的特征提取和文本表示。再次，从经过预处理的文本中提取特征，转换为数值型特征向量，用于表示文本的特征，以便于分类器进行分类预测。常见的特征提取方法包括词袋模型、TF-IDF 模型、N-gram 模型等。最后，将特征向量作为文本的表示，用于分类器的训练和预测，以实现作弊风险文本分类的目的。

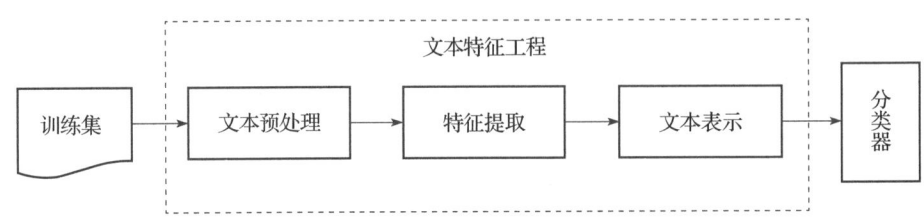

图 9-5　传统文本分类方法的一般过程

下面使用朴素贝叶斯分类器来说明如何基于传统分类方法识别广告与营销业务中的文本风险内容。营销活动中，一种常见的作弊风险对抗是山寨品牌侵权，无营销许可的商家为了吸引买家眼球推广山寨商品，会采用对品牌词做变种的方式来欺骗对正品品牌不熟悉的小白买家。比如图 9-6 中，"哥伦比亚""森海塞尔"和"纪梵希"分别被作弊商家变种替换成了"酷伦比亚""深海赛尔"和"纪凡希"。

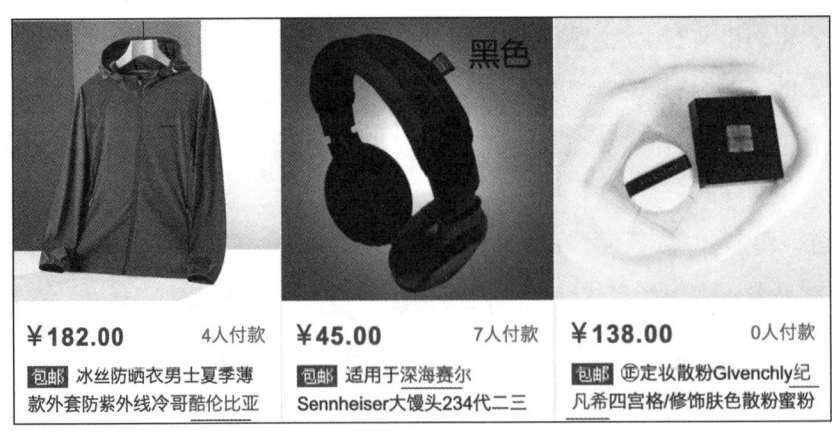

图 9-6　山寨品牌侵权营销文案

朴素贝叶斯分类器（Naive Bayesian Classifier，NBC）基于贝叶斯定理，假设各特征之间是相互独立的，通过统计训练集中各特征在不同类别中出现的概率，计算出每个类别的概率。在对新文本进行分类时，朴素贝叶斯分类器会计算出该文本在各个类别下的条件概率，然后根据贝叶斯公式计算出各类别的后验概率，最终将新文本分至概率最大的那一类。代码清单 9-2 展示了基于 sklearn 提供的 TF-IDF 文本向量特征提取和多项式朴素贝叶斯分类器对作弊的山寨品牌侵权创意文本进行分类识别的过程。

**代码清单9-2　朴素贝叶斯对山寨品牌侵权创意文本分类**

```python
from sklearn.feature_extraction.text import TfidfVectorizer
from sklearn.metrics import classification_report
from sklearn.naive_bayes import MultinomialNB

# 广告创意文本数据训练集(仅保留示意部分)
train_data = [
    ['森海塞尔耳机 美国版 闪亮登场。', 0],
    ['纪梵希烈艳蓝金口红 高级奢华品质。', 0],
    ['阿迪达斯新款慢跑鞋 舒适耐用。', 0],
    ['哥伦比亚男士经典T恤,热卖中,点击抢购不要错过哦。', 0],
    ['深海塞尔耳机,让您深入海洋世界的音乐体验！', 1],
    ['阿迪达渐新款慢跑鞋,舒适耐用,让你飞跑在道路上！', 1],
    ['纪凡希口红,来自法国的高级品质,让你变得更加迷人！', 1],
    ['科隆比亚户外装备,让你在野外拥有一次难忘的探险之旅！', 1]
]

# 分离出文本和标签
train_texts = [data[0] for data in train_data]
train_labels = [data[1] for data in train_data]

# 特征提取和构建向量表示
vectorizer = TfidfVectorizer()
train_vectors = vectorizer.fit_transform(train_texts)

# 训练分类器
clf = MultinomialNB()
clf.fit(train_vectors, train_labels)

# 在测试集上进行预测
test_text = ["纪凡希口红,热卖中,让你享受高级奢华品质!"]
test_label = [1]
test_vectors = vectorizer.transform(test_text)
predicted = clf.predict(test_vectors)

# 输出分类报告
report = classification_report(test_label, predicted)
print(report)
```

代码清单9-2的输出结果如下,可见能够识别出作弊创意文本。

```
     precision    recall  f1-score   support
1         1.00      1.00      1.00         1
```

**2. 深度学习方法**

通过前面的分析可以发现,朴素贝叶斯文本分类假设特征之间是相互独立的,但是这个假设在现实业务中很难满足,因此在特征之间依赖性较强的情况下表现不佳。同时算法对输入的数据分布敏感,当训练数据集和测试数据集的分布不一致时,模型表现会下降。另外传统的文本分类方法往往对文本中的词汇和语义信息的处理较为简单,难以捕捉文本中的复杂语义和上下文信息,因此在风险对抗深水区的风控识别效果上不尽如人意。

相较于传统的机器学习算法,深度学习方法可以自动从大量数据中学习特征,无须人工设计特征。常见的深度学习方法包括TextCNN、FastText、GPT,以及BERT等预训练语言模型。这些方法不仅可以用于文本分类任务,还可以扩展用于其他自然语言处理任务,如语义理解、文本生成等。深度学习方法的优点是可以学习到更多的抽象特征,具有更好的表达能力和泛化能力,解决了传统分类方法的不足。

作为深度学习方法的典型代表,我们以BERT为例介绍其如何应用于广告与营销内容风控业务中。如图9-7所示,BERT(Bidirectional Encoder Representations from Transformers)是Google提出的一种基于Transformer结构的预训练语言模型。BERT通过在大量文本语料库中训练,学习到了文本中的上下文语义信息和词汇关系,并生成了一个通用的文本表示,使得该模型可以应用于各种NLP任务中,因此在风控业务的风险文本分类应用场景,BERT是一个非常不错的选择。

BERT相对于传统的文本分类方法有以下优势。

1)预训练模型:BERT采用预训练的方式,通过大规模的无标注文本语料来进行训练,使得模型可以学习大量的语料信息,从而提高了模型的泛化能力。在传统文本风控的实际业务应用中,往往需要大量的有标注数据来训练模型,但是标注数据往往是很昂贵且有限的,而预训练可以利用大量的无标注数据来学习通用的语言表示,从而降低后续任务所需要的标注数据量,提高模型的泛化效果。

2)模型迁移能力:BERT模型在预训练的过程中可以使用不同的语料库,学习通用的语言模型,通过在特定的领域目标任务上做微调,便可以迁移到不同场景的文本分类任务中,也即图9-7中的微调过程。

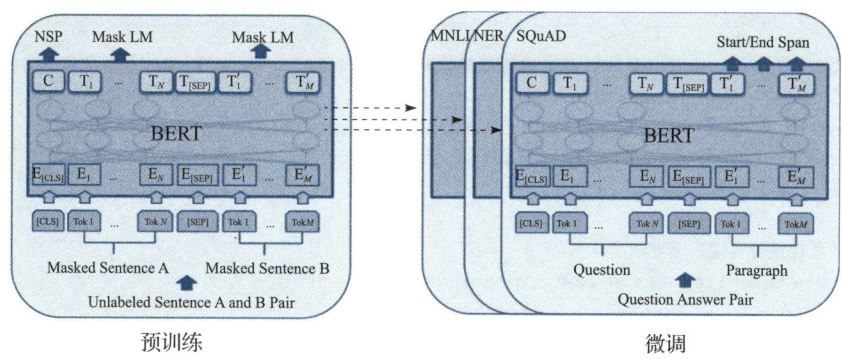

a）BERT的预训练和微调

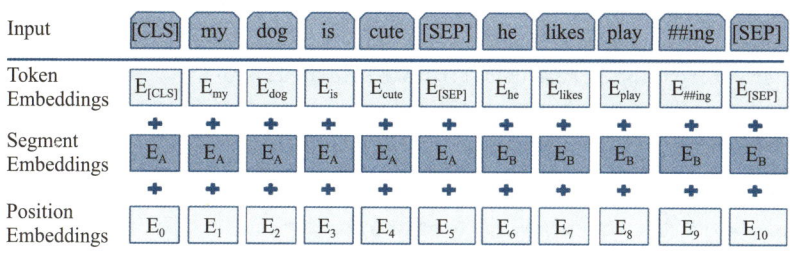

b）BERT对输入文本的Embedding表示

图 9-7　BERT 算法原理示意

3）上下文感知：BERT 模型利用 Transformer 结构，可以处理上下文信息，将前后文关系融入模型中（相比之下，朴素贝叶斯方法仅能基于词频统计表示），有效提升了模型的语义理解能力。BERT 模型使用了一个被称为"掩码语言模型"（Masked Language Model）的任务，该任务要求模型在输入的文本中随机掩盖一些单词，然后尝试预测这些单词的正确性。通过这种方式，BERT 模型可以学习到文本中的上下文信息和语义关系，提升分类准确性。

实际业务应用中，BERT 的使用成本也非常低，代码清单 9-3 展示了基于 BERT 做风险创意文本分类任务的核心过程，其中训练数据集复用了朴素贝叶斯分类器的数据集。

代码清单 9-3　BERT 风险文本分类

```
import torch
from sklearn.metrics import classification_report
```

```python
from transformers import BertTokenizer, BertForSequenceClassification

# 加载 Hugging Face 提供的中文基础预训练模型和分词器
model_name = 'bert-base-chinese'
tokenizer = BertTokenizer.from_pretrained(model_name)
model = BertForSequenceClassification.from_pretrained(
model_name, num_labels=2)

# 将文本转换为模型所需格式
inputs = tokenizer(train_texts, padding=True,
truncation=True, return_tensors="pt")
labels = torch.tensor(train_labels).unsqueeze(0)
# 训练分类器
outputs = model(**inputs, labels=labels)
loss = outputs.loss
loss.backward()
# 使用 Adam 优化器进行参数更新
optimizer = torch.optim.Adam(model.parameters(), lr=1e-5)
optimizer.step()
model.zero_grad()

# 在测试集上进行预测
test_text = ["纪凡希口红,热卖中,让你享受高级奢华品质!"]
test_label = [1]
test_inputs = tokenizer(test_text, padding=True, truncation=True, return_tensors="pt")
test_labels = torch.tensor(test_label).unsqueeze(0)

# 输出分类报告
with torch.no_grad():
    test_outputs = model(**test_inputs, labels=test_labels)
    test_loss = test_outputs.loss
    test_logits = test_outputs.logits
    test_predicted = torch.argmax(test_logits, dim=1)
    report = classification_report(test_label, test_predicted)
    print(report)
```

代码清单 9-3 的输出结果如下,同样能够有效识别出作弊创意文本。

```
          precision    recall  f1-score   support
1             1.00      1.00      1.00         1
```

## 9.1.3 相似文本检索

虽然文本分类技术能够识别出广告与营销业务中的作弊风险文本,但是通过前面的分析我们可以发现,大多数文本分类方法需要海量人工标注,用有监督的方式进行分类学习、预测风险。广告与营销业务中，用户生成的创意文案、商品标题等由于其生产成本低、信息传递能力强的特点成为作弊者与平台进行对抗的主要战场。如果采用分类模型的方式，需要收集大量样本，然后训练模型、再上线应用，风险响应速度会滞后。实际业务中，我们有很多情况需要对历史文本风险（极端情况下可能就是一条创意文本）高精度地快速形成泛化识别能力，相似文本检索能够解决这类问题。

相似文本检索是一种广泛应用于风控领域的技术，可以快速、准确地检索和匹配大量的风险文本数据。其基本原理是通过对文本进行关键词提取、相似度计算、语义匹配等操作，实现快速检索和查询文本。

图9-8展示了风控业务中的相似文本风险检索过程。

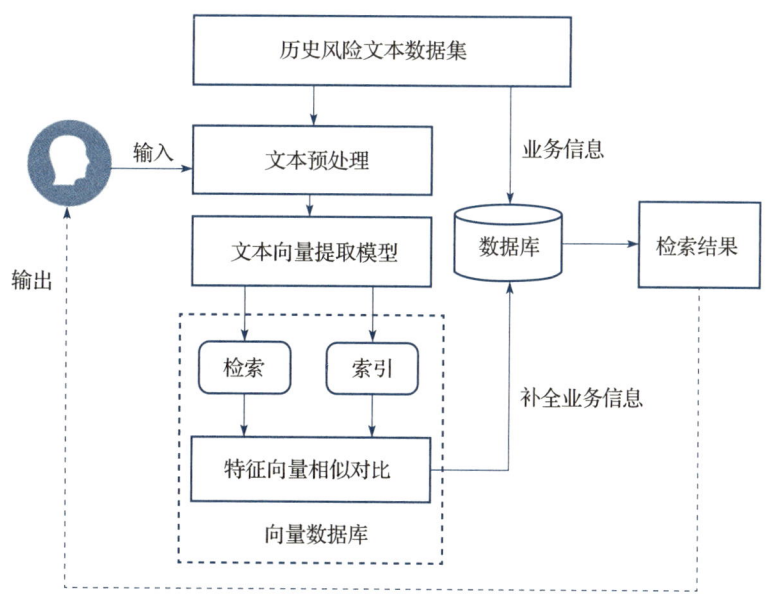

图9-8　相似文本风险检索过程

风控相似文本检索可以分为文本索引构建和相似检索查询两个过程，下面详细展开介绍。

### 1. 文本索引构建

1）数据预处理。首先需要对历史广告与营销业务积累的文本数据集进行预处理，例如去除停用词、去除分词、语义归一化等，以便后续的索引构建和查询。

2）文本表示。通过深度学习模型（如BERT、ELMo、GPT等）将文本表示为稠密特征向量或特征矩阵形式，这一步把非结构化的数据压缩到指定维度的浮点型结构化空间。

3）相似度计算。对于历史数据集中的每条文本，需要计算它与其他文本的相似度，例如使用欧式距离、余弦相似度等方法，此部分在前文有详细介绍，读者可翻阅参考。

4）索引构建。根据相似度计算结果，建立索引结构，例如使用倒排索引等方法将每个文本的特征向量与它的标识符、业务附加属性信息关联对应起来。

**2. 相似检索查询**

1）查询处理。使用和索引构建阶段相同的方法，将用户输入的查询文本经过预处理、向量表示模型转化为特征向量或特征矩阵形式。

2）相似度计算。根据查询输入文本向量与历史索引库中的文本向量之间的相似度，分为字面相似和语义相似两大类，计算每个文本与查询的相似度得分。

3）结果排序。根据历史检索库文本与查询输入文本向量的相似度得分，对检索结果进行排序，例如按照得分从高到低排序。

4）返回结果。返回排序后的文本列表，并根据主键拓展补全业务信息，返回最终结果。

营销业务中，一种常见的文本作弊风险是在营销平台站内违规留资引流。比如，留微信号、QQ 号等社交账号把流量违规从营销平台站内引流到自己的私域中，作弊者通常不会直接写微信字样，而是通过文字变种的手段试图绕过风险审核系统，如"加我微.信，私聊进群做单赚钱无上限""兼职赚钱，加我伪信详细了解""一天只需几分钟，v、信加我，就能轻松获得高额收入""赚钱 jian 职，加我 weixin 详细咨询"。针对此类文本对抗变种，我们可以基于本节介绍的相似文本检索来泛化识别。代码清单 9-4 展示了基于 BERT 文本向量表示和 Facebook 开源的向量检索数据库 Faiss 做相似风险文本检索的过程。

**代码清单 9-4　基于 BERT 和 Faiss 的相似风险文本检索的过程**

```
import faiss
import torch
from transformers import BertTokenizer, BertModel

def build_index(texts, index_dimension=768):
    tokenizer = BertTokenizer.from_pretrained('bert-base-uncased')
    model = BertModel.from_pretrained('bert-base-uncased')
    model.eval()
    index = faiss.IndexFlatIP(index_dimension)
```

```python
    for text in texts:
        input_ids = torch.tensor([tokenizer.encode(text, add_special_tokens=True)])
        with torch.no_grad():
            last_hidden_states = model(input_ids)[0][:, 0, :].numpy()
            index.add(last_hidden_states)
    return index

def query_similar_text(text, index, texts, top_k=4):
    tokenizer = BertTokenizer.from_pretrained('bert-base-uncased')
    model = BertModel.from_pretrained('bert-base-uncased')
    model.eval()
    input_ids = torch.tensor([tokenizer.encode(text, add_special_tokens=True)])
    with torch.no_grad():
        query_vector = model(input_ids)[0][:, 0, :].numpy()
        distances, indices = index.search(query_vector, top_k)
    similar_texts = []
    for idx in indices[0]:
        similar_texts.Append(texts[idx])
    return similar_texts

def main():
    # 构建索引
    texts = [
        '加我微.信,私聊进群做单赚钱无上限',
        '兼职赚钱,加我伪信详细了解',
        '一天只需几分钟,v、信加我,就能轻松获得高额收入',
        '赚钱jian职,加我weixin详细咨询',
        '精品女装,专柜品质顺丰包邮,热卖中'
    ]
    index = build_index(texts)

    # 查询相似文本
    query_text = '快来加我v♡一起致富吧"'
    similar_texts = query_similar_text(query_text, index, texts)
    print(similar_texts)

if __name__ == '__main__':
    main()
```

代码清单9-4的输入结果如下:

['兼职赚钱,加我伪信详细了解', '赚钱jian职,加我weixin详细咨询', '一天只需几分钟,v、信加我,就能轻松获得高额收入', '加我微.信,私聊进群做单赚钱无上限']

可见能够通过相似文本检索的方式识别出历史作弊风险索引库中相似的黑文本内容,风控审核业务侧再通过卡阈值的方式判断是否异常,从而做到历史风险的泛化拦截。

## 9.2 图像风控

广告主作为营销业务的参与主体,本质目的是通过广告的形式缩短触达用户的路径和时间,进一步提升其售卖商品的转化率。某些广告主为了攫取更大利益,会突破底线,利用广告创意图或者商品图作为载体,制作出不合规的用于吸引用户眼球的内容,相比于文字,图像对用户的视觉冲击会更大。在广告与营销推广过程中,常见的图像内容风险如图 9-9 所示,包括涉黄、暴恐、违禁、敏感、广告、恶心、涉价值观等风险。

| 涉黄图片 | 暴恐图片 | 违禁图片 | 敏感图片 | 广告图片 | 恶心图片 | 涉价值观图片 |
|---|---|---|---|---|---|---|
| 男女下体 | 暴恐人物 | 违禁人物 | 敏感人物 | 二维码 | 内脏器官 | 抽烟 |
| 性行为 | 暴恐旗帜 | 违禁图集 | 敏感旗帜 | Logo检测 | 疾病表征 | 喝酒 |
| 胸臀低俗 | 暴恐标识 | 违禁物品 | 敏感事件 | 商业推广 | 密集恐惧 | 纹身 |
| 吐舌摸胸 | 暴恐图集 | 违禁货币 | 敏感场景 | 广告刷量 | 腐烂食物 | 吃播 |
| 露沟/背/腿/足/档 | 燃烧爆炸 | 公职服饰 | 中国地图 | 广告弹窗 | 排泄物 | 竖中指 |
| | 打砸抢烧 | 宗教服饰 | 落马官员 | 医疗/迷信 | 恶心动物 | 劣迹艺人 |
| 情趣用品 | 分裂国家 | 特殊标识 | 英雄烈士 | 诱导欺诈 | 人类动物尸体 | 拜金炫富 |
| 性分泌物 | 恐怖主义 | 烛火祭奠 | 邪教迷信 | 极限用语 | | 腐文化 |
| 儿童色情 | 极端宗教主义 | 骷髅灵异 | 热点敏感专项 | 法律风险 | 车祸 | 封建迷信 |
| 卡通色情 | | …… | …… | …… | 性器官特写 | …… |
| …… | …… | | | | …… | |

图 9-9 图像内容风险

营销平台作为责任主体,如果不能对这些不合规内容进行有效的风险管理,那么轻则面临平台形象受损、用户流失的问题,重则面临消费者投诉和监管合规的法律责任承担的困境,严重的甚至会被要求整改、下架 App 甚至关停业务。因此面对图像内容风险,营销平台必须正视且切实投入,进行持续治理。

图像风控常用的技术手段包括图像分类、图像检测、图像检索以及 OCR 识别。

图像分类主要是指将图像归类到某个特定的类别。在风险应用上，图像分类主要用于检测和识别涉黄、涉政、涉恐等类型的图片。通过对图像进行分类，可以更加准确地进行风险判断和处理。

图像检测主要是指对图像中特定的目标或区域进行检测，例如人脸、品牌 Logo、车牌、枪支等。在风险应用上，图像检测主要用于识别和检测违禁物品、危险武器、色情低俗等类型的图片。通过对图像中的特定区域进行检测，可以更加准确地进行风险判断和处理。

图像检索主要是指通过图像的相似性来搜索和匹配其他相关的图片。在风险应用上，图像检索主要用于搜索和匹配网络上存在的恶意、盗图、侵权等类型的图片。通过对图像进行检索和匹配，可以更加准确地判断图片的来源和风险程度。

OCR 主要是指对图像中的文本进行识别和处理。在风险应用上，OCR 主要用于识别和处理网络上存在的虚假宣传、广告欺诈、虚假销售等类型的图片。通过对图像中的文本进行识别和处理，可以更加准确地判断图片的真实情况和风险程度。

### 9.2.1 图像分类

图像分类技术是广告与营销内容风控中常用的风控方法之一，它可以将业务输入的审核广告创意图像、商品主副图、素材、物料图等分为不同的类别，例如涉政、色情、评价软广等，从而实现对营销推广图像内容的风险识别。

图像分类技术的发展历程可以分为传统机器学习阶段和深度学习阶段。

传统机器学习阶段最初的图像分类方法是使用手工设计的特征提取器和分类器，例如使用 SIFT（尺度不变特征转换）、HOG（方向梯度直方图）等特征提取器和 SVM、决策树等分类器。这些方法在图像分类任务上取得了不错的表现，但需要大量人工参与特征的设计，而且很难适应复杂的场景和大规模的数据集。

深度学习阶段的图像分类技术使用卷积神经网络（CNN）进行特征提取和分类，基于深度学习的特征提取器来替代传统手工设计的特征提取器。代表方法包括 VGG、GoogleNet、ResNet 等。这些方法采用多层卷积操作从图像中自动提取特征，然后使用最后的全连接层进行分类。

基于深度学习的图像分类技术的发展距今已有 20 多年的历史，从最初的 LeNet 到如今的 Transformer 应用，一些关键的方法见表 9-1。

表 9-1 深度学习图像分类技术发展历史

| 年份 | 模型方法 | 模型特性 |
| --- | --- | --- |
| 1998 | LeNet-5 | 最早的卷积神经网络模型，用于手写数字识别 |
| 2012 | AlexNet | 使用 ReLU 激活函数，Dropout 正则化技术，GPU 训练 |
| 2014 | VGGNet | 使用多个小尺寸的卷积核提取图像特征，简化结构 |
| 2014 | GoogLeNet | 首次提出 Inception 结构，使用多尺度卷积，减少参数量 |
| 2015 | ResNet | 提出残差连接结构，解决深度卷积神经网络的退化问题 |
| 2016 | DenseNet | 使用密集连接结构，增强特征传递，减少参数量 |
| 2017 | SENet | 首次引入注意力机制，提升特征的重要性 |
| 2021 | ViT | 首次尝试使用 Transformer 架构进行图像分类 |

下面基于经典的 ResNet 方法说明广告与营销业务中对创意图像风险进行分类的原理。ResNet（Residual Neural Network）是由微软亚洲研究院的何凯明等人提出的一种深度卷积神经网络模型，旨在解决深层网络训练时出现的梯度消失和梯度爆炸问题。

ResNet 的核心思想是通过引入残差块（Residual Block）来让神经网络能够学习残差函数。残差块包含了跨层连接（Shortcut Connection），让信息可以更快地向前传递，避免了深层网络训练时的信息丢失和模型退化问题。ResNet 模型的深度可以达到 1000 多层，是广告与营销风控图像分类中目前应用最广泛的深度卷积神经网络之一，图 9-10 展示了一个 50 层卷积神经网络的 ResNet 网络结构。

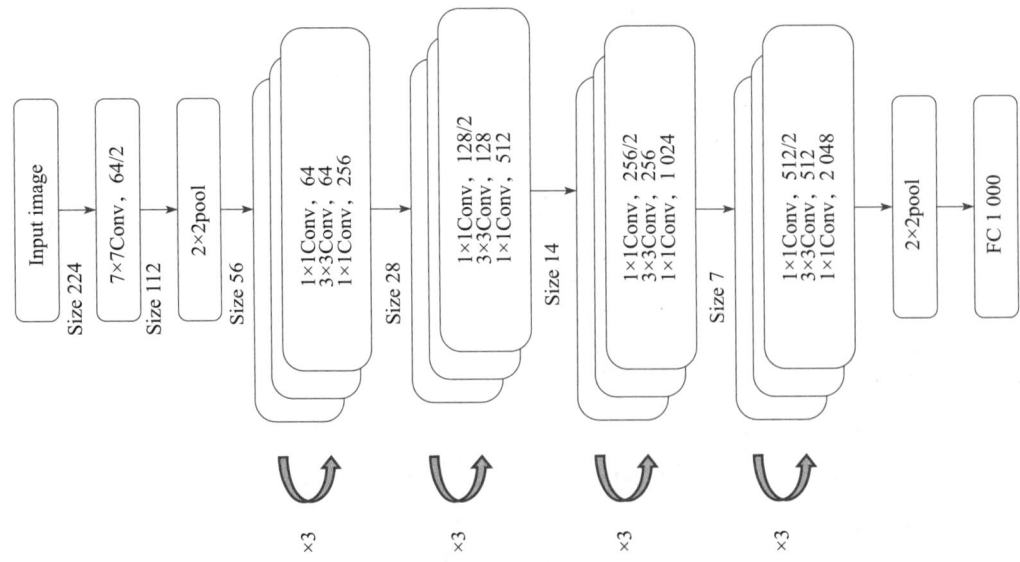

图 9-10　ResNet-50 网络结构

当使用 ResNet 进行风险图像分类时，我们将最后一个卷积层的输出传递给一个全连接层（Fully Connected，FC），它的输出是一个向量。这个向量的每个元素代表一个类别（如色情风险），而元素的值表示对应类别的概率。通常使用 Sigmoid（二分类）或 Softmax（多分类）函数将向量的每个元素归一化，以得到一组概率分布，即最终的标签对应的分类概率。

实际广告与营销风控业务中，为了得到一个生产级别可用的 ResNet 色情分类模型识别结果，我们需要对一个完整的面向 MLOps 的模型迭代流程，包括风险数据准备、图像预处理、模型训练、模型校验、模型部署、审核应用、审核结果回流、数据驱动持续迭代等过程。

（1）数据准备

风险图像训练数据可以来源于人工标注和线上审核数据回流，如果数据不足还可以通过爬取或 AI 技术生成，这些数据包括图像文件和标签信息。标签信息可以按照风险等级划分，比如纯黑的色情、暴恐、政治敏感信息等，或相对灰的低俗、垃圾广告等，还可以是白的正常商品图像、创意图等。

（2）图像预处理

对原始的分类样本图像进行一系列预处理操作，如将根据特定业务场景投放的创意图统一尺寸、格式转换、裁剪、缩放等，还可以通过减去均值除以方差的方法把审核训练图像的像素点归一化到同一个数据区间。

（3）模型训练

使用预处理后的训练集进行图像分类模型的训练，如使用前面提到的 ResNet 图像分类模型。在模型训练阶段，需要持续对输入的样本数据度量，检测数据质量，如是否人工标注错误，在预处理阶段是否对数据增强了多样性等，防止作弊者通过简单的尺寸变化、空间旋转等对抗方式绕过模型识别。

（4）模型校验

使用验证集对模型进行验证，校验指标包括准确率、召回率、精度、F1 分数等，如果不符合要求则需要重新调整模型。需要注意的是，在内容风控业务的模型效果验证阶段，必须保障数据的多样性和均衡性，否则容易被一些简单作弊干扰。

（5）模型部署

将模型部署到服务器上，通过 API 提供给风控审核使用。在模型部署阶段，需要从业务和系统两个方面建立监控指标。业务指标包括图像风控模型的准召率、假阳性率

(False Positive Rate，FPR)、假阴性率（False Negative Rate，FNR）等，用于持续度量模型风险召回效果；系统监控包括 GPU/CPU 利用率、模型响应时长、吞吐等指标。

(6) 审核应用

内容风控业务应用调用模型 API，使用图像分类模型对图像进行分类，返回分类结果给业务系统。根据返回的分类结果（一般为风险分类标签和对应模型分数），业务系统根据运营配置的阈值或者管控词包判断是否为风险图像，然后对风险图像进行删除、下架或其他处理。

(7) 审核结果回流

审核应用不是风险的终点，而是数据驱动风险模型迭代循环的起点。通过将审核结果回流到离线存储中，可以为后续的风控效果分析和处理提供数据支持。这些数据可以用于评估审核系统的准确性和性能、发现新的违规行为、调整审核策略等，还可以在监管指令下发时，基于历史积累数据快速完成全风险业务离线回扫。

(8) 数据驱动持续迭代

通过人工标注、线上回流、负反馈、主动攻防对抗等多样化方式不断丰富样本数据，持续优化审核模型，提高审核的准确性和效率。

以上过程如图 9-11 所示。

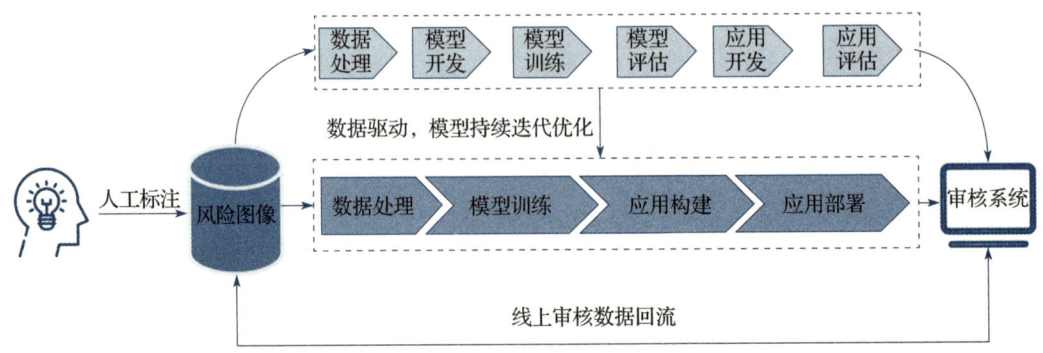

图 9-11　风控图像分类模型 MLOps 工作流程

以色情图像分类任务为例，学术界的研究通常关注于提高模型的分类准确度，例如改进网络架构、优化训练方法、引入注意力机制等。这些方法在一些公开数据集上可以取得较好的效果。而在实际工业级别的线上生产应用中，还需要考虑模型的鲁棒性、计算效率、可扩展性等问题，以保证模型能够快速、准确地对海量数据进行分类，同时能够适应不同场景和业务需求的变化。

因此我们需要建立如图 9-11 所示的 MLOps 数据驱动循环流程，以实现模型的高效部署和维护，并能够持续适应实际业务中不断变化的数据分布和监管需求。

### 9.2.2 图像检测

传统的图像分类方法通常只能对整幅图像进行分类，难以精确识别图像中的细节信息。而在广告与营销业务内容风控中，我们经常会遇到品牌 Logo 侵权、明星代言"翻车"的情况，无一例外都需要内容风控引擎能够对广告创意、商品图像的各种元素进行细致的识别，例如品牌 Logo 检测、政治人脸检测、劣迹艺人代言检测等。当我们需要准确地定位和识别图像中的物体、品牌 Logo、人脸等特定元素时，图像检测技术可以提供更精细的结果，包括目标物体检测的边界框、位置和置信度信息。

广告与营销风控业务中的图像检测技术借助深度学习算法和计算机视觉技术，对广告和营销内容中的图像元素进行准确的内容检测。典型的基于区域的算法如 Faster R-CNN 和 R-CNN 能够通过区域提议网络生成候选框，并利用卷积神经网络对目标进行分类和定位。而基于单阶段方法的算法如 YOLO 和 SSD 能够将图像分成网格单元并直接回归目标的类别和边界框。此外，MTCNN 和 Haar 级联检测器等算法具备快速而准确的人脸检测能力。

下面基于经典的 YOLO 模型说明如何对侵权的品牌 Logo 做检测识别。我们知道，营销业务中大品牌 Logo 代表着其独特的品牌形象和商业价值。某些不具备推广资质的商家，为了吸引用户眼球不正当获利，也会利用互联网上获取的品牌 Logo 图像，或者简单变化制作成自己的创意图。这种情况明显是侵权的，也导致了《广告法》不允许的虚假宣传问题滋生。

YOLO（You Only Look Once）模型在品牌 Logo 检测中具有广泛的应用。YOLO 模型能够快速而准确地检测图像中的品牌 Logo，并提供其位置信息、类型和置信度，基于这些信息可做创意图和商品图的内容风险判断和控制。YOLO 模型的原理是将图像分为网格单元，并使用卷积神经网络对每个单元进行目标检测和分类。它通过单次前向传播过程直接预测图像中所有目标的边界框和类别概率，而无须使用滑动窗口或候选区域。这使得 YOLO 模型非常高效，能够实时地进行目标检测。

在品牌 Logo 检测中，YOLO 模型首先对输入图像进行预处理，然后通过多个卷积层和池化层提取图像的特征。接下来，模型使用全连接层将特征映射到目标类别和边界框的预测。最终，YOLO 模型输出每个检测到的品牌 Logo 的置信度、位置（边界框的 $x$、$y$、$height$、$width$ 坐标）以及检测到的目标类别，如图 9-12 所示。

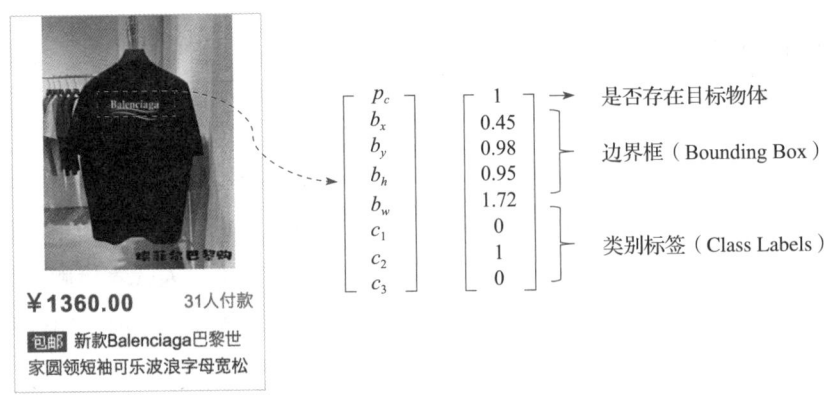

图 9-12　YOLO 目标检测

图 9-13 所示的是一个典型的品牌 Logo 检测到审核过滤的实际业务应用流程。通过品牌 Logo 检测技术，我们可以识别出来创意图、商品主图和副图中的品牌 Logo 类型、位置信息和置信度。当置信度超过一定阈值（一般由业务运营人员制定）且命中管控的品牌类型词包，则要求进行人工审核，某些禁止推广的类目或者广告位可以直接拒绝。通过有效的 Logo 检测识别，营销风控业务能够确保大品牌的权益得到保护，品牌形象得以维护，消费者得到真实和可信的广告信息，营销平台也可以提前规避虚假宣传、品牌侵权等风险，从而促进公平竞争和良好市场环境的形成。

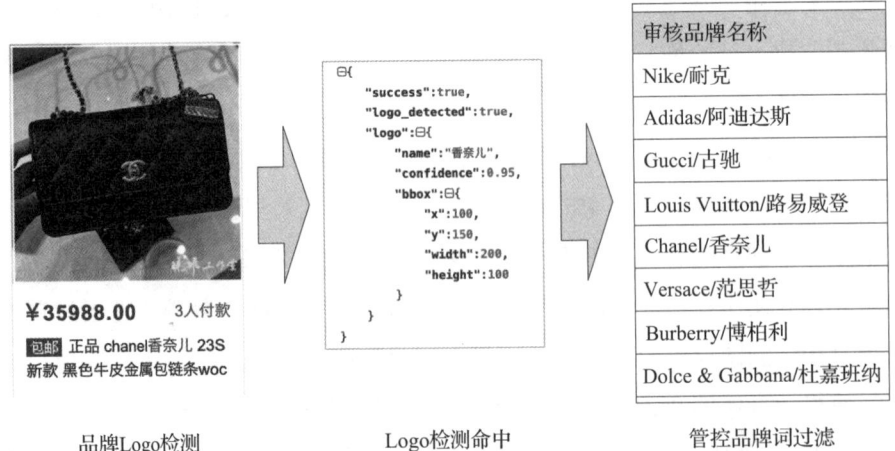

图 9-13　品牌 Logo 检测审核应用流程

## 9.2.3 图像检索

在广告与营销内容风控业务中，图像分类模型和图像检测模型是非常重要的两大类风险防控手段，但是基于此的方案往往需要采取大量样本数据收集、人工标注、模型迭代和评测等一系列步骤才能形成有效的防控能力，整体的周期会比较长。实际业务中，作为营销业务的责任主体，营销平台通常要面临监管指令下放、紧急对某个或者某类风险图像快速清理和召回的问题，这种情况下，图像检索技术展现出了其独特的优势和应用价值。

图像检索技术在这种紧急情况下的应用主要集中在快速召回相似风险图像方面，它是一种补充手段，而不是完全替代图像分类和图像检测模型的全面能力。图像检索技术基于图像内容特征的相似性匹配，能够在紧急情况下迅速定位与给定黑样本图像相似的风险图像，而无须进行复杂的样本收集和模型训练。这使得营销平台能够快速响应监管指令，及时清理和召回潜在的风险内容，降低品牌形象受损和经济损失的风险。

在第 6 章基于近邻的异常检测部分中，我们已经详细介绍过相似图像检索的图像向量表示方法以及相似向量度量和检索方法，包括使用传统的 SIFT 和深度学习的卷积神经网络提取风险图像特征表示向量，将欧氏距离、曼哈顿距离等作为向量空间相似度量，最后将 HNSW、PQ 等方法作为向量检索方案。篇幅有限不再赘述，读者可以翻阅第 6 章内容详细了解如何基于图像检索实现历史风险的快速泛化覆盖召回。

上面介绍的图像检索应用是从黑样本的角度来谈的，一个工业生成级的内容风险审核系统需要机器审核和人工审核相互配合。如果机器审核判断为风险图像的结果过多，那么流入第二阶段人工审核的工单量也会过多，尤其是随着外包资源预算消耗，越到后面压力越大。为了避免重复、无效的工单，图像检索技术在内容风险审核中，还可以作为一个基础版本的高精度的历史无风险图像拦截器（复杂的过滤器需要根据图像主体和辅助特征综合决策），通过对重复或者高度相似图像的检索识别，有效减少机器审核流入人工审核的工单量，节省审核人员的时间和资源成本。如图 9-14 所示。

## 9.2.4 OCR 技术

前面介绍的图像分类、检测和检索都是以图像内容为主体做风险识别，有时广告

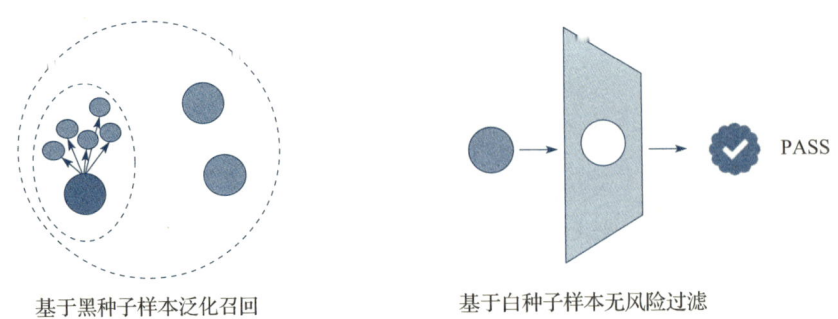

基于黑种子样本泛化召回　　　　　　基于白种子样本无风险过滤

图 9-14　图像相似检索在风控的应用

主或商家会在图像上写文案，这种情况下如果有文本上的风险对抗，单纯的图像模型往往难以捕捉到这些细微的差别，此时我们可以借助 OCR 技术来辅助识别。

如图 9-15 所示，部分作弊广告主或商家在制作创意图、商品图时，在图像中添加违规推广的文本信息，为了对抗风控审核系统，常常会形成一些对抗变化，比如超大字体、拼音和形近变种、拆字、手写字、艺术字、文字旋转等。

 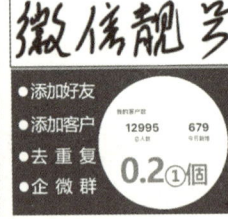 

图 9-15　营销创意图中的文字风险

OCR（Optical Character Recognition，光学字符识别）技术作为一种常用的多媒体内容风险识别辅助能力，在广告与营销风控业务中扮演着重要的角色。OCR 技术通过图像处理和模式识别的方法，将图像中的文字转换为计算机可处理的文本数据。通过图像预处理、文本检测、文本识别和后处理等步骤，实现对文字的识别和转换，其中最为关键的便是文本检测和文本识别两个阶段。

1. 文本检测

文本检测用于在审核创意和商品图像中定位和提取文本区域。在这个阶段，算法会检测出包含文字的矩形边界框，一般会得到 $x$、$y$、width、height 等边框参数。代表性的文本检测算法包括 EAST（Efficient and Accurate Scene Text）和 DBNet（Differentiable Binarization Network）等。

EAST 算法在 OCR 中用于定位和提取文本，为后续的文本识别提供准确的输入。EAST 算法的快速检测速度使其成为大规模文本检测的一个不错选择。它能够自适应不同方向和倾斜角度的文本，具有较强的鲁棒性，能够应对光照变化、模糊和噪声等干扰因素。

DBNet 是一种基于可微分二值化网络的文本检测算法，用于检测自然场景中的文本。它将图像分为文本和非文本两个二值化分支，并在二值化过程中优化文本的边界。得益于其二值化的优势，DBNet 可以更好地适应不规则形状的文本，如弯曲的手写文本线条、艺术字的形状等，这些文本形状的特点使得传统的矩形文本框难以准确捕捉文本区域，而 DBNet 则能够更准确地捕捉到文本的轮廓，并生成与文本形状更贴合的边界框，在图像上文字不规则变种对抗多、要求保召回的情况下选择使用。

2. 文本识别

在经过文本检测阶段定位和提取了文本区域之后，我们可以得到图像上检测出来的文本区域位置信息，接下来的关键步骤是文本识别，即将提取的文本区域转化为计算机可理解的文本内容。文本识别的目标是对文本进行准确的字符识别和词语还原，以获取图像中的具体文本信息。

传统的内容风控分类任务中，输入是一个图像或文本，而输出是将其归类为预定义的类别之一。分类任务通常关注于整体的语义和语境，目标是判断输入属于哪个类别。而在 OCR 的文本识别中，文本识别的目标是将文本检测框得到的图像中的文字转化为计算机可处理的文本数据。这涉及对每个字符的识别，并结合上下文进行单词或句子的还原。因此，文本识别更注重于对文本的准确识别和还原，而不仅仅是简单地对整个图像进行分类。

CRNN（Convolutional Recurrent Neural Network，卷积循环神经网络）是一种典型的文本识别方法，它结合了卷积神经网络（CNN）和循环神经网络（RNN）的特点，能够同时处理图像的局部特征和序列的上下文（如利用 LSTM）信息，具有较强的表达能力和适应性。因此，CRNN 在文字识别任务中取得了很好的效果，并成为 OCR 领域常用的深度学习方法之一。

图 9-16 展示了 CRNN 对经过文本检测后的区域框中文字识别的过程。CRNN 结合了卷积层（Convolutional Layer）、循环层（Recurrent Layer）和转录层（Transcription

Layer)，以便同时处理图像的局部特征和序列的上下文信息。

首先，输入图像通过卷积层进行特征提取，捕捉图像的局部特征，如边缘、纹理、形状等，此时我们可以得到一系列的特征映射（Feature Maps）。其次，提取的特征序列通过循环层，如 LSTM 或 GRU，进行序列建模，以捕捉上下文信息。最后，通过转录层将特征序列映射为文本输出。转录层可以是全连接层，通过 Softmax 操作获得每个字符或单词的概率分布，最后得到识别出来的文字"state"。

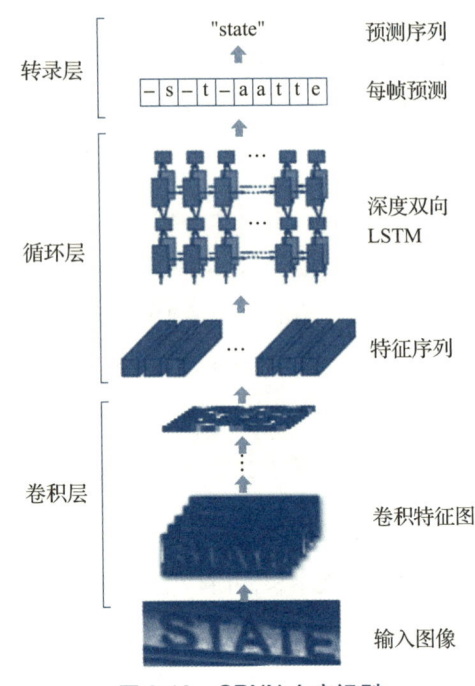

图 9-16　CRNN 文字识别

通过上面的介绍，我们能够对 OCR 技术有个相对整体的了解。在广告与营销风控业务中，OCR 的文字识别技术可以应用于多个方面，例如广告创意内容审核、商品信息提取、用户评论分析等。通过准确识别和还原图像中的文字信息，可以实现对广告创意、商品描述、用户反馈等内容的分析和风险识别，进而辅助业务决策和风控措施的制定。图 9-17 展示了实际风控业务中的 OCR 应用效果。

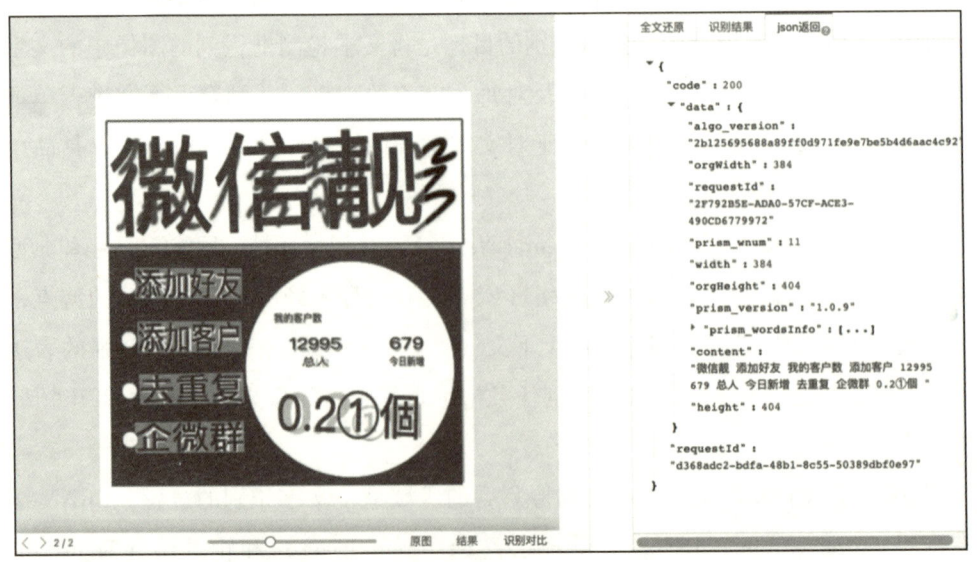

图 9-17　OCR 识别创意图文字

## 9.3 短视频和直播风控

近年来，以抖音、快手等为代表的短视频内容平台推动了短视频内容+电商模式的崛起。相比于传统、单一的图像和文本，短视频内容更加丰富，用户沉浸度高。通过动态的视听元素和情感表达，短视频能够生动展示商品的特点，视频内容和推广的商品内容无缝衔接，能够更好地引发用户的共鸣和购买欲望。

另外，伴随着短视频内容电商的兴起，直播带货也成为一种快速发展的电商形式。直播带货依靠主播的个人影响力，带动粉丝用户参与实时互动、商品浏览和购买，用户也可以通过直播平台与主播进行实时的弹幕、连麦等方式的交流。

短视频和直播电商的出现，让商家和用户都有了一个全新的创新式商品推广和购物体验，促进了企业营销业务的高速发展。但与此同时，短视频和直播内容电商因为其传播内容的复杂性，也面临着比单一的图像和文本内容风控更大的挑战。

### 9.3.1 视频抽帧

一个成熟的互联网内容电商平台往往面临着巨大的视频内容生成和审核问题，数量级在千万甚至亿级别。随着 AIGC 技术的发展，视频创意内容的生成成本将进一步降低，视频通常包含大量的帧，直接在完整的视频上进行风控处理可能会对系统性能和处理速度造成负担。通过视频抽帧技术将视频分解为单独的图像帧，并针对每一帧进行处理，通过后续的去重、关键帧提取可以提高风控的效率和响应速度，同时降低成本。

1. 视频和帧

视频是由一系列连续的静态图像组成的，这些静态图像称为帧（Frames）。这些帧以特定的帧率（Frames Per Second，FPS）连续播放，从而形成了流畅的视频效果，帧率越高就越流畅，帧率越低就越卡顿。对于视频内容，通常的标准帧率是 25 帧/秒（25 FPS）或 30 帧/秒（30 FPS），这种帧率足够在大多数情况下提供良好的观看体验，使视频内容看起来流畅而无卡顿感。以一条长度为 10 秒的短视频创意为例，如果广告主制作的视频内容帧率是 25 FPS，那么相当于这个短短 10 秒的创意里就包含着 250 张静态图像。

图 9-18 展示了一个长度为 13 秒的推广牛皮癣药膏的短视频创意，图 9-19 是通过 FFmpeg 提取的视频信息，我们可以看到视频的宽高是 576×768，帧率是 30 FPS。

### 2. 视频抽帧技术

视频抽帧技术在广告与营销短视频/直播内容风控中发挥重要作用，通过视频抽帧可以减小视频风控的难度，把对视频的风险判断拆分到图像帧粒度。在视频抽帧方面，常见的有以下几种技术方案选型。

图 9-18 短视频创意

#### （1）FFmpeg

FFmpeg 的全称是“Fast Forward Mpeg”，它是由 Fabrice Bellard 发起并领导的开源项目。FFmpeg 是一个跨平台的音视频处理工具，最早发布于 2000 年，可以说是视频编解码工具的先驱和鼻祖之一，支持视频解码、编码、转码等功能。它的优点是功能丰富，支持多种视频格式，处理效率高，应用广泛且社区活跃；缺点是基于命令行或 API 接口，对于非开发人员可能需要一定的学习成本。

```
→  ~ ffmpeg -i /tmp/niupixuan_ad.mp4 -hide_banner
Input #0, mov,mp4,m4a,3gp,3g2,mj2, from '/tmp/niupixuan_ad.mp4':
  Metadata:
    major_brand     : isom
    minor_version   : 512
    compatible_brands: isomiso2mp41
    comment         : vid:v03ecag10000cgsh053c77u388oc5ndg
    encoder         : Lavf58.76.100
  Duration: 00:00:13.43, start: 0.000000, bitrate: 326 kb/s
  Stream #0:0[0x1](und): Video: hevc (Main) (hvc1 / 0x31637668), yuv420p(tv, bt7
09, progressive), 576x768, 254 kb/s, SAR 1:1 DAR 3:4, 30 fps, 30 tbr, 15360 tbn
```

图 9-19 短视频帧指标信息

#### （2）PyAV

PyAV 是基于 FFmpeg 封装的 Python 库，提供了更方便的 Python 接口和编程体验，用于视频处理和分析。它的优点是支持视频解码、编码、转码等功能，易于集成和使用；缺点是相比原生 FFmpeg，功能可能有所限制。

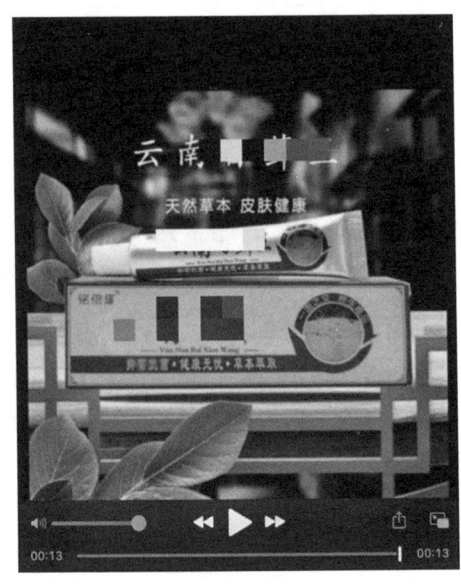

### (3) OpenCV

OpenCV 是一个开源计算机视觉库,提供了丰富的图像和视频处理功能,支持 Java、Python、C++语言。它的优点是支持视频帧读取、处理和保存,具有强大的图像处理算法和工具,且开源社区庞大、活跃;缺点是对于复杂的视频处理任务可能需要编写大量的代码。

### (4) Decord

Decord 是一个高性能视频解码库,专注于快速的视频帧读取和处理。Decord 采用了优化的视频解码算法和并行处理技术,能够高效地处理大规模的视频数据,基于 C++实现,支持 Python 语言接口。它的优点是具有快速的视频解码和帧读取能力,性能高,非常适合处理大规模视频数据;缺点是其功能相对较少,主要用于视频帧的读取,相比于 OpenCV 和 FFmpeg,适用场景相对局限。

OpenCV、PyAV 和 Decord 的性能对比如图 9-20 所示,可以看到不管是顺序读还是随机访问,Decord 的性能都是最优的。

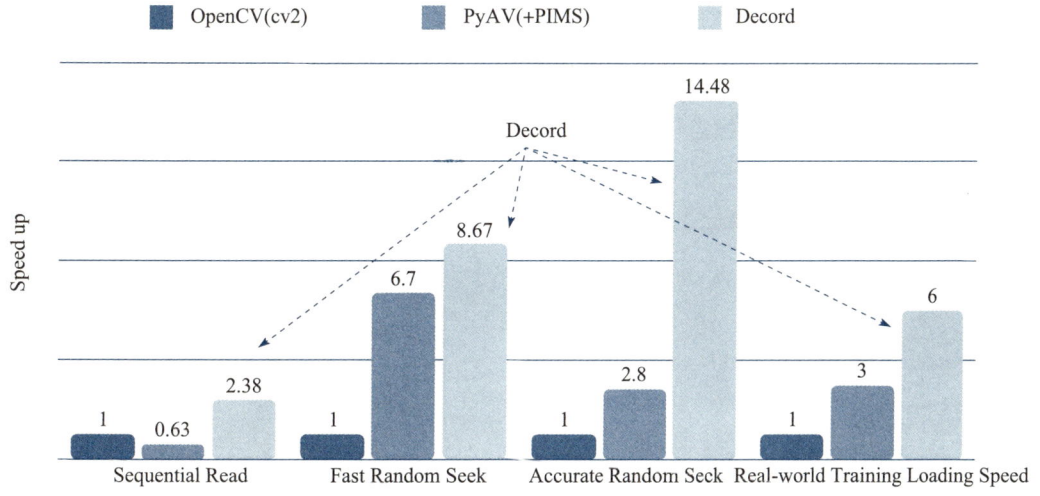

图 9-20　OpenCV、PyAV 和 Decord 性能对比

上面介绍了一些常见的视频抽帧方案,最直接的抽帧方式是采用 FFmpeg 的命令行工具。如果需要基于 Python 高级编程接口实现音视频处理,PyAV 是一个不错的选择。当主要关注计算机视觉领域的图像和视频处理,除了抽帧以外还有其他额外的处理需要时,OpenCV 是更常用的库。而如果业务场景仅需要高效处理大规模视频数据,特别是需要进行视频解码和帧抽取,那么此时 Decord 会是更合适的选择。代码清单 9-5 展

示了基于 Decord 对视频抽帧。

代码清单 9-5　基于 Decord 对视频抽帧

```python
import decord
import os

video_path = 'input/audit_ad.mp4'
output_dir = 'output/frames/'
os.makedirs(output_dir, exist_ok=True)

# 加载视频文件
video = decord.VideoReader(video_path)

# 逐帧读取并保存图像
for frame_id in range(len(video)):
    frame = video[frame_id]
    output_path = os.path.join(output_dir, f"frame_{frame_id}.jpg")
    decord.imwrite(output_path, frame.asnumpy())

print("Done")
```

代码清单 9-5 的执行结果如图 9-21 所示。通过视频抽帧，我们把原始输入的业务送审创意视频逐帧截取成静态图像，再经过下游的图像风控模型即可实现短视频内容的风险识别。

图 9-21　视频抽帧效果

## 9.3.2　关键帧提取

在代码清单 9-5 中，原始送审输入短视频创意的每一帧都被逐帧读取并保存为图像文件。这种方式可以保留视频的完整内容，但也可能导致存储开销和处理速度的问题。因为实际业务中很多视频的帧之间存在大量相似或者重复的信息，如果不能有效识别出来视频中的关键信息，那审核的计算和存储成本都会大大增加，关键帧提取技术可以解决这个问题。

在深入了解关键帧提取技术前，我们先认识一下视频领域基本的几种帧类型，主要包括 I 帧、P 帧和 B 帧。

I 帧（Intra-Frame）是视频序列中的关键帧，它不依赖于其他帧进行解码。I 帧通过对当前帧的全部信息进行编码，保留了最完整的图像信息。其他帧可以通过参考 I 帧进行解码。在视频编码标准中，I 帧通常以"IDR"（Instantaneous Decoding Refresh）来表示。

P 帧（Predictive Frame）和 B 帧（Bi-directional Frame）是视频编码中的预测帧类型，与关键帧提取有一定的关联。P 帧通过对前一帧进行预测来编码，存储了与前一帧之间的差异信息。B 帧则通过对前后帧进行预测来编码，存储了与前后帧之间的差异信息。相较于 I 帧，P 帧和 B 帧能够实现更高的视频压缩率，因为它们只存储差异信息而不需要完整的图像数据。在解码时，需要先解码相关的参考帧，然后进行差异恢复，因此 P 帧和 B 帧的解码顺序受到限制。

关键帧提取技术的基本原理是通过解码视频序列并分析帧间差异来确定关键帧。在关键帧提取中，关键帧通常与 I 帧（Intra-Frame）相关，每个 GOP（Group of Pictures，画面组）的开头通常是一个 I 帧，它表示该帧是一个关键帧。关键帧（I 帧）通常具有较大的帧间差异，表示图像内容发生了较大变化，而 P 帧和 B 帧的差异相对较小。因此，在关键帧提取过程中，可以根据帧间差异的阈值来判断帧是否为关键帧，当帧间差异超过一定阈值时，将该帧标记为关键帧。这个阈值可以根据具体应用场景和需求进行调整。

代码清单 9-6 展示了一个最简单的基于 OpenCV 的关键帧提取。

代码清单 9-6　基于 OpenCV 的关键帧提取

```python
import cv2

def extract_keyframes(video_path, threshold=0.1):
    keyframes = []
    cap = cv2.VideoCapture(video_path)

    if not cap.isOpened():
        print("Failed to open video file")
```

```python
        return keyframes

    frame_count = int(cap.get(cv2.CAP_PROP_FRAME_COUNT))
    prev_frame = None

    for i in range(frame_count):
        ret, frame = cap.read()
        if not ret:
            break

        if prev_frame is not None:
            diff_frame = cv2.absdiff(frame, prev_frame)
            diff_normal = cv2.norm(diff_frame, cv2.NORM_L2) / (frame.shape[0] *
                frame.shape[1])

            if diff_normal > threshold:
                keyframes.Append(frame)

        prev_frame = frame.copy()

    cap.release()
    return keyframes

# 提取审核视频的关键帧
video_path = "input/audit_niupixuan_ad.mp4"
keyframes = extract_keyframes(video_path)

# 保存关键帧
for i, frame in enumerate(keyframes):
    cv2.imwrite(f"keyframe_{i}.jpg", frame)
```

代码清单 9-6 利用 OpenCV 提供的函数，实现了从给定视频中提取关键帧的功能。它计算当前帧与前一帧的差异图像，并将差异的相对大小归一化为一个相似度值。如果相似度超过预设阈值（代码清单 9-6 中设定的阈值为 0.1，可以根据实际情况调整），该帧被认为是关键帧，并被添加到关键帧列表中。

代码清单 9-6 的关键帧提取输出结果如图 9-22 所示。可以看到原始输入"牛皮癣"广告视频创意经过关键帧提取后，能够有效地过滤重复帧，提取出来的关键帧之间都是区分度较高的静态图，大大降低了后续图像模型的计算和存储成本。

此外，除了使用代码清单 9-6 中示意的 OpenCV 的 absdiff 函数进行帧间差异计算外，还有很多其他方法可供选择。其中一种常见方法是结构相似性（Structural Similarity）指数，通过比较图像的亮度、对比度和结构信息来评估相似度。另一种方法是光流

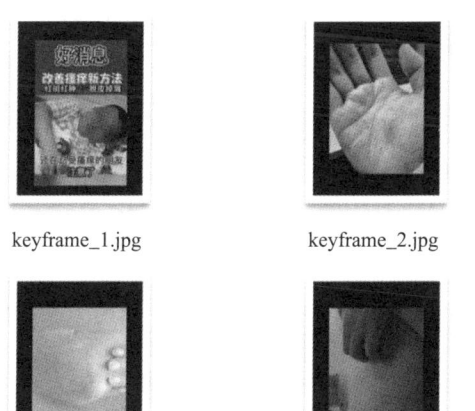

keyframe_1.jpg　　　　keyframe_2.jpg　　　　keyframe_3.jpg

keyframe_4.jpg　　　　keyframe_5.jpg　　　　keyframe_6.jpg

图 9-22　视频关键帧提取输出

法（Optical Flow），它通过分析像素在连续帧之间的运动来检测关键帧。此外，还可以使用基于哈希的方法，如均值哈希（Average Hash）和感知哈希（Perceptual Hash，PHash），通过计算哈希值之间的汉明距离来评估帧间差异。这些关键帧提取的方法各有利弊，实际的工业级别短视频内容风险审核技术选型中，我们需要结合具体的业务场景，综合考虑关键帧提取的能力、效率和成本来做最终的选型。

### 9.3.3　视频相似检索

传统通过视频抽帧、关键帧提取和帧之间相似检索的方法被称为 Frame Level 视频相似检索，这种方法的优点是可以捕捉到视频中每一帧的细微差别，但也存在着计算量大、对计算资源要求高等缺点。除此之外，还有 Clip Level 和 Video Level 两种视频相似检索技术。

Clip Level 视频相似检索将视频切分为多个短视频剪辑，并对这些剪辑进行相似度比较。每个剪辑通常包含一段特定长度的视频内容，可以是几秒或几十秒的片段。在 Clip Level 相似检索中，首先需要对视频进行帧级别的切割，然后针对每个视频剪辑提取特征，并计算剪辑之间的相似度。这种方法适用于短视频内容风控等场景，能够快速识别和过滤相似内容。

Video Level 视频相似检索则是对整个视频进行相似度比较。在 Video Level 相似检索中，视频被视为一个整体，而不是被切分为多个剪辑。为了实现 Video Level 相似检索，通常会对整个视频进行特征提取。例如，使用深度神经网络提取视频的全局特征表示，然后通过比较视频的特征向量来计算视频之间的相似度。这种方法适用于快速大规模检索的情况，能够更高效地进行视频内容的相似度比较。

### 9.3.4 直播间风控

直播带货电商模式的兴起，让直播间成为连接商家和用户的新桥梁。直播间的直播视频流、语音和弹幕是直播平台上用户同主播交流和互动的重要方式，但同时也存在一定的风险和挑战。为了确保直播环境健康可靠，直播电商平台需要采取相应的风控措施。

#### 1. 直播视频流处理

在前面 9.3.1 节和 9.3.2 节，我们分别介绍了视频抽帧和关键帧提取方法，直播视频流的内容审核和短视频的处理方法有很多相似之处，区别是我们需要额外从直播源服务上拉取直播视频内容到审核服务器，即直播拉流预处理。

直播间的直播流内容一般使用流行的音视频传输协议进行网络传输，常见的如 RTMP（Real-Time Messaging Protocol）、HLS（HTTP Live Streaming）、DASH（Dynamic Adaptive Streaming over HTTP）或 WebRTC（Web Real-Time Communication）等。这些协议都是用于实时传输音视频内容的标准化协议，详细说明见表 9-2。

表 9-2 实时音视频流传输协议

| 协议名称 | 协议说明 |
| --- | --- |
| RTMP | Real-Time Messaging Protocol，实时消息传输协议，常用于音视频流传输和实时通信。可以用于直播推流和拉流，但由于其较高的延迟和不支持自适应码率，越来越多的平台在直播领域转向了 HLS 等协议 |
| HLS | HTTP Live Streaming，基于 HTTP 协议，支持自适应码率和时移功能，适用于各种设备和平台，广泛应用于移动端和桌面端 |
| DASH | Dynamic Adaptive Streaming over HTTP，动态自适应流媒体传输协议，支持自适应码率和多平台兼容性，适用于各种设备和浏览器 |
| WebRTC | Web Real-Time Communication，浏览器内置的实时通信协议，适用于实时的点对点音视频通信，不需要额外插件 |

目前，业界广泛应用的流媒体传输协议是 HLS（HTTP Live Streaming）。HLS 具有良好的兼容性，支持自适应码率和时移功能，并且可以在各种设备和平台上实现流畅

的直播体验。许多直播平台和流媒体服务提供商都采用 HLS 作为主要的直播传输协议。下面基于 HLS 协议来说明如何对直播间的直播视频流进行处理。

HLS 协议将直播流或点播内容切分为一系列 TS 文件小片段，利用 M3U8 文件作为媒体播放列表的格式。M3U8 文件描述了这些片段的 URL 和相关信息，常用于流媒体传输和直播服务。

TS 文件是 HLS 协议中的媒体片段文件，包含音频、视频等多媒体数据。每个 TS 文件通常持续几秒钟，按时间顺序排列，代表特定时刻的媒体数据。

M3U8 文件是 HLS 协议中的播放列表文件，采用 UTF-8 编码，以 .m3u8 作为扩展名。它是一个文本文件，记录了媒体片段的 URL、时长、码率等信息。M3U8 文件按照时间顺序列出所有媒体片段的地址。

HLS 流媒体传输中，M3U8 文件起到组织和管理的作用。播放器请求并解析 M3U8 文件，获取媒体片段的地址。然后根据 M3U8 文件中列出的片段地址，逐个下载和播放相应的 TS 文件，实现实时连续的直播流拉取审核。

代码清单 9-7 展示了一个基本的 HLS 直播流拉取的过程，代码中利用了 Python 提供的 M3U8 库，方便进行 M3U8 文件的解析。

**代码清单 9-7　HLS 直播流拉取的过程**

```
import requests
from m3u8 import M3U8

processed_ts_urls = set()                    # 用于记录已处理的 TS 文件 URL

def fetch_hls_stream(url):
    global processed_ts_urls

    m3u8_response = requests.get(url)
    if m3u8_response.status_code != 200:
        print("Failed to fetch M3U8 file")
        return

    m3u8_content = m3u8_response.text
    m3u8_obj = M3U8.loads(m3u8_content)

    ts_urls = extract_ts_urls(m3u8_obj)
    for ts_url in ts_urls:
        if ts_url in processed_ts_urls:
            continue
```

```python
        ts_response = requests.get(ts_url)
        if ts_response.status_code ! = 200:
            print(f"Failed to fetch TS file: {ts_url}")
            continue

        ts_content = ts_response.content
        audit_ts_content(ts_content)
        processed_ts_urls.add(ts_url)   # 将已处理的 TS 文件 URL 添加到集合中

def extract_ts_urls(m3u8_obj):
    return [segment.uri for segment in m3u8_obj.segments
            if segment.uri.endswith('.ts')]

def audit_ts_content(ts_content):
    # 审核 TS 视频文件的逻辑
    pass
```

通过代码清单 9-7 所示的 HLS 直播拉流，我们得到一系列按时间递增的视频片段序列，把直播的审核问题转换成了视频的审核问题，即可利用前序章节介绍的视频风控技术进行直播流的风险识别。

### 2. 语音和弹幕

对于直播间的语音和弹幕风控，一种常见的技术手段是利用语音转文字技术将直播中的语音内容转换为可处理的文字形式。这样一来，就可以将语音内容与弹幕文本一起进行风险识别，从而提升直播间的安全性和合规性。

实现直播间语音转文字的技术通常基于自动语音识别（ASR）技术。业界有许多开源的 ASR 系统可供选择，其中包括 Mozilla 的 DeepSpeech、NVIDIA 的 OpenSeq2Seq 等。此外，Google 提供了名为"Speech Recognition"的 Python 本地库，允许开发人员利用 Google 的语音识别 API 将音频文件中的语音转换为文本。该库的上手成本非常低，因此感兴趣的读者可以自行上手实验。ASR 技术利用机器学习和语音信号处理方法，将输入的语音信号转换为相应的文本输出，如图 9-23 所示。

图 9-23　ASR 语音转文字过程

首先，声学模型根据语音信号的频谱、声学特征等进行模式匹配和特征提取，以确定语音中的音素单位。其次，语言模型利用统计语言模型和语法规则来生成可能的词序列。最后，发音词典提供了单词到音素的映射，用于匹配和拼接音素序列，从而生成最终的转写结果。

一旦语音转文字完成，转换后的文字与弹幕文本可以一起输入到关键词过滤系统中。关键词过滤系统使用预定义的敏感词库、语义分析和机器学习算法等技术，对文本进行风险识别和过滤。系统会检测文本中是否包含敏感词汇、违规内容或其他不良信息，并根据预设的规则和策略进行处理。

### 3. 直播间流量监测

大促期间，广告主为了吸引用户，越来越多通过 KOL 主播直播的方式把流量引入店铺，直播平台在主播维度通常有用户观看直播的排行榜、送礼物的排行榜、互动的排行榜等排名，排名靠前的主播能够有更多曝光的机会。这种情况下，某些主播可能会通过在直播间擦边来吸引眼球，有的还会雇用水军刷量。

通过对直播间流量的监测，结合直播间推广内容的实时音视频流的审核，可以发现和识别异常的流量波动行为，及时采取措施防止作弊现象的发生。

最后，总结一下短视频和直播风控的解决方案，如图 9-24 所示。通过直播拉流、视频抽帧、关键帧提取、直播弹幕和直播音频 ASR 转文字、直播间流量监控等技术的综合应用，集合文本和图像内容风险识别基础能力，在统一的审核业务工作流编排框架下，实现对短视频和直播内容的立体风险识别。

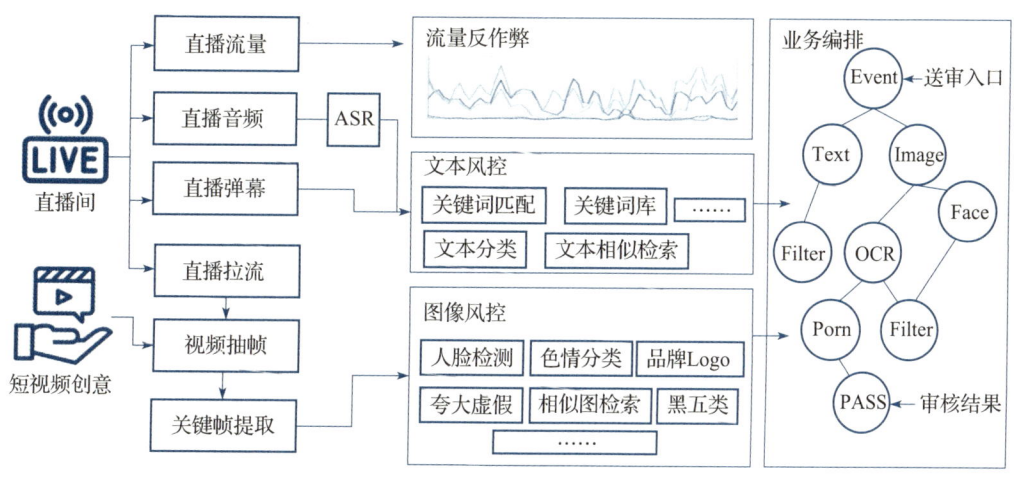

图 9-24　短视频和直播风控的解决方案

## 9.4 本章小结

本章分为文本风控、图像风控、短视频和直播风控三大部分。首先向读者介绍了最为常见、对抗成本最低的文本风险对抗,可以通过基于规则和基于自动机的关键词匹配方法实现词匹配和过滤,还可以通过文本分类和相似文本检索模型来泛化识别。其次介绍了常见的图像风控技术,主要从图像分类、图像检测、图像检索三个方向结合业务应用场景剖析了防控方法,除此以外还对 OCR 辅助技术做了说明。最后在近年来风控挑战越来越大的短视频和直播业务场景阐述了如何通过视频抽帧、关键帧提取、直播流视频处理、结合直播间语音和弹幕等联防联控。

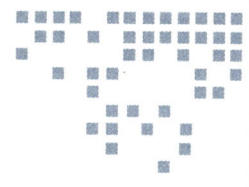

第 10 章　Chapter 10

# 广告与营销风控未来思考

通过前序章节的介绍，相信读者朋友已经对广告与营销业务中常见的作弊类型以及对应的风险识别方法有了一定的认识和了解。本书的最后一章是笔者近年来从事风控业务一线的日常感受和思考，希望能够对读者朋友未来的风控工作有所启发和参考。

## 10.1　业务：理解业务，服务于业务

### 1. 业务理解的重要性

哈佛商学院市场营销学教授西奥多·莱维特曾说："人们不是想买 1/4 英寸①的钻头，而是想要一个 1/4 英寸的洞孔。"这句话的背后，折射出很多技术人的思维惯性——过于重视自身技术能力的提升，而忽视了如何应用技术解决客户的问题，导致陷入一个又一个"堆栈谬误"的陷阱，当然这也同样适用于广告与营销风控领域。

广告与营销风控领域的风控从业者，一定不能唯模型、算法论，而是要深入一线理解业务，并利用技术服务于业务。如果风控团队不了解一线业务、不懂得所在行业商业运转的模式，那么极有可能导致风险评估不准确、制定的风控策略浮于表象，甚至无法应对新兴风险的问题。一旦与实际业务发生脱节，风控的技术不管做得有多深，

---

① 1 英寸 = 0.0254 米。

应用的算法有多前沿，都必将是毫无价值的。

对于业务而言，算法和模型只是工具，它们需要在具体的业务场景中应用才能产生价值。在风控领域，业务经验丰富的从业者往往能够更敏锐地捕捉到风险行为。风控业务中的风险是多样化和复杂的，有时候单一的算法和模型无法捕捉到所有的风险，特别是在处理异常投诉问题、新兴风险或者不确定性高的情况下，基于深度业务理解的人工判断可以帮助填补算法和模型的不足，提供持续的输入驱动迭代。

### 2. 思路开阔，持续应对业务风险变种

行业内常言，风控工作如同"老中医"的经验积累，历久弥新。正如《黄帝内经》所阐述的医者治病层次："上医治未病，中医治欲病，下医治已病。"这意味着，卓越的医生能在疾病尚未显现时便进行预防，而普通的医生往往只能在病症出现后进行治疗。风控领域亦是如此，未来的风控模式必须从被动防御转变为主动出击，实现从"治已病"向"治未病"的转变。

我们曾在2.2节广告与营销的利益链中介绍营销活动各个参与方视角的作弊动机，为了攫取更大的利益，这些作弊者一定会持续地寻找营销平台的机制漏洞，不断通过技术手段伪装自身的作弊行为，使得风控系统识别的难度不断增加。

从作弊手法上看，过去自动化工具作弊方式逐渐演变为真人众包方式，攻击手段不仅仅限于简单的作弊资源侧，如IP、Cookie和User-Agent等机器脚本伪造、设备刷机和盗用、群控虚拟机等方式。真人众包的参与者往往同时兼备正常用户身份和刷手身份，这要求风控从业者能够打开思路，通过新的方法来和黑灰产持续对抗。

从营销平台自身业务的发展视角看，流量入口的CPM按照曝光计费，到最终营销漏斗转换的CPS按成交计费，这中间还存在着CPC、CPA、CPL等不同业务玩法，每种业务潜在的风险都不一而足。而随着业界直播+社交电商、引流电商、全域营销模式的快速爆发，风控团队面临的业务挑战也早已不是过去传统单一的搜索、推荐等经验能够应对的。

因此，无论是面对外部作弊者的持续对抗，还是适应自身业务的发展趋势，风险的变异和黑灰产的对抗都将是长期存在的挑战。在深入理解自身负责业务的基础上，风控团队还需拓宽思路，向营销漏斗的上下游延伸，主动识别和提前预防风险，从而将作弊行为扼杀在萌芽状态。

### 3. 始于风控业务，但不止于风控业务

在保障好业务安全基本面的基础上，风控团队作为在一线和黑灰产行业对抗的从业者，

能够最敏锐地洞察到行业上发生的变化，所以应该跳出自身安全对抗的范畴，不单单是想着抓作弊、做处罚，更应该多思考如何柔性引导那些非恶意作弊的用户，更进一步深入探究行业之间的竞争关系，发现更多促进广告与营销正向业务健康、创新发展的机会点。

以流量反作弊业务为例，市面上存在着不少第三方插件，为商家和广告主提供同款商品比价、SKU（Stock Keeping Unit，库存量单位）分析、商品关键词趋势、店铺分析等技术服务能力。当市场上有大量广告主安装此类插件后，可能会导致营销平台流量异常，非正常购买意图的流量增加。风控团队除了精准、高时效性地把这部分无效流量过滤掉以外，还应该考虑：为什么会存在此类第三方插件？这类插件解决了客户的什么业务诉求？是自身营销平台的功能不能满足广告主的上述诉求吗？能否通过风控对抗识别能力差异反过来促进营销平台功能的加强？

再来看媒体渠道反作弊。我们知道，近年来头部互联网企业对广告流量预算控制权的竞争已经趋于白热化，传统互联网营销平台拥有丰富的电商后链路数据，新兴的媒体渠道则坐拥巨大的用户流量池和极强的用户黏性，对用户日常的行为习惯、兴趣偏好掌握更好，而这两者之间既是合作，也是竞争的关系。风控团队在参与和媒体渠道的反作弊过程中，除了识别异常媒体渠道流量外，也能够更加直观、更有冲击力地感受到媒体侧和媒体侧生态 ISV（独立软件开发商）的一些行业创新产品带来的生产效率的变革。我们有责任利用在一线对抗获得的经验，给自身业务提供更具建设性的意见，帮助企业在行业竞争中占据更多先手机会。

此外，在整个和外部行业竞争、风险对抗的过程中，还应该关注跨团队协作的重要性，这要求风控从业者具备"不依赖组织架构关系把事情做成"的能力，这点在和媒体渠道过招的业务场景尤为突出。因为作弊者背后巨大的利益链条，会产生非常强烈的对抗属性，单纯靠风控团队去从业务日志、风险内容主体上识别是远远不够的，还需要依赖产运研配合、客户端的丰富数据埋点、报表归因分析、应用流量网关的校验拦截、内容风险违规举证、法务合规，以及流量采购商务交涉等多方协作，才能最高效率地保障业务安全。

## 10.2 数据：合规埋点和科学归因

### 1. 数据埋点是基础

合规且全面的数据埋点采集对于监测广告与营销业务流量、精准数据分析，以及风险决策具有至关重要的意义。通过网站或 App 端埋点，我们能够捕捉到广告和商品的浏览、点击、收藏、加入购物车以及购买行为等关键数据。这些数据不仅为广告行为和渠道引流的计费结算提供了有力支持，同时也为反作弊团队提供了异常流量检测的宝贵依据，有效识别和过滤无效流量，确保广告主的利益不受损害。

数据埋点在媒体渠道引流的业务中尤为重要，从历史经验来看，渠道的数据质量问题对反作弊工作是一大挑战，一些渠道可能存在数据重复、数据不完整或者数据造假等行为，比如使用群控设备伪造广告曝光请求，不断更换代理 IP、设备信息等。如果不能借助更多的埋点采集数据，那么将会影响风控系统识别无效流量和恶意行为的准确度。因此，在符合监管合规要求且不对端上性能产生影响的前提下，应做到全面、精准、实时的数据埋点，帮助风控系统获得更多的作弊判断依据。

通过 SDK 数据埋点采集到用户、设备信息后，还可以建立起用户画像（User Profile）和设备指纹（Device Fingerprint，或 ID Mapping）。通过用户画像，风控运营可以根据用户 ID 回溯对应风险用户历史的行为、购买偏好、活跃度、兴趣习惯等，比如众包刷单的黑用户在用户画像上的行为表现明显会有别于正常购买用户。通过设备指纹，我们能够把埋点采集日志中看似不同的设备连接、合并到同一个设备网络结构中，从而有效识别出设备伪造、刷机改机等渠道虚假流量。

**2. 数据隐私合规挑战**

在前文我们已详细探讨了互联网广告监管合规的发展趋势。自 2016 年国家市场监督管理总局颁布《广告产业发展"十三五"规划》和《互联网广告管理暂行办法》等监管政策，强调"互联网+广告"的有序发展，至 2021 年 11 月全国人大常委会通过《个人信息保护法》，对广告数据合规的要求日益明确和严格。这一变化不仅冲击了国内互联网公司依赖用户历史行为偏好进行个性化推荐和精准营销的传统业务模式，同时也为广告与营销风控部门带来了前所未有的挑战。从业者需在满足监管要求的前提下，深入探索并识别出作弊行为。

除了监管部门的严格规定，设备厂商如苹果公司也在 2020 年 6 月的开发者大会上宣布了对 IDFA 政策的重大调整。新政策规定，iOS 14 系统发布后，对 IDFA 的访问权限将默认关闭。开发者如需获取用户 IDFA，必须明确弹窗询问用户授权。若未获得授权，将仅显示默认的"0000000-00000-000000-0000"字符串。这一变革对于依赖 IDFA 进行精准定向推荐的应用和风控策略构成了严峻挑战。

面对未来日益严格的数据隐私合规挑战，风控从业者需保持敏锐的市场洞察和法律意识，确保数据采集的合规性。在制定风控算法和策略时，应避免过度依赖单一特征，如前述的 IDFA。随着隐私政策的不断变化，过度依赖特定特征可能导致业务受到 Feature Drift 的严重影响。因此，合规的虚拟设备指纹技术和数据多路集成能力将成为风控团队在数据隐私合规变革中保持业务稳定和可靠的关键。

### 3. 科学营销归因的重要性

在互联网广告与营销领域竞争日益激烈的今天，透视消费者全链路行为、洞察消费者深层次需求、持续提升经营的效率对广告主而言显得尤为重要。站在广告主的视角，希望能够借助广告的"点"，带动营销的"线"，再影响到经营的"面"，广告在整个经营过程中起到了原始的撬动性作用。广告主通过支付广告费用获得营销平台的投放和推广，那么这笔广告费用的转换效果如何量化衡量是首先要回答的问题。

在广告投放过程中，前链路行为如曝光、点击等通常发生在媒体网站或 App 上，而后链路行为如下载、购买、激活等则多发生在广告主自家的网站或 App 内。这种分散的数据结构使得前后链路之间的数据连接出现断层，使得完整链路效果的归因分析变得异常复杂。

正因为归因分析在连接广告投放和效果转化中起着至关重要的作用，市场上涌现出了一批专业的第三方广告效果监测平台，如秒针、友盟、热云、AdMaster、GrowingIO、TalkingData 等。这些平台通过先进的营销归因技术，帮助广告主清晰把握推广链路中的每一个触点（Touch Point），量化评估广告费用带来的转化效果，并精确诊断潜在问题。广告主可据此优化营销策略，调整渠道投放权重，以实现更高的投资回报率。

前面我们曾介绍过常见的归因作弊手段，比如自然安装劫持、点击泛洪、点击劫持、设备工厂、后台模拟归因等行为，尤其是在如今的全域营销时代，精准的 MTA（Multi Touch Attribution，多触点归因）能力非常重要。反作弊团队站在保护广告主利益的出发点上，也必须对归因的前后链路有非常清晰完整的掌握，才能更加精准、可靠地识别媒体渠道的引流质量，帮助广告主筛选投放渠道，持续提升企业经营效率。

同时在和外部媒体归因博弈的过程中，反作弊团队作为战场的最前线参与者，也能够更加真切地感受到竞争对手或者中间提供数据服务的 ISV 的优秀数据归因产品，反哺促进自身营销平台能力快速迭代升级。

## 10.3 算法：经验驱动和数据驱动相结合

### 1. 重视作弊案例和样本积累

教育学家约翰·杜威说："我们并不是从经验中学习，而是通过反思经验来学习。"

在业务高速发展的阶段，由于风控团队负向业务属性，人员配置往往难以和正向业务一样等比增长，这也直接导致了风控的算法、策略工程师在应对持续新增的内容风险事件、客户流量消耗异常投诉排查、渠道引流质量分析等一系列问题上，显得疲于奔命。另外我们知道，风控业务领域算法面临的一个难题是作弊样本稀疏，同时由于流量反作弊业务的特殊性，作弊者恶意掺水等行为造成虚假流量和正常业务流量混杂，导致样本失真，对算法模型和策略的持续迭代都造成了一定污染影响。

为了避免陷入"穷人越来越穷"的恶性循环，风控团队对历史作弊案例的积累和不同利益攻防下作弊样本的合理划分就尤为重要。一线的客户问题、作弊攻防是风控领域最宝贵的资产，绝对不能Case By Case（具体问题具体分析）地事务性处理完就抛之脑后。当作弊案例积累足够多，就要求进一步地抽象、归纳，从攻防利益关系的视角看一个个表象的作弊问题，找到内在的利益驱使、作弊动机，对混杂的原始数据做精细作弊刻画和划分，形成一个个特定作弊领域问题的样本资产。

一方面，这可以让风控算法从案例驱动的泥潭中拔出腿，从更加抽象、共性的视角掌握作弊的动机和本质特征。在制定算法和策略的时候，避免使用浅层次的表象特征防御，否则容易被攻击者低成本地试探破解，同时也能够让算法模型在训练的过程中得到更加全面、鲁棒的输入，防止产生大量简单作弊形式让模型学习失真的潜在风险。

另一方面，从风控人才培养、发展的角度来看，作为一名新手从业者，只能从当前的时间点开始，往未来去看案例，但是作弊本身是稀疏、非常态化的，这也直接导致很多风控领域从业新人很难快速积累领域知识。因此，作弊案例积累对于新人培养尤为重要，能够突破时空的限制，让风控领域新人从当前的时间点，回溯历史学习，快速获得提升，从而帮助业务。

### 2. 领域经验输入到数据驱动

风控业务高度依赖于领域经验，但风险始终处于不断变化和对抗的状态。如果过分依赖经验，在业务迅速发展时，风控团队的人力配置可能面临巨大压力，导致风控算法和策略的复用性与迁移性受限。

然而，是否可以完全摒弃领域经验，仅依赖数据驱动来进行风险识别呢？答案显然是否定的。在广告与营销风控领域，业务模式、作弊动机、攻防策略等都存在显著差异。传统的数据模型大多基于历史作弊数据，这样的做法往往只能识别表面特征，难以应对未来的变种风险。此外，单纯依赖数据驱动还可能影响风控结果的可解释性。

因此，领域经验与数据驱动并不是相互排斥的，而是相辅相成的。领域经验为数据模型提供了宝贵的指导与参考，而数据驱动则能提供更精确、更及时的识别结果。风控团队需要综合考虑这两方面的优势，根据业务需求灵活运用，以达到最佳的风控效果。

数据驱动的风控策略始于客观、持续、全面的指标度量。从业务领域的视角出发，可以根据广告与营销的业务漏斗，从 CPM 到 CPS 对不同类型的作弊进行区分，并观测业务大盘、每个异常检测组件的精准率和召回率等关键业务指标。在同一业务内，从风险聚集性的角度出发，可以进一步细分为广告主、广告位、商品类目、引流渠道来源等维度指标。此外，从指标度量的时效性视角出发，还可以细分为实时秒级、实时分钟级、离线小时级、离线天级等指标。考虑到流量的过滤，还可以设置滤前流量、滤前消耗、滤后流量、滤后消耗、过滤占比、过滤精度和召回等指标。最后，从持续可比的视角出发，可以分为环比、同比、时序流量稳定性、时序流量波动性等指标。

通过经验驱动和数据驱动相结合，我们能够提升风控能力的横向复用性和迁移性，有效避免单纯依赖人工经验所导致的局限性。这种模式，既汲取了经验的价值，又充分利用了数据的洞察力，为风控策略提供了更为全面和准确的指导。与此同时，它还能避免陷入纯粹学术性的陷阱，即完全脱离业务深入、过度依赖模型的黑盒召回风险。

### 3. 设备和用户画像积累

关于数据合规埋点我们曾介绍过，广告与营销风控业务在和黑灰产攻击、渠道虚假引流、刷单做任务等作弊行为对抗的过程中，在合规的前提约束下，利用海量数据发现异常是非常重要的途径。

在异常检测算法应用的过程中，无论是风险设备，还是风险用户，跨业务间经常会遇到知识共享的问题，比如品牌广告作弊的盗用 IMEI 号，也有可能出现在效果广告的虚假曝光中。从模型学习的角度，也期望能够有更加结构化的数据，能够触类旁通，比如通过客户投诉的作弊 Case 中，定位到风险用户，能够通过同人关联的方式拓展黑人群。另外，在日常的风险排查中，也经常需要对疑似作弊的设备、用户进行分析。

从以上几个角度出发，我们能清晰认识到，把风控工作中的领域经验，通过合规的数据驱动黑灰设备、用户挖掘和拓展，沉淀成风控业务的宝贵画像资产数据，是非常务实的且越长期积累越见效果的。

### 4. 算法集成的力量

由于广告与营销业务玩法种类繁多，以及其背后强大的利益驱使，风控面临着复杂的多样性和高度的对抗性。随着技术的不断发展，作弊者不断变换手段，使得单一算法很难持续有效地监测和识别。而算法集成可以将多种算法的优势结合起来，形成一个强大、交叉的"防御矩阵"，从而让单一作弊手段难以突破整个风控体系。

另外，广告与营销风控还需要具备鲁棒性，即对各种异常情况、噪声数据等的处理能力。单一算法往往容易受到异常数据的影响，有对特定风险的召回能力，但误判和误拦截时有发生。而算法集成可以通过整合不同算法的优势，降低单一算法的误判率，提高整个风控系统的鲁棒性，让风控系统在保证召回和控制精度方面取得更好的平衡。

### 5. 万物皆可 Embedding

自从 Google 在 2013 年提出 Word2Vec 后，其在词汇表征领域便展现出强大的实力。随着 Embedding 技术的不断发展，应用场景也越来越广泛，不仅应用于文本数据的处理，还可以应用于图像、音频等其他类型的数据。因此，学术界和工业界逐渐形成了一个共识："万物皆可 Embedding。"而在风控领域，Embedding 技术可以应用于多个方面，如风险图像、文本、视频的相似检索，刷单商家、刷手、关键词的网络表示，以及用户行为序列的 Embedding 等。

在内容风控业务中，我们可以利用 Embedding 技术，将风险创意标题转化为高维空间中的稠密向量表示，以捕捉文本间的语义和关联性。从历史机审、人审的审核结果样本库中提取 Embedding 表征，然后构建历史风险索引，风控团队可以实现历史相似风险的过目不忘，以及进一步的图文相似的泛化风险召回。

另外针对广告与营销活动刷单这种常见的作弊行为，我们也可以利用 Embedding 技术，将刷单商家、刷手、搜索关键词等刷单参与实体进行向量化表示，从而得到刷单网络表征，进而采用图关系挖掘、作弊社区拓展等方式识别刷单流量。

此外，用户行为序列的 Embedding 在风控领域也非常有价值。用户的行为序列包含丰富的信息，如点击记录、购买记录、浏览记录等。从原始文本序列到稠密 Embedding 向量表征提取，我们使用向量检索等方法基于众包作弊的黑种子刷手进一步拓展找到类似行为的刷手、店铺等。

通过 Embedding 技术，广告与营销风控团队可以将风险相关的广告创意图像、标题、买家和卖家网络节点与用户行为转化为向量表示，得到稠密的虚拟实体，从而能够更好地分析、识别和处理各种风险。此外，Embedding 技术还可以用于作弊行为的聚类、降维分析的业务场景，帮助风控团队更直观地洞察风险行为。

## 10.4 系统：在线、近线、离线互补，可持续的架构

### 1. 业务的差异化风控诉求

在当下经济大环境的变革中，互联网营销平台中小微广告主的运营策略越来越倾向于精细化管理，特别是在大部分长尾广告主预算有限的情况下，他们更加关注每一笔广告花费的投资回报率（ROI）。因此，流量反作弊的业务场景面临更大的挑战，因为作弊行为直接消耗了广告预算，降低了广告的有效性和 ROI，如果不能及时、有效地识别这部分无效流量，那么营销预算有限的广告主的推广内容很容易由于消耗过快导致下线，一方面小微广告主无法持续通过广告推广商品导致利益受损，另一方面也会有更多对无效流量敏感的广告主对营销平台的公平性和能力提出质疑和挑战，影响平台形象和用户信任度。

因此，未来需要在营销流量的作弊检出时效上持续深耕，面向流式计算友好的算法和系统设计，在分钟级别甚至秒级识别异常流量，同时结合广告主预算情况，制定控制和干预策略，以最快的时效性减少作弊流量对广告主预算的无效消耗影响，确保广告主的经营可持续性和平台的公平性。

对于内容风控业务而言，面临每天上亿级别的广告内容审核，不同的业务中间需要交付的 SLA（服务等级协议）也是存在差异的。比如，因为《广告法》的存在，广告部门对创意审核更加严格，同时广告主在营销平台对创意的审核时效有明显体感，而对某些质检或延迟敏感度不高的业务可以异步返回结果。另外，监管下发的内容清理指令通常具有处理数据规模大、响应时间敏捷的特点，面向高吞吐优化的内容风险

全面清理的离线系统的重要性不言而喻。

#### 2. 风控系统设计"没有银弹"

IBM 大型机之父佛瑞德·布鲁克斯在软件工程设计的经典著作《没有银弹：软件工程的本质性与附属性工作》(*No Silver Bullet—Essence and Accidents of Software Engineering*) 中指出：在计算机领域，无法找到一种一劳永逸的解决方案或技术，来全面解决软件工程中的所有问题，这个理念也同样适用于风控系统设计。

在线风控系统的优势是时效性，能够满足低延迟风险拦截的需求。但是也正是极低的时间延迟要求，使得风控系统无法最大化地获取风险判别的依赖特征，一旦在线链路的数据请求出现抖动，很可能会导致风险误召回，所以应用时需要非常谨慎。

离线风控系统的优势是数据的全面性，能够借助离线分布式批处理框架面向吞吐优化，同时高精度实现风险的扩大召回。无论是流量反作弊的小时级无效流量过滤清洗，还是内容风控的创意素材风险全面回扫清理，都可以在小时级别达到百亿级别的吞吐性能。当然，离线风控系统的劣势也很明显，批处理系统相对于 RPC 或 HTTP 在线服务，额外增加了容器调度、资源分发、数据切分、落磁盘、网络 IO Shuffle 等耗时操作，因此在风险召回的时效性上会大打折扣。

作为在线和离线风控系统的补充，近线风控系统一方面能够给在线风控系统兜底，解决服务依赖抖动导致部分风险事件无法正常完成决策的问题；另一方面，也可以借助 Flink、Spark Streaming、Storm 等流式处理框架，通过消息队列方式满足分钟级别延迟敏感的风控业务诉求。

随着广告与营销未来行业竞争日趋激烈，为了赢得更多用户，营销平台的业务玩法也势必会更加多样化，因此对广告与营销风控系统提出的挑战也更大。作为风控从业者，我们一定不能抱残守缺，总想着使用一套陈旧方法应对不同的业务诉求，未来风控系统一定要更加极致、灵活，根据具体的业务特点和系统优化目标，结合在线、近线、离线三线互补的能力，综合立体地保护业务稳定发展。

#### 3. 风控系统架构要可持续

可持续性代表着风控系统具备可迭代进化、可跨领域复用的能力。

首先，随着技术的不断发展和黑灰产业的演变，新的作弊手段和威胁层出不穷，因此风控系统需要不断更新和优化，以应对新的风险变种。其次，随着业务的发展，用户行为和数据也在不断变化，需要风控系统能够及时捕捉和分析这些变化，以保证系统的有效性和准确性，否则很容易出现 Concept Drift，导致严重后果。再次，外部环境的变化也会对风控系统造成影响，例如内容风控面对医疗、美容、保健品等领域的法律法规变化、市场竞争变化等，都需要灵活调整和适应。最后，在业务实践中我们总结到，在业务快速发展阶段，风控人员配置无法同步跟上的情况时有发生，此时风控系统的跨领域可持续复用显得尤为重要。

因此，从原理出发，设计可持续性的架构可以确保风控系统在长期运行中持续适应和响应变化，保持系统的稳定性和可靠性，更好地保护业务的安全。

## 10.5 AIGC：带来的新挑战

过去的 2022 年，可以说是 AIGC 元年，从 ChatGPT 到 MidJourney，各种新的 AIGC 工具如雨后春笋般迸发出来，层出不穷，ChatGPT 更是创下应用程序达到一亿名月活跃用户的最快纪录。随着 AIGC 技术的崛起，各大广告与营销平台也瞄准时代的风口，纷纷自研 AIGC 智能创造辅助能力，帮助商家和广告主通过 AI 技术手段低成本、高效率地制作图、文、音、视等创意和素材内容。

然而，作为风控行业从业者，在享受 AIGC 带来的技术革新和便利的同时，我们也必须充分意识到，AIGC 技术是一把双刃剑，给广告与营销平台风控带来了更大的风险和挑战，包括 AIGC 的安全合规问题、海量低成本广告内容生产，以及 Prompt 变换带来的强对抗性。同时也要求未来风控系统层面的软件和硬件更加紧密结合，基于硬件并行加速能力，用魔法打败魔法。

### 1. AIGC 安全合规问题

AIGC 就像一个神秘的黑盒，具有惊人的内容生产能力，但其生成内容有时却存在很大的不可控性。比如，在文本营销内容生成方面，某些 Prompt 可能导致涉政、负面言论的出现。在文生图技术中，通过文本 Prompt 生成的图像可能包含色情内容、敏感事件的隐喻、畸形人体等问题。此外，AIGC 还引发了新的版权问题，因为内容是由营销平台通过 AIGC 技术生产的，也需要承担更大的监管要求下的法律责任。

业务快速发展阶段，经常会忽视内容的安全合规问题。风控团队作为业务安全的兜底，未来需要针对 AIGC 审核建立更加综合的监测和评价机制，首先能够从指标层面识别异常，另外也有必要和正向业务团队一起，通过 Txt2img、Img2img 等技术解决风险样本稀疏的问题。将风控识别出来的 AIGC 安全合规问题，再反馈给业务团队，持续迭代业务模型、引入 ControlNet（控制网）等控制方法把风险前置拦截。

### 2. 数据量的巨大飞跃

不同于过去商家和广告主 UGC、PGC 的内容生产方式，AIGC 技术的应用导致更多内容通过机器被低成本地创造出来，因此广告与营销平台风险审核势必需要处理大量的数据。这包括用户行为数据、广告投放数据、创意内容数据等。处理和分析这些大规模数据集对风控团队来说是一个挑战，需要更加强大的计算能力和高效的数据处理算法。同时应该考虑在内容的生产端设置更高的门槛，比如用户使用的资质条件审核、模型训练前的数据清洗和事前过滤、Prompt 输入的拦截等。

### 3. 低成本 Prompt 对抗

在 AIGC 时代，无论是文字、图像还是短视频内容，都可以通过算法工具以极低的成本快速生成。然而，这也为作弊者提供了可乘之机。一旦他们的内容被审核拒绝，他们会利用 AIGC 工具修改 Prompt，不断尝试变种对抗，快速试错，试图找到平台机制的漏洞，以绕过内容风险审核系统。以电子烟广告为例，这类广告明确受到《广告法》的限制，不得通过广告传播。但作弊者利用文生图的 AIGC 工具，经过 Prompt 生成看似正常却隐藏着审核敏感词的图像，这使得传统的 OCR 等识别方法难以应对。

因此，风控系统必须"知己知彼"，深入了解作弊者的手段，掌握相应的 AIGC 技术原理，能够复现其内容生产方式，并借此拓展训练样本。在此基础上，针对特定的模型进行微调，增强其对风险的识别能力和泛化能力，以应对作弊者低成本的 Prompt 对抗。

### 4. 对硬件加速的更大要求

随着 AIGC 业务的迅猛发展和复杂大模型的广泛普及，广告与营销风控系统面临着前所未有的挑战。为了应对 AIGC 低成本制作和海量内容爆发带来的安全合规问题，风控团队在不断迭代和优化传统 CV、NLP 模型的同时，也必将会见招拆招，通过风控大模型"用魔法打败魔法"。然而，传统的 CPU 算力已经无法满足需求，GPU、TPU（张量处理单元）等硬件并行计算能力的优势逐渐凸显出来。它们能够大幅提高模型推断速度，使风控系统更加高效地应对挑战。

以英伟达的 GPU 系列为例，Tesla V100 和 A100 显卡具备 Tensor Core 加速器和高速内存，显著提升了风控系统的推理性能。为了进一步加速大语言模型的推理，英伟达推出了 TensorRT-LLM 等推理加速框架。在 H100 GPU 上搭配使用 TensorRT-LLM，可以实现高于 A100 GPU 8 倍的推理性能。这充分说明了硬件加速在应对 AIGC 挑战中的重要性。

为了更好地应对这些挑战，我们需要持续关注硬件加速行业动态。结合广告与营销风控业务的特点，通过软硬件的紧密结合来持续提升风控系统的能力和效率。

## 10.6　本章小结

作为本书的最后一章，笔者从业务、数据、算法、系统和 AIGC 这五个角度阐述了对广告与营销风控未来发展的一些思考。

- **业务**。风控从业者一定要理解业务，并服务于业务。商业化公司要将技术和业务相结合才能走得更远。由于风控领域的强对抗属性，作为从业者一定不能抱残守缺，对抗的矛与盾两端，从来都是此消彼长的状态。作弊者出于利益驱使，一定会不断变换、隐藏自己的作弊行为，因此持续保持开阔的思路、视野，应对风险变种显得尤为重要。此外，在做好风控保障业务安全的基本面上，还应该跳出来，在一线和黑灰产、竞争对手对抗的过程中发现自身平台的不足，进而促进平台能力快速进化。
- **数据**。数据是风控的基础，合规且全面的采集对监测广告与营销业务流量至关重要。在不断变化的监管政策和技术环境下，数据隐私合规成为挑战，iOS 14 开始更改 IDFA 的访问权限。在合规埋点的基础上，科学的营销归因尤为重要，未来全域流量推广模式，势必会遇到更多多渠道归因的作弊挑战。
- **算法**。领域驱动和数据驱动相结合，不唯模型算法论，也不能一直靠人口口相传。通过作弊 Case 和样本积累，持续沉淀作弊用户、黑灰设备画像，形成可复用的风控领域数据资产非常有必要，这对于风控领域新人培养也非常宝贵。此外，在万物皆可 Embedding 的时代，面对不同手法的作弊，采用多种综合的方法集成决策，既能够利用单一异常检测器的高召回能力，又能通过集成提升整体的作弊识别精度。
- **系统**。无论是流量反作弊还是内容风控，业务风控诉求都存在差异性。大环境下广告主更加精打细算要求在线风控解决时效性问题；而离线作为掌控数据最全面、资源调度能力最强的系统，承担着业务安全感兜底的职责；近线又可作为在线和离线能力的补充。二层互补形成立体的防御体系。另外风控系统架构的可持续性是不容忽视的要求。

- **AIGC**。AIGC 技术的兴起，带来了新的内容安全挑战，广告与营销创意、素材等内容生产效率发生飞跃，同时低成本的 Prompt 也使得对抗更加剧烈，可预见 AIGC 风控的趋势一定是知己知彼。一方面对 AIGC 内容追本溯源；另一方面，毫无疑问善用 AIGC 技术和 GPU 等硬件加速方法，"用魔法打败魔法"必将会是风控未来的一大利器。